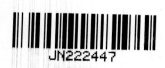

現代
バリュー投資

インデックス投資、アルゴ、アルファを超えて

ゲイリー・スミス／マーガレット・スミス
【著】

浦壁厚郎／角間和男
【訳】

一般社団法人 金融財政事情研究会

First published in English under the title

The Power of Modern Value Investing; Beyond Indexing, Algos, and Alpha
by Gary Smith and Margaret Smith, edition: 1

日本語版への序文

バリュー投資の強力さと投機の危険性は、特定の国や時代に限定されるものではない。1600年代にはオランダでチューリップ・バブル、1700年代にはイギリスで南海バブル、1980年代には台湾で「偉大な台湾バブル」、1990年代にはアメリカでドットコム・バブルがあった。世界史において、投機的バブルは数多くあったのである。そして現下は、世界的なビットコイン・バブルのただ中にある。

どのバブルにおいても、何でも真に受ける欲張りたちは、価格が上昇するのを見て買いに殺到する。それは、少しばかり時間が経ってから誰かに売って、楽に儲けたいと願ってのことだ。図らずも、彼らは大馬鹿者理論の通りに行動してしまうのである。大馬鹿者理論とは、馬鹿げた値段で買っても、さらに馬鹿げた値段で売ることができるから、馬鹿げた値段で買うというものである。再び図らずも、彼らは自分こそが最も愚かな大馬鹿者だったと気づくことになる。バリュー投資家はよくわかっており、インカムを求めて債券、株式、不動産などに投資する。つまり利息、配当、賃料である。もしインカムに見合わないほど価格が高ければ、「いえ、結構です」と答えるのがバリュー投資家である。

日本も過去にバブルを経験してきた。最も知られているのは、1980年代後半に起こった株式市場と不動産のバブルだ。他の多くのバブルと同様、その発端となったのは正当な経済カタリストである。第二次世界大戦の後、日本経済は急速にリバウンドし、1970～1980年代までにはソニー、ホンダ、トヨタのような会社が世界に通用する製品を製造していた。1955年から1990年の日本経済の成長率は、およそ年７％だった。

新聞や雑誌は「日本の奇跡」ともてはやし、1979年にはハーバードのある経済学者が日本経済は間もなく米国を追い越すと予測した。1988年には、別の高名な経済学者が「日本という巨大戦艦の背後にある力によって、富を自動的に生み出す機械のようなものが作り出されてしまった。これはおそらくミダス王以来のことだ」と声高に唱えた。

日本の株式と土地は経済と歩調を合わせて急騰し、ゴールドラッシュが始まった。日本株を買え。日本の土地を買え。間違いなどあるものか。

日経平均株価指数は、1985年１月の12,000円から1989年12月29日の史上最高値38,915円まで、実に３倍以上に上昇した。平均すると0.5％というごくささやかな配当しか払われない株式は、利益の70倍もの価格で取引されていたが、投機家は気にしなかった。なぜ人々は、金利のずっと高い自国あるいは外国の債券を買えたのに、ほんのわずかの配当しか得られない株を買ったのだろうか？　それは大馬鹿者理論を信じていたからに他ならない。彼らは配当のために株を買ったのではなく、もっと馬鹿に売るために買ったのだ。

株価が上昇すると、多くの日本企業が自社株を発行し、調達した資金を不動産や他社の株の購入に充て、それによってまた価格が上昇することになった。価格の膨張した不動産は、今度は融資の担保として使われ、その融資によって株式や不動産、あるいは不動産を所有する会社の株が買われた。1990年には、日本の土地の時価総額はアメリカ全土の土地価格の５倍、日本を除く世界全土の土地価格の1.5倍あると推定された。東京の中心にある皇居は、わずか１平方キロ強の広さしかないのに、カリフォルニア州よりも価値があると推定された。

この狂乱を正当化するものはいったい何だったのだろう？　1990年において、米国の平均賃料は平均すると不動産価格の７％だったが、日本ではたった２％だった。経費控除後で日本の賃料収入はマイナスだったわけだが、ウォール・ストリート・ジャーナル紙の記事によれば、日本では不動産価格と賃料にはほとんど関係がなく、それは「土地に投資するのは賃料収入ではなくキャピタルゲイン狙いだから」だという説明がされた。まさに大馬鹿者の言いそうなことだ。

当時、日本の土地価格の下落は起こりそうもないと思われていた。建設省は、土地価格は堅調に推移するはずだ、なぜなら日本の土地は供給が限られているし、地震があるせいで建物にも高さ制限を設けているからだと主張した。日本長期信用銀行のアナリストは、政府に土地の値段を下げる気はない、なぜならこの国の有権者たちが大損することになるからだと主張した。投機家は、いつでも投機を正当化できるわけだ。バリュー投資家が探すのは言い訳ではなく、インカムである。

1989年11月、三重野康が日本銀行の総裁に就任すると、狂気がさらに悪化する前に株式市場と不動産のバブルを沈静化するため、政府は金利を引き上げ始めた。

日経平均はその後２年半の間に54％下落し、2003年４月14日に底打ちした。1989年のピークから実に80％の下落である。東京の居住用不動産の価格は90％下落し、一等地の商業不動産の価格は99％下落した。バブルがはじけたのだ。

本稿を執筆しているのは2024年８月だが、日経平均株価はついに35年前のバブルのピークまで回復している。我々は再びバブルの中に入ったのだろうか？　そうともいえない。日本経済はかなり強靱なものになったからだ。配当と利益は大きく増え、金利はかなり低くなった。しかし、日本株を買う多くの人は、日本人か外国人かにかかわらず、今日よりも明日の日本株の方がずっと高くなるという期待に取り憑かれているように思える。どうやら、大馬鹿者の供給が途絶えることはないようだ。

バリュー投資家は1980年代の日本のバブルを回避できたのだろうか？　もちろんである。バリュー投資家は、日本が現在バブルのただ中にいるかどうか判断できるだろうか？　もちろんである。バリュー投資家は、日本やその他の国で今後起こるバブルを避けられるだろうか？　もちろんである。その方法を説明しよう。

ゲイリー・スミス

推薦の言葉

ゲイリーとマーガレットは、この魅惑的なテキストで大成功を収めた。歴史的なバブルの分析や株式価値に関する将来予測の重要性から、様々な定量的ファクターの疑わしさを浮き彫りにしつつリスク測定の問題点を明らかにすることまで、アマチュア投資家もプロの投資家も、『現代バリュー投資の力：インデックス、アルゴ、アルファを超えて』を繰り返し読むことで十分に報われるだろう。私はこの本を強く推薦する。

ブライアン・ネルソン

（CFA、バリュエンタム証券社長）

ゲイリー・スミスとマーガレット・スミスは、すべての投資家が読み、書棚の見える場所に置くべき投資に関する本を記した。彼らは、投資モデルや一時の流行の歴史を振り返り、それらにはすべて、何らかの形で欠陥があることを発見した。彼らは、配当や自社株買いによって投資家にキャッシュを還元する銘柄への「バリュー投資」を支持する、非常に説得力のある主張を展開している。常識にもかなう彼らのアプローチにより、投資家にキャッシュフローをもたらす株式をはじめとした資産こそが、富を蓄積する確実で堅実な方法であるという結論が導かれる。

エド・ヤルデニ

（ヤルデニ・リサーチ社長兼チーフ・インベストメント・ストラテジスト）

マーク・トウェインによれば、「トラブルに巻き込まれるのは、物事を知らないからではない。正しくないことを知っているからだ」という。この新著において、ゲイリー・スミスとマーガレット・スミスは、CAPM、平均・分散分析、ファクターモデル、インデックス投資、現代ポートフォリオ理論など今日の投資の聖域に我々が察知する違和感を明瞭に指摘している。それに代わって、スミス夫妻はジョン・バー・ウィリアムズとベンジャミン・グレアムが最初に着想したバリュー投資を提唱する。本書は、バリュー投資家のみならず、物事の見方を変えたいすべての人にとって必読書である。

ゲイリー・アントナッチ

（『デュアル・モメンタム投資』著者）

２人のスミス教授は、学術的に支持されている一般的な投資手法の包括的なレビューと批評を提供し、株式投資に対する優れた「バリュー指向」の分析アプローチを解説している。

クリス・ダイアリナス

（PIMCOマネージングディレクター）

スミス夫妻は、多くの投資家が抱いている誤解を解き、現代バリュー投資の進化を説いている。楽しい読み物であると同時に、富を築くためのすばらしいロードマップだ！

アンドリュー・D・スロブズ

（リズム・キャピタル取締役、JPモルガン元マネージングディレクター）

『現代バリュー投資の力』は豊かになるための道筋であり、すべての投資家にとって必読の書である。ゲイリー・スミス、マーガレット・スミス両教授はその熟練の方法を用い、バリュー投資の実践的かつ直感的な原則を通じてパーソナル・ファイナンスの強化に読者を導いている。賢明で利益を生む投資法を学びたいなら、『現代バリュー投資の力』が最適だ。

ミッチ・モクタリ

（メリーランド大学カレッジパーク校パーソナル・ファイナンス教授）

ゲイリーとマーガレットが提供する洞察は、ファンダメンタルズによるキャッシュフローの予測が、企業を評価する上で最も優れたアプローチであるというものだ。本書は、投資初心者にもベテランにもすばらしい基礎を与えてくれる。２人は、キャッシュから金、不動産、プライベートエクイティ、暗号通貨まで、幅広い資産クラスを取り挙げている。私は30年近く金融業界で働き、何十社もの企業に対して投資・買収をしてきたが、理論モデルを使って実際に企業を買ったことはない。私が使ってきたのは、彼らが処方するファンダメンタル・キャッシュフロー分析である。

マット・トンプソン

（プライベートエクイティおよびテクノロジー投資家）

投資をリスクのない予測科学として再分類することを意図した美しい数学に、投資家が「目がくらむ」のも無理はない。たしかに、現代ポートフォリオ理論（MPT）は分散投資についての重要な知見をもたらしたが、それでもなお業界はMPTの利用をとっくの昔にやめるべきだったのである。スミス教授たちは、投資思想の進化を時代ごとに一口サイズにまとめることで、業界が投資の将来性を批判的に検討せず、一時の流行や過去のパフォーマンスを追い求める現在の泥沼に陥ることになった経緯を説明するというすばらしい仕事をしている。投資哲学を貪欲に追究している私は、バリュー投資だけで４万ページ以上を読んできたが、２人のスミス教授は、バリュー投資という規律の根源にある信条に則っているだけでなく、投資家が現代の統計ツールを使って経済史上のどの時代にもうまく適用できるような、わかりやすいフレームワークを説き続けている（そして自ら実践している！）。

ロベルト・ハミルトン

（CFA）

原著序文

本や映画で描かれる金、銀、宝石は、床板の下にしまい込まれ、壁の内側に押し込まれ、衣服に縫い込まれ、家具の中に詰め込まれ、地面に埋められ、洞窟に隠されているものだ。金、銀、そして希少価値のある宝石は、人間が欲しがる宝物だという認識は深く根付いている。

16世紀、17世紀、18世紀のヨーロッパの経済思想を支配していたのは、重商主義（mercantilism）である。重商主義者は、国家の富は蓄積された金や銀によって測られると信じていた。その結果、彼らは国際貿易をゼロサムゲームと見なした。フランスが石炭の代金として金や銀をイギリスに送ると、イギリスは豊かになり、フランスはそれと同じだけ貧しくなると考えたのだ。イギリスにはほとんど何にも使えない金や銀が貯まる一方で、フランスには家庭を暖め工場の燃料となる石炭があるということが顧みられることはなかった。

アダム・スミスはその著書『国富論』の中で、自発的な取引は、それが一国家内のものか国家間のものかにかかわらず、ゼロサムゲームではないと主張した。ジャックが金（gold）を使ってジルから牛を買い、ジルがその金を使ってジャックから馬を買えば、おそらく両者とも良い暮らしができるようになる。同じように、フランスが金を使ってイギリスの石炭を買い、イギリスがその金を使ってフランスのワインを買えば、どちらの国も豊かになる。各国が得意とすることをすれば、利益は特に大きくなる。イギリスの比較優位が石炭の採掘であり、フランスの比較優位がワインの製造であるならば、そうすべきなのだ。イギリス人がイギリスのワインを飲み、フランス人が石炭に窮しているよりは、どちらの国も豊かになる。

アダム・スミスは、専門化と国際貿易について説得力のある議論を展開するとともに、国家の真の豊かさは国民の生産性によって測るべきだと主張した。国内消費向けであれ、輸出向けであれ、国家が財やサービスを生産することが、国民の生活水準を支えるのである。生産性の低い金や銀を蓄えても、誰の得にもならない。

多くの人々の考え方は、昔から全然変わっていない。今日でも多くの人々が、自分の富はキャッシュや貴金属、宝石、その他実体のある物の所有量で測ることができると信じている。しかし、真の豊かさは、その人自身の生産性やその人の資産の生産性によって測った方がよい。それが彼らのライフスタイルを支えているからだ。

人の富の重要な部分は、経済学者が人的資本と呼ぶもので、それは仕事からインカム（収入）を得る能力である。事業を所有している人にとって、事業の価値はそれが生み出すインカムである。住む家を所有している人にとって、その家の価値は、仮に所有していなければ支払う必要のあった家賃である。いずれの場合も、重要なのは果樹園の大きさではなく、そこにどれだけ果実が実るかである。

株式はどうだろうか？　株価は日々、あるいは分刻み、秒刻みで変動するから、株式は本当の富ではないと言う人があまりにも多い。彼らに自分の持つ株式の価値がわかることは永遠にない。本質はその逆だからだ。株式の価値を測る真の指標は、刻々と変化する市場価格ではなく、株式が生み出すインカム、喩えて言えば果樹園の生産性なのだ。直感に反するかもしれないが、貴金属や宝石はインカムを生まないため本質的には無価値なのに対し、株式こそ真の富なのである。

金がこれまでその魅力を持ってきたのは、極めて拭い去りがたい幻想によるものである。2012年、ウォーレン・バフェットは、世界で採掘されている金の総量を約17万トンと推定した。これを溶かして１つにすれば１辺が約68フィートの立方体となり、90フィート×90フィートの野球のダイヤモンドの中に簡単に収まる。当時の市場価格（１オンス当たり1750ドル）で、この黄金の立方体には９兆6000億ドルの価値があった。あるいは、９兆6000億ドルあれば、米国の全農地（４億エーカーで年間2000億ドルのインカム）とエクソン・モービル（年間400億ドル以上のインカム）16社分を買っても、まだ１兆ドル

(2012年にアップルコンピュータを２社分買える額）が残っただろう。もちろん、文字通りエクソン16社とアップル２社を買うことはできない。バフェットの要点は、非常に収益性の高い多くの農地や企業に投資できたはずだということだ。

この２つの代替可能な投資は、長期的にはどうなるのだろうか？　バフェットは辛辣にこう述べた。

> 今から100年後までに、４億エーカーの農地は驚異的な量のトウモロコシ、小麦、綿花、その他の作物を産出しているだろう。その後も、どんな通貨で測ろうが、その貴重な恵みを生み出し続けるに違いない。エクソン・モービルは、おそらく何兆ドルもの配当金をオーナーに支払った上で、さらに何兆ドルもの資産を保有し続けているだろう（エクソンが16個あることをお忘れなく）。一方、17万トンの金は、その大きさは変わらず、何も生み出すことはない。
>
> その立方体を撫でたところで、反応はないだろう。

しかし、金の魅力は揺るがない。あるブロガーがバフェットの議論にこう反論した。

> 代わりに金の購入を選択した投資家にとってその真の価値は、将来、（うまくいけば）購入したときの交換レートに近いレートで好きなものと交換できることである。彼は、その価値が時間とともに失われることはない、あるいは少なくとも他の選択肢よりはリスクが小さいと信じているのだ。

まるで真の重商主義者のような言葉だ！

我々は何十年にもわたって投資を続け、投資を教え、投資について書き、投資家にアドバイスをしてきた。そして、それらを通じて心構えや感情の重要性を学んできた。家の大きさ、所有する車の台数、腕に付けた時計やブレスレットの値段など、富は光り輝く財産で測られるという重商主義的な考えに惑わされている人があまりにも多い。キャッシュ、金、宝石を賢い投資だと考えている人が多すぎるのは、それらは手に取ることができ、株式相場暴落のニュースに心を痛めることもないからだ。

株式のリスクは高すぎると思っている人も多すぎる。経験豊富な投資家、投資アドバイザー、ポートフォリオ・マネージャーでさえ、短期的な価格変動の大きさでリスクを測る数学的に洗練されたモデルに惑わされている。我々もかつては、そうしたモデルをすばらしいと思っていた。

しかし今は、もっと良い方法があることを知っている。

我々は結婚して20年以上になるが、その間に純資産は12倍以上になった。それは、キャッシュや金や宝石を貯め込むのではなく、株式その他の資産に投資することでかなりのインカムを得てきたからだ。我々はバリュー投資家であり、現代バリュー投資の力と知恵を他の人に理解してもらうためにこの本を書いた。あらかじめ断っておくが、それは重商主義の狂気ではない。

米国クレアモント　ゲイリー・スミス
米国ニューポートビーチ　マーガレット・スミス

図 表 一 覧

目　次

序　章

第1章 投資1.0——盲信と投機

第2章 投資2.0——バリュー投資の誕生

第3章　投資3.0――リスクの（誤った）測定

第4章 投資4.0――効率的市場とバリュー不可知論的インデックス投資

第5章 投資5.0――ファクターモデル、アルゴ、アルファの追求

第6章 投資6.0――現代バリュー投資

第7章 ケーススタディ――株式

第8章 ケーススタディ――住宅

第9章 投資の落とし穴9選

序　章

投資はこれまで、異なる5つの段階を経て発展し、進化してきた。それは投資1.0に始まり、2.0、3.0、4.0、5.0と本書で呼ぶ史的な前進であった。中には、投資をより鮮明に理解するのに役立つ本物の進歩もある。一方で、見かけは魅力的だが、実際には投資家の富にとって有害なものもある。

例えば、多くの人は、金やビットコイン、あるいは株価が高騰する直前に購入し、ピークで売却するという、見事にタイミングを捉えた投資をすることで一攫千金が狙えるという希望的観測に惹かれている。これは我々が「投資1.0戦略」と呼んでいるものだ。

マーガレットの父親は台湾生まれで、1980年代に台湾の株式市場が急騰し、台湾株を買えば一攫千金を狙えると考えた人々が群がっていたのを覚えている。そのどこが悪かったのだろうか？　たくさんある。下図は、台湾証券取引所加権指数（TAIEX）の年末値の推移である。個別銘柄では、日々の価格変動はさらに大きかった。マーガレットの父親は、投機熱に取り憑かれ、借金して株式を買い、結局貧乏になってしまった親族や友人の話を今でもする。安く買って高く売るというのは、本当に、本当に難しいことなのである。挑戦した人の多くは、結局その逆をやってしまったのだ。

図　台湾のジェットコースター

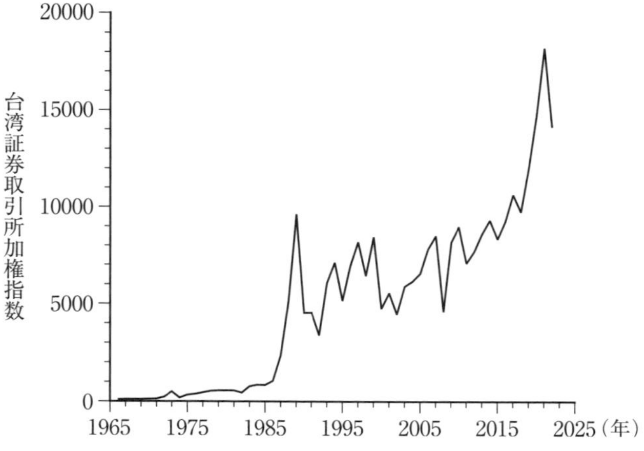

投資1.0は投機熱に基づくものであり、それ以上のものではない。投機はバブルを煽る。台湾株だけでなく、収集品や暗号通貨などでもそうだ。投資2.0はこの投機的な考え方を否定し、投資は将来の価格に対する希望的観測ではなく、それが生み出すインカム（収入）によって判断されるべきであると主張した。バリュー投資の誕生である！　しかし、投資2.0はリスクにほとんど注意を払わず、このリスク軽視が投資3.0につながった。投資3.0は、市場価格のボラティリティによって投資リスクの大きさを測るものである。投資4.0では、市場価格が投資価値を測る最良の指標であるという前提が加わった。その結果、市場に打ち勝とうとする試みは無意味となり、市場が妥当だと言う価格で買うだけになる。投資5.0が提供したアプローチは4.0よりも繊細で、なぜ市場価格に変動しやすいものとしにくいものがあるのかを検討し、評価する。しかし、市場価格の上昇や下落を予測しようとする熱心な投資家はこれを用いている。投資5.0は、数学的に緻密に、かつコンピュータを多用して投資1.0に回帰することに他ならないのである！

我々が投資6.0と呼ぶアプローチは、投資2.0のバリュー投資に関する知見に立ち返るものである。ただしそれは、リスクを市場価格のボラティリティによって測定すべきと主張するものではない。

あなたの好きな投資は何ですか

様々な投資アプローチを詳しく見る前に、人々がどんな投資に最も魅力を感じるのかを少し考えてみよう。2023年４月のギャラップ社の調査では、成人アメリカ人に「次のうちどれが最良の長期投資だと思いますか？」と尋ねている。結果は以下の通りである。

38％　不動産

25％　金

15％　株式／ミューチュアルファンド

９％　普通預金／CD

7％　債券

4％　暗号通貨

不動産が上位の1つに選ばれるべきなのは当然だ。住宅やアパートに投資すれば、賃貸住宅を借りるのにかかるお金を節約できる。また、投資家は不動産を購入し、人に貸すことでインカムを得ることができる。もちろん、すべての不動産は立地次第であり、他の投資と同様、価格を考慮する必要もある。デスバレーの掘っ立て小屋に何百万ドルも払うのは、おそらく良い投資ではない。不動産の評価については、第8章で詳しく説明する。

25％が金を選んだことにはあきれてしまうが、驚くべきことではない。その古くからの魅力には抗しがたいものがあるからである。加えて、3分の2近くが不動産または金を選んだことから推察するに、多くの人は見たり触れたりできる実物投資を最も好むというのが真実ではないだろうか。不動産と金の決定的な違いは、不動産はインカムをもたらすが、金はそうではないということだ。

株式を選んだ人がわずか15％だったのは残念だ。2023年の調査が異常だったわけではない。この調査が実施された13年間で、株式がトップに選ばれたことは一度もなく、27％を超える票を集めたこともない。歴史を見れば、株式は圧倒的にパフォーマンスの良い投資であったにもかかわらずそうなのである。このように株式嫌いが蔓延しているのは、株価の短期的な変動が大きいことにこだわっているためだと思われる。このような強迫観念をお持ちの方は、本書を読んでぜひ強迫観念から解放されていただきたい。

合計16％が普通預金、譲渡性預金（CD）、債券を選んだ。少なくとも、これらの投資先には利息が付くが、一般的に株式ほど良い投資先ではない理由を、後の章で紹介する。暗号通貨を選んだ4％は、率直に言って妄想に囚われている。ビットコインその他の暗号通貨は「デジタル・ゴールド」と呼ばれているが、これは金を補完するという意味ではない。暗号通貨は何のインカムももたらさないという点では金と同じだが、金には少なくとも工業的な用途があり、宝飾品にも使えるという違いがある。この2つについては、また詳しく説明するつもりだ。

今回のギャラップ調査では、キャッシュと当座預金は選択肢として提示されなかったが、我々の経験では、多くの人が自前の金庫や銀行の貸金庫、当座預金に非常に多くのキャッシュを保有している。その理由は、他の投資と違って価値が日々変動しないからだ。彼らは自分がいくらお金を持っているかを知っているが、キャッシュの価値がインフレによって年々削られていくという現実を見過ごしている。我々の目標の１つは、キャッシュ中毒の人たちを説得して、インカムを生み出す投資を検討させることである。

慈悲深いカジノ

本書で論じる基本原則はあらゆる投資に当てはまるが、最も一般的な応用先は株式投資である。ここで我々が取り挙げるのも株式投資である。株式市場が、株価の乱高下によって一部が潤い、多くが貧するカジノのギャンブルのようなものと見なされていることは、まずは認めなければならない。まともな人はカジノや株式市場にそれまでの蓄えを賭けたりしないと言っていた親戚もいるほどだ。また、株式市場は道徳的には褒めようのないカジノであるばかりか、裕福なインサイダーが罪のない人々を騙す手の込んだ詐欺だと言う人の話も聞いたことがある。

たしかに、このような懸念は完全な的外れとはいえない。株価は急激に変動することがあるし、ときには悪党に操られることもある。一方、カジノでは、賭けをする平均的な客は損をする。そうやってカジノは派手な装飾や裏方の従業員の人件費を賄い、カジノのオーナーには潤沢なお金を残しているのだ。それに対して、株式市場は慈悲深いカジノである。

サイコロの目やトランプの手札、ルーレット盤の回転と同じように、株価は一見ランダムに上下するという点で、株式市場はカジノにかなり似ている。株式市場とカジノの決定的な違いは、平均的な株式市場の投資家は儲かるということである。なぜなら、株式は配当を支払うし、株価は経済や企業利益、配当の拡大とともに時間をかけて上昇するからである。株価が下落した日はあるし、1ヵ月、さらには1年を通して下落したことさえあるが、過去100年間では株式の平均年率リターンは10%を超えている。ラスベガスでは、オッズは胴元に有利であるが、ウォール街では投資家に有利なのだ。

かつては相場操縦が横行していた。出来高の少ない小さな会社では今でも起こり得るが、証券取引委員会（SEC）はそうした悪巧みの抑制に尽力している。それ以上に、事業が安定した大企業の株式は出来高が非常に大きいため、その相場を操るのは現実的でないということも重要だ。

金融市場の重要性

より大きなポイントは、カジノに行く人は、チープな（それほど安くないこともあるわけだが）スリルを味わうためにお金を払っているだけだということだ。株式市場はまったく違う。株式市場は、今日の経済を動かし、我々全員を豊かにする金融システムの一部である。

あなたの視点から考えてみよう。仕事を持っている人なら、後から何かを買うために、収入の一部を貯蓄に回すかもしれない。家の頭金、子どもの教育費、ゆとりある退職後の生活費などのためだ。簡単な貯蓄計画は、100ドル札を防水ボックスに入れて裏庭に埋めることだ。30年経つと、100ドル札は100ドル札のままだが、2%のインフレで、埋めたときの約半分のものしか買えなくなってしまう。これではもったいない。

あるいは、貯めたお金でビジネスを始めることもできる。それは歌手だったり、理髪業だったり、ソフトウェア・プログラマーだったりするかもしれない。しかし、おそらくあなたは歌を歌うのも、髪を切るのも、コーディングも得意ではないだろう。だからこそ違う仕事に就いているのだ。それに、今の仕事をうまくこなしながら、どうやって収益性の高いビジネスを運営する時間を作れるというのだろうか？

より良い選択肢は、歌を歌ったり、髪を切ったり、プログラムを書いたりするのがとても得意な人を雇った会社に投資することだ。例えば彼らに８％の金利でお金を貸せば、貸した100ドルは30年後には1000ドル以上に成長する。100ドル札を埋めておくよりはずっといい。

その一方で、借り手を評価したり、融資の実行や回収に関わる事務手続きを処理したりする能力は、おそらくあなたにはないだろう。銀行があるのはそのためだ。例えば４％の利子が付く銀行口座にお金を預け、銀行が信用に足ると判断した借り手に８％で貸し付けたとしよう。あなたが預けた100ドルは30年後には324ドルに増える。1000ドルには及ばないが、それでも土に埋もれた100ドル札よりはましだ。しかも、銀行預金は連邦政府によって保証され、好きなときに引き出すことができる。

もう１つの選択肢が、エンターテインメント、グルーミング、ソフトウェア業界の企業が発行する株式に投資することである。株式投資の利回りが歴史的に年平均10％以上であることは先に述べた。30年間で10％のリターンがあれば、100ドルの投資が30年後には1745ドルになる。これまでのところ最高の選択肢だ。

ローン、銀行預金、新規発行株式のどれを選んでも、起こることは同じである。つまり、貯蓄からリターンを得たいあなたのような人から、モノ（自動車や家など）を買いたい人、ビジネスを始めたい人、ビジネスを拡大したい人へと資金が流れるのである。ローン、銀行、株式は余興ではなく、経済成長の主役だ。これらがなければ、貯蓄者はその蓄えを投資する良い方法がなく、起業家は事業資金を調達する良い方法がないのである。

貯蓄者から起業家へ資金を流す有効な方法がない国は、その分ずっと貧しくなる。例えばインドでは、銀行や株式市場が信用されず、貴金属が本当の富だと信じられているため、何億人もの人々が銀や金を蓄えている。インドで銀行口座を持っている人は全体の３分の１にすぎず、株式やミューチュアルファンドを持っている人はもっと少ない（米国ではそれぞれ95％と56％である）。

貴金属を買いだめするこの嗜好は、インド経済に目詰まりを起こしている。家計は貴金属の買いだめでは貯蓄したときほどの所得が得られないため、富を築くためにはより多くのお金を貴金属やキャッシュで蓄えなければならない。簡単にお金を借りられないため、多くの家庭は家を買うことができず、起業家の多くは事業を始めたり拡大させたりできないでいる。インドはまさにそのために貧しくなっている。

証券取引所

企業から新しく発行された株式を買うのと、以前発行された株式を他の投資家から買うのとでは、重要な違いがある。投資家は、エクソンやウォルマートなど多くの有名銘柄をニューヨーク証券取引所（NYSE）で売買している。アップルやコストコなど、ナスダック（NASDAQ）取引所で取引されている銘柄もある。いずれにせよ、取引所でエクソンやアップルの株式を買うことは、その会社からではなく、他の投資家から株式を買うということである。

他の投資家から株式を買うための資金はその会社に入るわけではない。しかし、株式市場は貯蓄者から起業家へと資金を流す上で重要な役割を担っている。新しい企業が新規株式公開（IPO）を通じて初めて株式を売り出す場合や、既存企業が株式を追加で売り出す場合、その株式をこの先ずっと売却できないのであれば購入希望者は投資をためらう。彼らは、資金が必要になったり、この会社の株式を保有する気がなくなったりした場合に、ニューヨーク証券取引所や他の取引所で売却できることを当てにしているのである。

証券取引所が経済に与える影響は他にもある。ある企業の経営が芳しくなければ株価が落ち込むので、その結果、会社の支配権を得て経営トップをすげ替え、より良い仕事をさせる気になる者が現れるだろう。この脅威は、経営者が自分の仕事をうまくこなすことで職を守ろうとするインセンティブとなる。加えて、経営陣の報酬は株価に直接連動することが多い。経営がうまくいけばそれだけ株価が上昇し、報酬が増える可能性が高くなる。繰り返すが、株式市場は経済に実際に影響を与えているのである。

株式市場が主役

金融システムは基本的に現代経済にとってかけがえのないものであるが、とりわけ株式市場はそうだ。金融市場がなかったら、我々はどうなっていただろう？　もっと貧しくなっていたのは確かである。株式市場は単なる荒唐無稽な余興ではない。それこそが主役なのだ。

これからの章では、投資1.0から投資2.0、そして投資5.0と我々が呼ぶ現在人気のアプローチまで、数世紀にわたる投資の進化を辿っていく。我々の目標は、単に株式（およびその他のインカムを生む資産）に投資すべきということだけではなく、賢明で合理的な方法で投資すべきだとあなたに確信していただくことである。投資1.0から投資5.0までを取り挙げるのは、我々が投資6.0と呼ぶものがなぜ優れているのか理解していただくためである。投資6.0のアプローチは、誰にでも使えるシンプルなものである。手が込んだ数学も、複雑なコンピュータ・アルゴリズムも、長時間の作業も必要ない。必要なのは、いくつかの重要な原則と健全な常識だけである。

第1章

投資1.0
――盲信と投機

株式投資の黎明期、そこでは投機家たちが株価の上げ下げをただ単に当て推量していたにすぎなかった。そこは、バブルやパニック、相場操縦が存在するには都合のいい場所であった。

株式取引が始まったのは1600年、イギリス政府が東インド会社（East India Company）に勅許状を与え、インド洋への航海と、香辛料、絹、その他の贅沢品の貿易を許可したことによる。航海は、荒波、海賊、オランダやポルトガルの貿易船との戦いのために危険なものだった。東インド会社は共同株式会社（joint-stock company、訳注：現在の株式会社とパートナーシップの中間的形態）であり、株主が共同で所有し、株主は会社の貿易による利益から配当を受け取っていた。現代の企業も共同株式会社であるが、会社の負債に対する株主の責任は投資額までに限定されるという特典が加わった。

例えば、ある会社がレストランを開くために150万ドルを調達したとしよう。具体的には、１株１ドルで100万株の株式を発行して100万ドル、金利８％の銀行ローンで50万ドルである。レストランが成功し、ローンを返済した場合、追加の利益は株主に帰属するが、会社はその利益の一部を使ってさらにレストランを開店しようと決めるかもしれない。一方、会社が行き詰まってローンを返済できなくなった場合、銀行は会社の資産をすべて取得する権利を有し、株主はレストランにはリスクがあるのだという高価な教訓を得るだけである。しかし（ここが重要なのだが）、株主は有限責任であり、銀行融資の返済について個人的な責任を負うことはない。

イギリス政府が東インド会社を勅許してから２年後、オランダ政府は有限責任会社として連合東インド会社（United East India Company）を設立した。その株式はアムステルダム証券取引所で取引され、これが最初の株式公開会社となった。それは、長年にわたりアムステルダム証券取引所で取引される唯一の株式であった。

イギリス東インド会社は大成功を収め、インド、東南アジア、香港、ペルシャ湾に貿易拠点を設立した。1757年から1858年までの100年以上にわたり、東インド会社はインドの大部分を支配した。1858年、イギリス王室がインドを支配した。オランダ東インド会社も大成功を収め、ピーク時の評価額は現在の金額で８兆ドルに達した。

南海バブル

南海会社（South Sea Company）という名のイギリス企業も同じようにして始まったが、結末は違った。南海会社は1711年に設立され、イギリス政府は南米での独占貿易権を与えた。ただ、そう簡単には片付けられない問題があった。スペインとポルトガルが南米の大部分を支配しており、イギリスはスペインと戦争中だったのだ。戦争が終結し、スペインがイギリスに大幅な譲歩を認めない限り、南海会社には実際に貿易ができる見込みがなかったのである。戦争は1713年に終結したが、スペインの譲歩はごくわずかだった。

南海会社はこれにひるむことなく、株式を追加で売り出すことで資金を調達し、これまでより高い価格で株式を購入する人々に資金を貸し付けることで株価を下支えした。そして1720年、南海会社は大胆にもイギリスの国家債務を引き受けることに同意した。株式を追加で売り出す以外に債務の利息を支払う現実的な方法がなかったにもかかわらずである。

それでも、南海会社に対する政府からの確固たる信頼と会社の独創的な簿記の手法に後押しされ、一般市民は株式の購入に殺到した。図1.1は、1720年の前半６ヵ月の急騰ぶりを示している。10年近く低迷していた同社の株価は、1720年１月29日の129ポンドから、３月18日の199ポンド、５月20日の400ポンド、６月３日の770ポンド、６月29日には950ポンドへと急上昇した。まさにぼろ儲けである！　株価はすぐに上昇するので、ギャラウェイのコーヒーハウス（訳注：コーヒーハウスは喫茶店兼社交場で、ロンドン・シティの取引所近くにあったギャラウェイのコーヒーハウスには多くの商人が情報を求めて集まったという）に入るときに南海株を買い、帰り際に売れば儲かるという話もあった。

人々が買いたがれば、売りたがるのが詐欺師たちである。ある会社は永久

図1.1　南海会社バブル

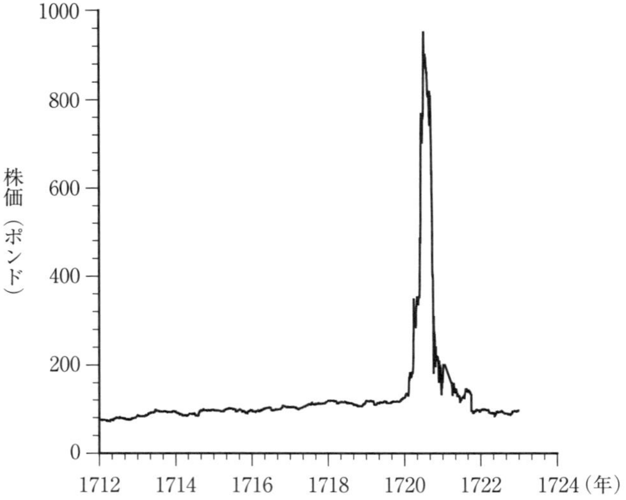

出所：ラリー・ニールのデータによる

機関を作ると約束したが、そんな機械は作れないことなど気にもされなかった。何をしているのかもわからない会社もあったが、その謎が魅力に拍車をかけたのかもしれない。「当社は大きな利益をもたらす事業を行うために設立されたが、それが何であるかは誰も知ることはない」と述べる会社もあった。その会社の株式には１株100ポンドという値が付けられ、年間100ポンドのリターンを約束していた。発起人は５時間足らずで全株式を売却してイギリスを去り、二度と戻ってこなかった。また別の会社は、自社のビジネスを「ニトベンダー（nitvender)」、つまり何も売らないことだと説明した。しかし、間抜けたち（nitwits）はニトベンダー株を買った（訳注：「nit」は「無」を意味する)。

　バブルが終わると、価格は膨張したのと同じ速さで急速に萎んだ。６月の最高値950ポンドから、南海会社の株価は９月19日に400ポンド、９月28日には180ポンドまで下落したのである。12月までに、株価はピークから90％近く下落し、狂騒が始まる前の水準に戻った。

今となっては笑い話のような南海バブルだが、当時は株価が上がり続け、巨万の富がもたらされると信じるのは簡単だった。バブルが弾けると、夢も財産も消え去った。1720年の春、アイザック・ニュートン卿は「私は天体の運動は計算できるが、人の狂気は計算できない」と言い、持っていた南海会社株を7000ポンド（2023年の金額に換算して150万ドル）の利益で売却した。その後、バブル崩壊直前に再び株式を買い、２万ポンド（2023年の金額換算で430万ドル）の損失を出した。英国議会議員のジェームズ・ミルナーはバブルで破産した後、こう釈明した。「私はたしかに、破滅はすぐにやってくるに違いないと言ったが、……それは私の予想より２ヵ月も早くやってきたのだ」と。

大馬鹿者に期待する

南海バブルは、合法的な企業から小賢しい悪党までが発行する株式について、取引する者たちがほとんど何も知らなかったことを示す好例である。その売買は、噂や勘、貪欲さ、恐怖に基づくものでしかなかったのである。

怪しげな投資商品が次々に売れていくことは、「大馬鹿者理論（Greater Fool Theory）」によって説明される。

大馬鹿者にはもっと高値で売れると期待して、何かを高値で買うこと。

何世紀もの間、投資とは行き当たりばったりの投機だった。投資家は、人々が喜んでお金を払うから株式には価値があるのだと考えたし、投資は今日買った株式に対して明日人々が払うであろう金額を推測するゲームだった。イギリスの偉大な経済学者、ジョン・メイナード・ケインズは、株式の売買を以下のような子どもの遊びに喩えた。

それはいわば、スナップ（訳注：トランプを使ったカードゲーム。プレイ

ヤーがカードの山から１枚ずつめくり、同位のものが出たとき最初に「スナップ」と言った者がカードを集めることができる)、ババ抜き、椅子取りのゲームである。これらは、間違わずにいち早く「スナップ」と叫んだり、ゲームが終わる前にババを隣の人に渡したり、音楽が止まったときに自分の椅子を確保したりした人が勝者となる遊びである。このようなゲームは熱中して楽しめるが、参加者は全員、ババが回ってくることや、音楽が止まったときに誰かは椅子に座れないことを知っている。

ケインズは、株式市場のゲームに勝つための鍵は、対戦相手を理解し、予測することだとして次のように説明した。

プロが行う投資は、最も容貌が美しい６人を100枚の写真から選ぶ新聞のコンテストに喩えられるのかもしれない。そこでは、コンテストの参加者全体の平均的嗜好に最も近い選択をした者に賞が授与される。そのため参加者は、自分が最も美しいと思う容貌の写真を選ぶのではなく、他の参加者の心を最も掴みそうな写真を選ばなければならず、しかも参加者全員が同じ観点からこの問題に取り組んでいるのである。自分の判断で本当に一番美しいと考える容貌の人を選ぶのではなく、平均的な意見が純粋に一番美しいと考えるような容貌の人を選ぶのでさえもない。我々は、平均的な意見が期待する平均的な意見を予想することに知性を捧げる第三の段階に至る。さらには、第四、第五、それ以上の段階を実践する者もいるに違いない。

大馬鹿者理論は多くのバブルの根拠になってきた。南海バブル、オランダのチューリップ・バブル、イギリスの自転車バブル、日本の不動産バブル、ドットコム・バブル、ビットコイン・バブルなどである。馬鹿者は「今回は違う（this time is different)」と考えがちだが、そうではないのである。

バブルの形成

投機的バブルは通常、鉄道の建設、金の発見、テレビの発明といった、現実の経済にとって重要な出来事から始まる。初期の投資家が利益を上げると、他の投資家もゲームに参加するためにそこに殺到する。そして、その需要の拡大が価格を押し上げ、投機家が予想したように利益を得ることで、予言が自己実現することになる。常識は貪欲に取って代わられ、馬鹿者からお金を引き離す詐欺師が現れる。

人々がある資産を長年所有し、その資産が生み出すインカムを得ようとするのではなく、その資産を他の誰かにもっと高い価格で素早く売却すれば簡単に利益を得られると考えるから購入しているのなら、その価格の高騰は投機的バブルである。

大馬鹿者が少なくなってくると、バブルは崩壊し、価格は暴落する。必死になって出口に殺到しても、ドアを通り抜けられる者はごくわずかだ。

チューリップ・バブル

多くの球根植物がそうであるように、チューリップの球根も自然に増殖し、生長するたびに２～５個の新しい球根ができる。1554年にチューリップの球根がトルコからヨーロッパに持ち込まれると、瞬く間にヨーロッパの園芸家、特に珍しい花を咲かす球根を求める裕福なオランダ人の心を捉えた。価格が上がるにつれ、投機筋が取引を支配するようになり、チューリップ・バブル（Tulipmania）として知られる恥ずべきバブルが発生した。

その誘惑を理解するのは難しくない。球根を買って地面に植える。育成期が終わって球根をいくつか掘り出せば、それぞれが最初の球根の値段より高く売れる。園芸家以外の多くの人間まで球根を買って植えていたのも不思議ではない。単純な需要と供給について考える人はほとんどいなかった。球根は毎年増殖し、やがて本物の園芸家が庭に植えたい数をはるかに上回る球根を生み出したことだろう。

チューリップの球根は９月から６月まで地中に植えておかなければならないが、投機にもってこいだったのは、球根を買っても６月に球根が掘り起こされるまで代金を支払う必要がなかったことである。資金がほとんどない投機家は、９月に球根を買い、10月に大馬鹿者に売ることで、球根の代金を支払うことなく利益を得ることができた。そして、10月の馬鹿は11月の馬鹿に売ることができたのである。

真面目な園芸家は、頭金を支払い、公証人の立会いの下、契約書にサインした。投機家はそのどちらも行わず、イギリスのコーヒーハウスで南海株が取引されたときのように、居酒屋で取引を行うことも多かった。図1.2は1636年11月に打ち上がった宇宙船のごときチューリップ価格を示している。1636年夏に25ドル（2023年の金額に換算）だった球根は、1637年１月には200

図1.2　チューリップの球根価格（1636年11月～1637年３月）

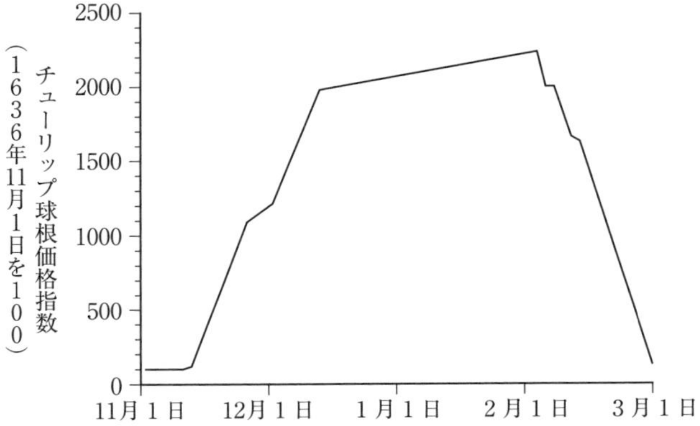

ドル、数週間後には2500ドルで取引された。10万ドルで売られたものも、中には100万ドル以上の値が付いたものもあると伝えられている。

そして、ほとんどのバブルと同じように、そのバブルも弾けて終わった。1637年２月に突然、事実上一夜にして相場が思いもよらず暴落したのである。明日になれば価値が下がる（あるいは、価値がなくなる）球根を今日買っても意味がないため、買い手は姿を消した。買い手がいなくなると、取り乱した売り手は必死になって球根を売ろうとした。

球根が収穫された夏には、価格は２月の10分の１になっていた。それから100年後、チューリップの価格はチューリップ・バブルのピーク時に比べて1000分の１以下の価値しかなくなった。

イギリスの自転車バブル

初期の自転車には様々なサイズ、形、スタイルがあり、興味深いニックネームが付けられていた。「ダンディ・ホース（洒落た馬）」はペダルがなく、乗り手が進行方向に沿って地面を蹴ることで前に進むもので、車輪で補助されながら歩くのと変わらない代物だった。「ペニー・ファージング」にはペダルがあったが、乗り手は巨大な前輪の上に座り、その巨大さゆえに後輪が非常に小さく見えた。これは、イギリスのペニー硬貨とファージング硬貨（訳注：イギリスの旧硬貨。４分の１ペニー）のサイズの違いのようだった。「ボーンシェーカー（骨揺らし）」の車輪は鉄と木で作られており、悪路には不向きだった。こうした初期の自転車に共通していたのは、乗り心地が悪く、安全性に欠け、高価だったことだ。

1800年代後半、一連の技術革新によって「安全自転車」が登場した。それは同型の２つの車輪、チェーンによる駆動装置、ひし形のフレーム、空気を注入したタイヤを備えていた。イギリス国民は、この改良型自転車の安全性、快適性、コストを歓迎して受け入れた。馬や馬車に乗るお金のない中流階級の人々も、街中を、そして遠く離れた田舎まで、たとえ悪路があっても便利に移動できるようになった。自転車は「大馬糞危機（the great horse manure crisis）」と呼ばれる事態を安価に解決できるという点で、環境にもやさしかった。この「大馬糞危機」とは、人や物資を運ぶ馬が馬糞を都市にまき散らしていたことを指す。その馬糞は悪臭を放ち、病気を蔓延させていたのである。

イギリスの自転車メーカーは約163社から833社へと５倍に増えた。その多くは株式発行によって資金を調達した。また、1895年には10社もなかった自転車、チューブ、タイヤを製造するイギリスの上場企業の数は、1897年には

127社に増加した。ピーク時の1896年、イギリスの会社は年間75万台の自転車を生産し、その多くはアメリカやフランスなどに輸出された。これらの国々は、イギリスと同じように安全自転車に魅了されるとともに、馬糞まみれになる問題を抱えていたのである。

株式の投機的バブルの多くと同様に、本物の技術革新が株価上昇をもたらし、それが続くと期待した投機家が集まってきた。図1.3は、イギリス株式市場全体が低迷する中で、自転車業界の会社の株価が1896年の２ヵ月間で３倍になったことを示している。

理性は感情に踏みにじられた。チューリップ・バブルの際に球根の供給が増えたのはチューリップの球根が自然に増殖するためである。自転車バブルのときは、新会社の誕生によって自転車の供給が増え、特に大量生産されたアメリカ製の自転車は、イギリス製のハンドメイドの自転車より50%も安く売られた。熱狂的なファンは、供給が急増することへの懸念を一笑に付し、自転車が交通手段の主流となるであろう未来に胸を膨らませた。しかし、自転車は実際に革命的なものだったとはいえ、株価は自転車メーカーの利益とは連動しなかった。馬鹿者たちは、自転車がもたらす革命とイギリス製自転

図1.3　自転車バブル

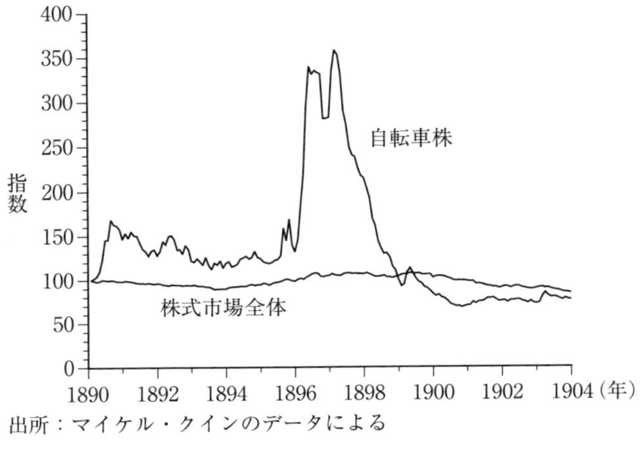

出所：マイケル・クインのデータによる

車の優れた品質を指摘したが、自転車の供給が爆発的に増えるにつれて、さらにひどい馬鹿者は出てこなくなっていったのである。

図1.3は、自転車メーカーの株価が1897年にピークに達し、その後数年間で73％下落したことを示している。自転車バブルは、チューリップ・バブルや南海バブルとは異なり、突然弾けるのではなく、徐々に沈静化していった。その様は、自転車のタイヤからゆっくり空気が漏れていくのとよく似ていた。

狂騒の1920年代

第一次世界大戦という蛮行が終わり、1920年代は音楽、ファッション、経済において称賛すべき革命的な変化が起きた。電話、ラジオ、映画、自動車、飛行機が広く普及し、経済成長と発展は、もちろん株価にも反映された。企業はより多くの利益を上げるようになり、人々は株式に投資する資金を増やしたが、株価の上昇は、大馬鹿者を当てにして手っ取り早く利益を得ようとする投機家を誘い込んだ。

ダウ・ジョーンズ工業株平均は1924年に100を超え、1927年12月には200、1928年10月には250、12月には300に達した。そして、9ヵ月後の1929年9月には、381のピークを付けた。これらの企業はニトベンダーではなかった。ダウ平均は堅実で信頼感のある優良企業で構成されている。名の知れた企業の株式を買うだけで、努力もせず、リスクもとらずに誰でも一攫千金を狙えるように思えた。1928年3月から1929年9月の間に、アメリカン・キャンは77から182へ、アメリカン・テレフォンは180から336に、ゼネラル・エレクトリックは129から396に、U.S.スチールは138から279になった。

中には、自分のために投資をしてくれる賢い人々にお金を預ければ、さらに早く金持ちになれると考える人々もいた。

ポンジスキーム

国際返信切手券（international reply coupons：IRCs）とは、万国郵便連合加盟国の国内切手と交換できる国際切手券である。IRCを使えば、外国に住む人への手紙を返信に必要な切手と一緒に送ることができる。IRCによって思いやりを示すことができるわけだが、それが歴史上最も有名な詐欺の元にもなった。

1920年、スペイン・ペソと米ドルの公定為替レートと公開市場の為替レートには大きな差があった。マサチューセッツ州に住むチャールズ・ポンジという男は、それまで何度も服役したり起業に失敗したりしてきたが、この為替レートの不整合から利益を得るためにIRCを利用するスキームを考案した。彼の計画は、公開市場で米ドルを払ってスペイン・ペソを安く買い、そのペソを払ってスペインでIRCを買い、これを米国に持ち込んでより高い公定為替レートで米国の切手券と交換するというものだった。IRCを物理的にどう送るのかを脇に置くと、彼は１セント銅貨で10セント分の価値がある米国切手を買うことになる。この切手をどのように販売するつもりだったのか

はわからないが（アメリカの郵便局の外でトランプ台にでも並べるのだろうか？）、細かいことは重要ではなかったようだ。

ポンジは、45日ごとに50%のリターンを投資家に約束し、資金を集めた。年８回の複利計算で、年間収益率はなんと2,463%である！　彼が1500万ドル（2023年の金額に換算すると２億3000万ドル相当）を集められたのも不思議ではない。

しかし、ポンジは61ドル分しかIRCを買わなかったようだ。彼の本当の計画は、私設郵便局を設立することではなく、後から参加した投資家から受け取ったお金で前の投資家に支払いをすることだった。誰かが100ドルを投資し、それをポンジが自分のために使ったとしよう。もしポンジが１人当たり100ドルずつ出資してくれる人を２人見つけたら、彼は最初の投資家に150ドルを渡し、50ドルを自分のものにできる。次の45日以内に、ポンジは100ドルを投資してくれる人を４人見つける。そうすれば、ポンジは前の２人の投資家にそれぞれ150ドルを支払い、100ドルを自分のために使えるからだ。この４人には、新たに８人のカモから得たお金を払え、８人にはさらに次の16人のお金で支払うことができる。

この詐欺は今ではポンジスキームとして知られている。ポンジスキームでは、新規の投資家からの資金がそれ以前の投資家に支払われる。これは、十分な数の新規投資家がいる限りうまく機能するが、問題は、馬鹿の必要数が驚くほど早く増えることだ。第21ラウンドでは100万人、第30ラウンドではさらに増えて10億人の新しい馬鹿が必要になる。そのうち馬鹿を使い果たし、最後のラウンドに参加した人々（大多数の投資家）には何も残されない。ポンジスキームは、後から参加した投資家の富を以前からの投資家（および詐欺の実行者）に移転しているにすぎない。

ポンジのIRC詐欺は、８ヵ月後に崩壊した。ボストンの新聞が、ポンジが1500万ドルのIRCを購入したとされる期間中に、世界中で販売されたIRCの総額はわずか100万ドルにすぎなかったことをつきとめたのである。ポンジは、新しい会社を立ち上げ、他の投資家に株式を売ることで投資家に返済すると約束した。言うまでもなく、これは別のポンジスキームである。マサチューセッツ州当局も同じ認識だったようで、ポンジを10年間の刑務所送りとした。

狂騒の1920年代に詐欺を大々的に働いたペテン師はポンジだけではない。シカゴでは、レオ・コレッツがアーカンソー州にある稲作農場を所有するという会社と、パナマの推定数百万エーカーの森林や油田を所有するという別の会社の株式を売り出した。その利益はあまりに大きく、投資家の中には洒落のつもりでコレッツのことを「俺たちのポンジ」と呼ぶ者もいた。

しかし、洒落にならなかったのはその投資家の方だった。それはまさにポンジスキームだったのだ。しかも、オリジナルのポンジスキームよりもはるかに大きく、長く続いた。投資家の一団がパナマに赴き、作り話であることをつきとめると、コレッツはノバスコシア州（訳注：大西洋に面するカナダで２番目に小さな州）に逃亡した。そこで逮捕され、シカゴに戻った後、イリノイ州の刑務所で死亡した。

相場操縦

株式の相場操縦が横行していたのも狂騒の1920年代の特徴である。株式の真の価値を見極める術がなかったため、投資家は群れに従うことが多かった。会社の事業内容や利益を顧みず、価格が上がった株式なら何でも買い漁ったのである。これはペテン師にチャンスを与える短絡的行動である。パンプ・アンド・ダンプ・スキーム（訳注：意図的に価格を吊り上げて（パンプ）、叩き売る（ダンプ）違法な売買手法）では、詐欺師集団がある銘柄について偽りの噂を流し、仲間内でその銘柄をどんどん高い値段で売買し、騙されやすい人間を誘い込む。そして、価格が吊り上がった後、共謀者たちはカモに売ることで自分の保有している株式を処分するのである。

悪名高い例の１つが、ラジオ・コーポレーション・オブ・アメリカ（RCA）である。これは、ラジオ機器を製造・販売し、NBCラジオネットワークを運営していた1920年代のハイテク企業である。ほとんどの投機的バ

図1.4　RCAのパンプ・アンド・ダンプ

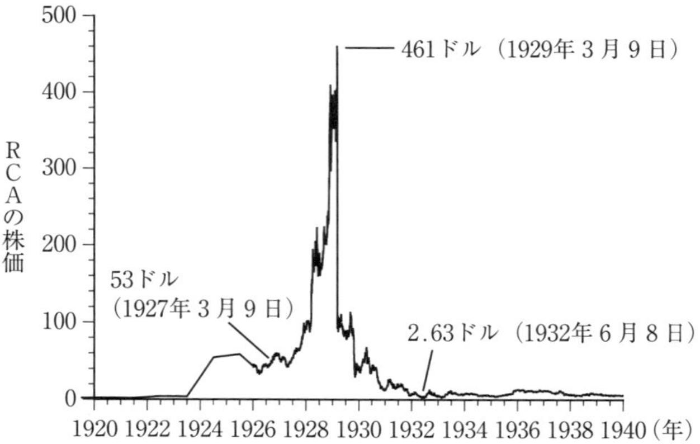

ブルと同様、「ラジオ・プール」と呼ばれる投資家グループによって都合の良いストーリーと多くの誇張された話が煽られた。彼らはRCA株を吊り上げ、叩き売った。図1.4は、1927年３月９日に53ドルだった株価が、２年後には461ドルまで急騰し、その後５ドル以下まで暴落した様子を示している。

詐欺師たちは暴落前に逃げ出し、人を騙すことで1000万ドルを手にした。当時、パンプ・アンド・ダンプ・スキームは合法だった。それが違法とされたのは1930年代になってからだが、今でも価格が不安定な株式や暗号通貨、その他のいかがわしい投資をパンプ・アンド・ダンプする詐欺師は存在する。価格が高騰していたり、うまい言葉で勧められたりする場合は要注意である。

株価暴落

未来予測は常に危険なものであり、歴史は今になって振り返ると愚かな発言をした事情通で溢れている。1899年、米国特許庁長官は「発明可能なものはすべて発明され尽くした」と述べた。トーマス・エジソンは「蓄音機には商業的価値はない」と信じ、ラザフォード・ヘイズ大統領は電話について、「驚くべき発明だが、誰がそれを使いたいと思うだろうか？」と述べた。科学者で英国王立協会会長でもあったケルヴィン卿は「空気より重い飛行機械は実現不可能だ」と宣言し、ワーナー・ブラザーズ社長のハリー・ワーナーは「誰が俳優の声色を聞きたいものか」と言った。

株式相場と経済の予測は決して容易ではなく、大暴落と世界恐慌も例外ではなかった。1928年12月４日、カルヴィン・クーリッジは議会に対する自身の最後のメッセージの中で、「連邦の経済状況を調査した結果、現在ほど喜ばしい将来展望を持つことができた合衆国議会は、これまでなかった」と誇らしげに述べた。ハーバート・フーバーは1929年３月に大統領に就任し、７月には「今日の世界は，歴史上最大となる商業的拡大の時代に入ろうとしている」と豪語した。1929年10月17日、当時アメリカで最も偉大な経済学者であったアーヴィング・フィッシャーは、株価は「恒久的な高値圏に達したようだ」と断言した。

図1.5は、５年間のブル相場が終わり、フィッシャーが大きな間違いを犯したことを示している。雲行きの怪しい日々が続いた後、パニック売りが市

図1.5　狂騒の20年代と株価大暴落

場を襲ったのが10月24日木曜日である。恐怖に駆られた投資家たちはどんな価格であろうが売ろうとし、市場価格は急落した。取引を報告するティッカーテープ（訳注：株価情報を送受信するストックティッカーという通信媒体で受信した情報を印字していた紙テープ）が何時間も遅れたため、投資家たちは直近の価格を知ることができず、パニックはさらに強まった。午後になって、ニューヨークの著名な銀行家６人がそれぞれ4000万ドルを出して株式を買ったことで、市場はようやく落ち着きを取り戻した。しかし、相場は翌週の月曜日に再び下落し、さらにその翌日10月29日の暗黒の火曜日にはパニック売りに見舞われた。証券会社やティッカーテープが処理しきれないほどの売り注文が再び雪崩のように押し寄せ、まばらだった買い注文を圧倒した。ホワイト・ソーイング・マシン社は直前まで48ドルで取引されていたが、月曜日の終値は11ドルだった。そして暗黒の火曜日、買い注文がまったくない中で使い走りの少年が１ドルでその株式を買った。

その後も市場の崩壊は断続的に起こった。11月13日までに、アメリカの一流企業の株価が暴落し、ダウは信じがたいことに48％も下落した。アメリカン・キャンは53％、アメリカン・テレフォンは41％、ゼネラル・エレクトリックは58％、U.S.スチールは46％も下落したのである。しかし、フーバー大統領の楽観主義は変わらなかった。1929年12月３日の一般教書演説は、「我々が直面しているのは、成長と進歩の問題である」と結ばれている。1930年３月、フーバー大統領も商務長官も、５月までには景気が正常化すると予測していた。５月前半、フーバーは「最悪の状況は脱した」と宣言した。５月後半には、秋までには回復すると予測した。６月に彼は、政府支出の増額を促すためにワシントンを訪れた一団に対して、「諸君、君たちが来たのは60日遅すぎた。不況は終わったのだ」と語った。

大統領のチアリーディングは投資家を安心させるものではなかった。10月、共和党全国委員会の委員長は、「共和党の幹部の間では、政権の信用を失墜させる手段として株式市場を利用する協調的な動きがあると信じる者が出始めている。政府高官が景況について楽観的な発言をするたびに、相場はすぐに下落する」と不満を述べた。

ダウは1930年春には300近くまで回復したが、その後は紆余曲折ありながらも長い下落トレンドが始まった。一時的な上昇を何度か挟み、1932年７月にはついに41.22と、1929年９月のピークから89％も下落した。株式相場が1929年の水準を回復したのは、それから27年後の1956年のことだった。

大恐慌のすさまじさは株式相場暴落の比ではなかった。1929年から1933年にかけて、米国のGDPは３分の２に減少し、失業率は３％から25％に上昇した。国内銀行の３分の１以上が破綻し、家計の富の30％が消失した。こうした数字の裏には、何百万もの人々の悲劇があった。倒産した企業は10万に上り、1200万人が職を失い、それとともに収入と自尊心も失われた。株式相場の暴落や銀行破綻の高波を受けて、多くの人々が長年かけて蓄えてきたお金を失ったのである。収入や貯蓄がなくなり、人々は食料も衣料も買えず、適切な医療サービスも受けられなくなった。家賃を払えなくなった人は住処を失い、住宅ローンを払えなくなった人は自宅を失った。農業収入は３分の１に落ち込み、多くの農場が差し押さえによって失われた。自暴自棄になった人々は掘っ立て小屋が集まる地域（フーバー村と呼ばれた）に移り住み、新聞紙（フーバー毛布）の下で眠り、ところかまわず食料を漁った。

1930年代の失業率は平均19％で、14％を下回ることはなかった。大恐慌が終わったのは、連邦政府が第二次世界大戦中に年間1000億ドル近い支出を始めてからである。

投資1.0の影響

投資1.0時代、金融市場はアメリカの経済成長に重要な役割を果たし、多くの一般人が株式を買った。しかし、無知な投資判断、にわか景気とその反動、バブルと暴落、盲信と投機、ポンジスキーム、相場操縦などが投資1.0の特徴だった。

大暴落の後、何百万もの人々が株式市場から離れ、二度と戻らないと誓った。大暴落を直接経験しなかった後の世代が身に付けていない教訓がある。

それは、投資1.0の考え方の危険性について学ぶことから得られていたかもしれない教訓である。すなわち、一攫千金の誘惑に抗うのは難しく、多くの人が屈してしまうということだ。第４章では、投資1.0思考の危険性を示す最近の２つの例、具体的にはドットコム・バブルと暗号通貨バブルについて述べる。

真面目な人々が、欲や恐怖、株価がこれから動く方向に関する根拠のない推測を超えて、合理的な投資判断を下す方法について真剣に考え始めたことは、大暴落が後に残した良い影響だった。投資2.0が投資に論理と合理性をもたらした。

〈参考文献〉

Carswell, John. 1960. *The South Sea Bubble*, London: Cresset Press.

Dunn, Donald H. 1975. *Ponzi: The Boston Swindler*, New York: McGraw-Hill.

Garber, Peter M. 1989. Tulipmania, *Journal of Political Economy*, 97(3), 535–60.

Keynes, John Maynard. 1936. *The General Theory of Employment, Interest, and Money*, New York: Macmillan, Chapter 12.

Kindleberger, Charles P. 1978. *Manias, Panics, and Crashes*, New York: Basic Books.

Powell, James. 2021. Men of Leisure Deflated by the Great Bicycle Bubble, *Financial Times*, December 13.

Quinn, William, and Turner, John D. 2021. Riding the Bubble or Taken for a Ride? Investors in the British Bicycle Mania, November 1. https://ssrn.com/abstract=3954390 or https://doi.org/10.2139/ssrn.3954390

第 2 章

投資2.0
——バリュー投資の誕生

投資1.0の数十年間は、投資判断の背後に理屈や根拠はほとんどなかった。株価が上がるか下がるかを当て推量するばかりだったのは、大馬鹿者理論が跋扈するには格好の土壌だったといえる。その後、大暴落の修羅場から、ジョン・バー・ウィリアムズとベンジャミン・グレアムという2人のパイオニアが生み出された。彼らは、株式の真の価値を推定することは可能だと主張し、投資分析を投資1.0から投資2.0に移行させた。

ハーバード大学で数学と化学を学び、ハーバード・ビジネス・スクールでMBAを取得したウィリアムズは、1920年代とその後の暴落期に証券アナリストとして働いていた。1932年、彼は経済学の博士号を取得するためにハーバード大学に戻った。彼の野心的な論文『投資価値の理論（The Theory of Investment Value）』は、「貨幣論や国際貿易論のような首尾一貫した原理体系を持つ……新しい科学の一分野」を打ち立てることを意図していた。そのタイトルが「A Theory（ある理論）」ではなく、「The Theory（唯一の理論）」だったことに注意しよう。学位論文には数式や代数記号が含まれていたため、ウィリアムズは出版社を探すのに苦労した。最終的にハーバード大学が出版したのは1938年のことだったが、ウィリアムズはそのための印刷費の一部を負担しなければならなかった。

債券、ローン、アパートの建物、事業を評価するとき、投資家はそれらの投資先から得られるであろうインカムについて考える。ウィリアムズが主張したのは、これと同じように、投資家は株価が上がるか下がるかを予測しようとするのではなく、株式から受け取るインカム、つまり配当に注目すべきだということだ。重要なのは、株式を永久に売却することなく、配当を受け取り続けるために支払ってもよいと思う金額がいくらなのかである。その金額が株式の本源的価値である。このように考える人はバリュー投資家と呼ばれる。

伝説の投資家ウォーレン・バフェットの格言の1つに、「私が好む保有期間は永遠である」というものがある。このように考え、決して売却するつもりがなければ、将来の株価がジグザグした動きのどちらに進むか憶測するのに頭を悩ませることなく、その銘柄が生み出すキャッシュに基づいて株式を評価せざるを得なくなる。

この考え方はシンプルかつ強力だが、実行しがたいことも多い。過去の株価がどうであったかを見たり、将来の株価がどうなるかを考えたりせずに株式を買うのは難しい。素早く転売して手っ取り早く大儲けしようという誘惑に駆られる中で、配当が積み上がるのを辛抱強く待つことを考えるのも難しい。バリュー投資には何よりも規律が必要なのだ。

ウィリアムズが学術論文を書いていた頃、ベンジャミン・グレアムは1934年、プロの投資家向けに彼の代表作となる『証券分析（Security Analysis）』を書いた。実際、この本は「ウォール街のバイブル」と呼ばれるようになった。グレアムは後に、よりわかりやすい形の『賢明なる投資家（The Intelligent Investor）』というタイトルの本を出している。

グレアムはギリシャ語とラテン語に堪能で、1914年にコロンビア大学を卒業した後、同大学で英語、数学、哲学を教える仕事の誘いがあったが、彼はそれを選ばず、ウォール街で働いた。しかしついには折れて、大学が信頼できるノートテイカー（記録係）を付けてくれるならと、コロンビア大学ビジネススクールで投資を教えることに同意した。これにデビッド・ドッドという若い助教が志願し、彼のノートは２人の共著『証券分析』になった。

グレアムの両親は1907年の金融恐慌で貯蓄を失った。グレアムは1920年代に株式を買って財を成したが、大暴落でそれを失った。グレアムがそこから得た教訓は、投資家は株価の変動に一喜一憂せずに、企業のバランスシートを研究し、資産、利益、配当を調べるべきだというものだった。

ウィリアムズとグレアムの大きな違いの１つは、ウィリアムズが企業の将来の配当を重視したのに対し、グレアムは現在の利益や資産を重視したことである。しかし、ウィリアムズは利益や資産が配当の源泉であることを知っており、グレアムはそれまでの堅実な配当支払いが企業の財務の強固さを表すものであると考えていた。

投資の本源的価値

バリュー投資の中心的原則は、株価の変動を予測しようとするのではなく、企業の資産、利益、配当に注目すべきだということである。したがって、ウィリアムズは、賢明な人々が株式を買う理由を次のように書いている。

牛を買うのは牛乳のため
鶏を買うのは卵のため
そして株式を何のために買うかと言えば
配当のため。
果樹園を買うのは果物のため
蜂を買うのは蜂蜜のため
そして株式を買うのはやはり
配当のため。

「牛を反芻させるために買ったり、蜂をブンブン鳴かせるために買ったりする」のは間違いということになる。

ウィリアムズの『投資価値の理論』の冒頭には、「思慮深い投資家なら誰でも知っているように、真の価値と市場価格はまったく別のものであり、両者を混同することは許されない」と書かれている。都会ずれした人間が牧場にやってきて牛に安い値段を付けたとしても無視すればよい。牛乳のために牛を買ったのであって、都会人に売るためではないからだ。翌日、その都会人が戻ってきて、牛の一生分の牛乳の価値以上のとんでもない高値を提示したら、彼の無知を利用すればよい。

同じように、グレアムは架空のミスター・マーケット（訳注：株式市場を擬人化してグレアムが創り上げた人物）を作った。ミスター・マーケットは毎日やってきて、あなたが持っている株式を売らないか、またはもっと株式を買わないかと持ちかけてくる。ミスター・マーケットの価格は、ときには妥当であり、ときには馬鹿げている。その愚かさを利用することはあっても、ミスター・マーケットの価格によって株式の価値評価が左右される理由はない。

投資2.0戦略は、株式の本源的価値と現在の市場価格を比較することである。

配当の現在価値

ジョン・バー・ウィリアムズは、株式の本源的価値を推定するために、その株式から予想される配当を受け取るために支払ってもよい金額はいくらかを考えるべきだと主張した。ここで、投資家は株式を売却する予定がまったくないものとする。この考え方により、投資家は明日の株価が今日の株価より高いか低いかを推測するのではなく、企業が生み出すキャッシュについて考えざるを得なくなる。

このアプローチを説明するために、今日から1年後をスタートとして毎年10ドルの配当が支払われる株式を考えてみよう（企業は通常、四半期ごとに配当を支払うが、簡単のためここでは年次配当を仮定する）。毎年10ドルを永遠にもたらすものに対して、あなたはいくら払うだろうか？

あなたが支払ってもよいと思う金額、つまり本源的価値を考えるためには、1年後に受け取る10ドルの配当には、今日持っている10ドルと同じ価値はないという事実を考慮する必要がある。なぜなら、もし現在10ドル持っていれば、それを投資すれば1年後には10ドルを超える価値になるからだ。2年後に受け取る10ドルの配当の価値はさらに下がる。将来受け取るお金の今日の価値を現在価値と言う。株式の本源的価値は、将来のすべての配当の現在価値の合計である。

年間配当D_1、D_2、……の現在価値Vを数式で表すと以下のようになる。

$$V=\frac{D_1}{(1+R)^1}+\frac{D_2}{(1+R)^2}+\frac{D_3}{(1+R)^3}+\cdots \tag{2.1}$$

ここで、Rは要求リターンである。この例では、年間配当は一定の10ドルであり、要求リターンは以下のように10%だと仮定する。

$$V=\frac{\$10}{(1+0.10)^1}+\frac{\$10}{(1+0.10)^2}+\frac{\$10}{(1+0.10)^3}+\cdots$$

要求リターンが10%であれば、今日から1年後に支払われる10ドルの配当の現在価値は9.09ドルとなる。なぜなら、9.09ドルを10%で1年間投資すれば10ドルに成長するからである。同様に、今日から2年後に支払われる10ドルの配当の現在価値は8.26ドルとなる。8.26ドルを10%で2年間投資すれば10ドルに成長するからである。この株式の本源的価値は、各10ドルの配当の現在価値合計として以下のように表される。

$$V=\frac{\$10}{(1+0.10)^1}+\frac{\$10}{(1+0.10)^2}+\frac{\$10}{(1+0.10)^3}+\cdots$$

$$=\$9.09+\$8.26+\$7.51+\cdots$$

図2.1の下側の線は、年間10ドルの配当の価値が、それを受け取るまでの時間が長くなるほど確実に減少することを示している。10ドルの配当を20年待つ必要があるのなら1.49ドル、40年待つのなら0.22ドルの価値しかない。

図2.1の上側の線は累積価値を示している。最初の配当は9.09ドル、2回目の配当は8.26ドルの価値があり、累積価値は9.09ドル＋8.26ドル＝17.35ドルである。遠い先の配当の値が0に近づき、その累積価値は100ドルに収束する。

図2.1　年間配当10ドルの現在価値

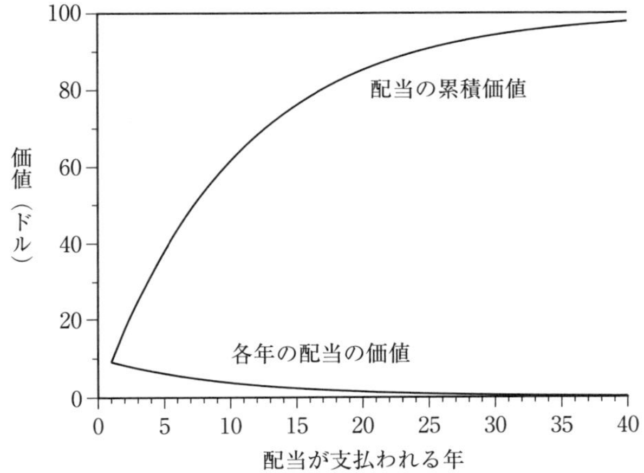

コンソル債

一定の額を永久に支払ってくれる投資対象は永久債またはコンソル債と呼ばれる。これは、イギリス政府が1751年（そしてそれ以降）に、満期がなく支払いが一定である債券を発行して債務を整理したことに由来する。しかし、イギリス政府は国債を償還して毎年の支払額を変更する権利を有しており、2015年に最後のコンソル債を償還するまでに何度かそれを行った。米国政府も過去にコンソル債を発行しているが、これもすべて償還されている。

学者たちがコンソル債を好むのは、式2.1の現在価値の公式が次のように簡単になるからである。

$$V=\frac{D}{R}$$

上の例では、年間配当が10ドル、要求リターンが10％なので、現在価値は以下のように100ドルとなる。

$$V=\frac{D}{R}=\frac{\$10}{0.10}=\$100$$

これは、図2.1の累積配当の線で確認できる。これはもっともである。毎年10ドルの配当が支払われる株式を100ドルで購入すれば、確かに10％のリターンを毎年受け取ることになるからである。

ウィリアムズは、株式の要求リターンRを投資家の「自分自身にとっての利子率（personal rate of interest）」と呼んだ。投資家の要求リターンは、国債などの他の投資で得られるリターンにもちろん依存する。国債の金利が５％だとしよう。株式は国債よりもリスクが高い。なぜなら、国債の毎年の支払いは米国政府によって保証されているのに対し、株式から支払われる配当は予想こそできても、保証されているとはとてもいえないからである。リスク回避型の投資家の要求リターンは、結果的に国債よりも株式の方が高くなる。それはどのくらい高いのだろうか？　国債の金利が５％だとしたら、株式のリターンが12％なら満足できるだろうか？　おそらくそうだろう。10％ならどうだろうか？　それとも８％か？　それはあなたの判断だ。

コンソル債の公式を使えば、要求リターンの変化の影響を簡単に計算できる。金利が低下し、要求リターンが10％から５％に低下した場合、年間配当10ドルの本源的価値は以下のように100ドルから200ドルに増える。

$$V=\frac{D}{R}=\frac{\$10}{0.05}=\$200$$

これもまた理にかなっている。年間配当10ドルが永久に支払われる株式を200ドルで買えば、５％のリターンが得られる。

投資家はすべての投資に対して同じ要求リターンを適用するわけではない。それは、投資対象によってリスクが異なるからである。国債の利回りが５％であれば、危なっかしい見込みしかないものには20％や30％、あるいはもっと高いリターンを要求するだろう。リスクが高い投資ほど、要求リターンは高く、現在価値は低くなる。

成長の評価

株式（またはその他の資産）のインカムが永遠に一定の割合で成長する場合、少し複雑にはなるが、やはり単純な評価式がある。ジョン・バー・ウィリアムズは、式2.1の現在価値の式が次の式に単純化されることを示した（彼のイニシャルであるJBWと命名することにしよう）。

$$\text{JBW}：V=\frac{D}{R-g} \tag{2.2}$$

（マイロン・J・ゴードンがウィリアムズの式を普及させたことから、ゴードン成長モデルと呼ばれることも多い）

最初の配当を10ドル、要求リターンを10％、配当成長率を４％とすると、本源的価値は以下のように166.67ドルである。

$$V=\frac{\$10}{0.10-0.04}=\$166.67$$

図2.2は、年間配当と累積配当の価値を示している。前述のように、最初の10ドル配当の現在価値は9.09ドルである。２年目の配当は４％高い10.40ドルで、現在価値は8.60ドル、３年目の配当は10.82ドルで、現在価値は8.13ドルである。配当は毎年４％ずつ増えているにもかかわらず、割引率10％によって現在価値は厳然と目減りしていく。そして、遠い将来の配当の現在価値がゼロに近づくにつれて、累積現在価値は下式の通り166.67ドルに近づく（これはJBW式で与えられるものに等しい）。

$$V=\frac{\$10.00}{(1+0.10)^1}+\frac{\$10.40}{(1+0.10)^2}+\frac{\$10.82}{(1+0.10)^3}+\cdots$$

$$=\$9.09+\$8.60+\$8.13+\cdots=\$166.67$$

図2.2　初年度10ドルで毎年４％ずつ増加する配当の現在価値

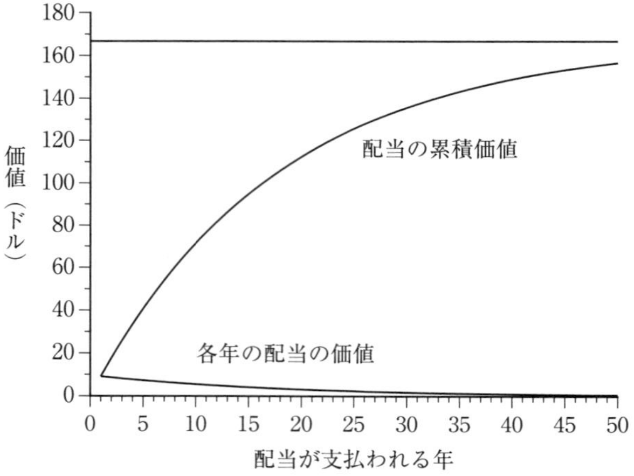

まとめよう。株式やその他の投資対象について考える正しい方法は、それが将来生み出すであろうインカムを想定し、貨幣の時間的価値を加味した要求リターンでそのインカムを割り引くことである。このシンプルな考え方が、バリュー投資の基礎を成す。

本源的価値は、株価が明日、または今から１年後や20年後にどうなるかという予測には依存しない。重要なのは今日の価格だけである。ミスター・マーケットの今日の価格が、その株式の本源的価値より低ければ、その銘柄は買う価値がある。そして、その差が大きければ大きいほど、魅力も大きくなる。

成長は（とても）重要

配当が一定の割合で常に成長するということはないが、JBW式は合理的な近似式であり、論理的な示唆を与える。まず、JBW式は、成長率が株式の価値にとっていかに重要かを示している。先ほど確認した通り、10ドルの配当が支払われる株式の本源的価値は、要求リターンが10％ならば、成長がなければ100ドル、４％の成長があれば166.67ドルになる。

成長が重要なのは、複利効果があるからである。成長率０％と４％の差はそれほど大きくないと思われるかもしれないが、30年後には、依然として10ドルの配当を支払う会社と、32.43ドルの配当を支払う会社の差となる。この論理によって、支払われる配当が増える株式は、将来何年にもわたって支払いが増えることのない債券その他の固定インカム投資よりもはるかに価値がある理由を説明できる。

また、この論理によって、成長株、つまり高い成長率が期待できる企業の魅力も説明できる。さらに、この論理は逆にも働く。よく将来有望な企業が増益を発表し、株価が急落することがある。なぜか？　それは、発表された増益率が予想ほど大きくなかったからだ。成長率のわずかな違いが、企業の株式価値を大きく変える可能性がある。この例では、予想成長率が４％からゼロに低下すると、株式の本源的価値は166.67ドルから100ドルへと40％低下する。

特に印象的だったのは、1997年12月９日にソフトウェア大手、オラクルで発生したケースである。アナリストたちは、オラクルの第２四半期の売上高が前年同期比35％増、利益は25％増になると予想していた。12月８日のマーケットが閉じた後、オラクルは同社の第２四半期の売上高が前年同期比23％増、利益は４％増にとどまったと発表した。翌日、オラクルの発行済み株式総数の６分の１を超える１億7180万株が取引され、株価は29％下落した。これによって、オラクルの時価総額は90億ドル以上減少した。

図2.3はミスター・マーケットが過剰反応したことを示しているが、これはよくあることだ。1997年の暴落の翌日にオラクルに１万ドル投資した場合、2022年12月31日には25万6000ドルに成長していただろう。これに対し、S&P 500に１万ドル投資した場合は６万3000ドルだった。

より最近になると、アップルは2013年１月23日に131億ドルの四半期最高益を開示した。iPhoneの販売台数は前年比28％増、iPadは同48％増だったが、株価は12％以上下落し、時価総額は500億ドル減少した。アップルは過去最高の4780万台のiPhoneを販売したが、これはコンセンサス予想の5000

図2.3　1997年にオラクルが暴落した後、オラクルまたはS&P 500に1万ドル投資した場合

万台を下回った。1株当たり利益は予想を上回り（13.44ドルの予想に対して13.81ドル）、売上高もそこそこだったが（予想547億ドルに対して545億ドル）、投資家はアップルが予想を上回る決算内容を出すことに慣れていた。これはちょっとしたパラドックスだ。もしアップルが予想を上回ることを予想しているなら、アナリストはなぜ予想を上げないのだろうか？　いずれにせよ、ミスター・マーケットは恐れおののき、アップルの株価は急落したわけだが、これも過剰反応であったことが証明された。図2.4によると、2013年1月24日の暴落直後にアップルに1万ドル投資した場合、2022年12月31日には9万4000ドルの価値になったはずだ。これに対し、S&P 500に1万ドル投資した場合は3万1000ドルだった。

成長の価値に疑いようはないが、急成長企業の評価には不確実性が伴うため、ベン・グレアムは成長株から距離を置いていた。ウォーレン・バフェットも同じ考えで、投機的な成長株を嫌い、確実に利益を生み出す退屈な企業を好んできた。ベンジャミン・ムーア、バーリントン・ノーザン、デイリー・クイーン、フルーツ・オブ・ザ・ルーム、ガイコ（GEICO）、シーズキャンディ、コカ・コーラ、クラフト、プロクター・アンド・ギャンブルな

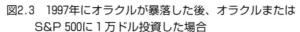

図2.4　2013年にアップルが暴落した後、アップルまたは
S&P 500に１万ドル投資した場合

どだ。バフェットが2016年にアップル株を購入したのは、成長株に対する考えを変えたという意味ではない。これはむしろ、彼がアップルを確かな利益を伴う、株価も魅力的な成熟企業になったと見なしたことを示唆している。

「バーゲンであり続けるバーゲンはバーゲンではない」というウォール街の古い諺がある。これは、安値で株式を買っても、その後株価が上がらなければ良い投資とはいえないという意味である。バリュー投資家はそのように考えない。彼らは株価が上がらなくてもうろたえない。なぜなら、価格の上昇ではなくインカムを目的に買っているからである。実際、株価が下がってもインカム予想が変わらなければ、買い増しをするだろう。市場がパニックに陥ると、バリュー投資家は「ウォール街はセールをやっている」と言い、トラックをバックさせて掘り出し物でいっぱいにするのである。

株式はポンジスキームなのか？　まさか

2020年、CNBCとビジネス・インサイダー誌のライターであるティム・デ

ニングは、「株式市場はポンジスキームである」という挑発的なタイトルの記事を書いた。これは、以下のような主張をするタン・リウという「金融の専門家」に触発されたものだ。

> 単純な真実として、株式の売買による利益は、株式を売買している他の投資家から得られる。誰かが安く買って高く売るとき、別のカモが高く買っていて、そのカモはさらに高く売る必要がある。グーグル、アマゾン、テスラのような企業は、株主に決してお金を支払わない。このような企業に投資する投資家の利益は新たな投資家からの資金流入に依存しており、定義によればこの仕組みはポンジスキームである。

リウの結論は、「34兆ドルの株式価値＝真水のお金は０ドル」である。皮肉なことに、株式はポンジスキームの対極にある。ポンジスキームを定義づける特徴は、収益性のある資産が存在しないことである。そのため、投資家が儲ける唯一の方法は、新しい投資家からお金を巻き上げることだ。対照的に、収益性の高い企業は、新たな投資家を募ることはなく、株主に還元できるインカムを生み出す資産を持っている。

リウは金融の仕事を始める前、バイク便の配達員やフリーのフォトジャーナリストをしていた。彼が小さな宅配便業「リウ・デリバーズ」を始めたと仮定しよう。結婚していて、配偶者が金融業で働いたお金で生活費を賄うとする。また、リウ・デリバーズは確実に利益を上げていたが、リウは会社から資金を持ち出さず、代わりに、事業を始めるために使った借金を返済し、広告を出し、宅配業者を増やし、最新の請求処理システムを導入したとする。このとき、リウ・デリバーズは配当を支払わないからポンジスキームだと言うのだろうか？　そうではない。リウ・デリバーズに価値があるのは、単に投資家の間でキャッシュをたらい回しするだけのポンジスキームとは違い、実質的なインカムを生み出しているからである。

もしリウの会社に株主がいたらどうだろう？　リウ・デリバーズはポンジ

スキームになるのだろうか？　とんでもない。リウ・デリバーズはある時点で配当を支払うかもしれないし、リウ・デリバーズが他の会社に売却されるかもしれないが、それはほとんど問題ではない。リウ・デリバーズの本源的価値は、会社の収益性から生まれるのだ。

ここでバークシャー・ハサウェイを考えてみよう。バークシャーは配当を支払わないので、リウの基準ではポンジスキームだ。しかし、バークシャーは配当を払う企業を多く所有している。例えば、2023年７月現在、バークシャーは９億1600万株のアップル株を保有しており、その評価額はおよそ1750億ドル、年間配当は８億8000万ドルである。アップルはポンジスキームではないのに、なぜバークシャーに株式を買われるとポンジスキームになるのだろうか？　筋が通らないのは、リウの主張が馬鹿げているからである。

最後に、仮にリウ・デリバーズがポンジスキームだとして、インカムはまったくないが毎年株式を売却し、それによって得た資金で株主に配当を支払っていたとしよう。この場合、配当を支払っていてもポンジスキームだということになる。ポンジスキームかどうかを決めるのは、配当の有無ではない。実態のある利益があるかどうかなのである。

圧倒的多数の米国企業は利益を生むビジネスを行っている。ポンジスキームとは異なり、これまでも、そしてこれからも（株価が妥当であれば）価値ある投資対象であり続けるだろう。

配当利回り

株価が妥当かどうかを評価するためのバリュー投資のベンチマークには様々なものがある。単純な指標の１つは配当利回り（D/P）である。これは、現在の年間配当の株価に対する比率として次のように表される。

$$\text{配当利回り} = \frac{\text{年間配当}}{\text{株価}}$$

話を簡単にするため、ある銘柄が１年ごとに配当を支払い、次の配当は今日から１年後の２ドルであるとする。現在の株価が100ドルであれば、配当利回りは２％である。

$$\frac{D}{P}=\frac{\$2}{\$100}=0.02(2\%)$$

配当が成長せず、永遠に２ドルのままだとすると、毎年２ドルの配当を受け取ることは、100ドルの投資に対して２％のリターンとなるのは明らかである。しかし、ほとんどの企業は経済とともに成長し、その利益と配当も成長する。

例えば５％の成長率であれば、配当は１年後に２ドル、翌年は２ドル10セント、翌々年は２ドル21セントという具合である。驚くべきことに、JBW式は、式2.2の本源的価値Vを市場価格Pに置き換えると、投資家のリターンが配当利回りに配当成長率を加えることで推定できることを教えてくれる。リターンは２％＋５％＝７％となる。

$$R=\frac{D}{P}+g=\frac{\$2}{\$100}+0.05=0.02+0.05=0.07(7\%)$$

他の条件が同じであれば、式2.2は株式の価値が配当と同率で増加することを意味すると考えることもできる。それがここでは５％である。つまり、年間２％の配当と５％の本源的価値の上昇により、トータル・リターンは７％となる。この株式リターンをベンチマークにすれば、国債その他の投資のリターンとの比較ができる。

図2.5はS&P 500の配当利回りと10年物国債の利回りの過去の推移を示している。特筆すべきは、1950年代までのほとんどの期間、配当利回りが国債の利回りを大きく上回っていたことである。例えば1950年には、長期国債の利回りがわずか２％であったのに対し、株式の配当利回りは約７％（訳注：原著は９％だが著者の了解の下に修正）であった。投資家たちは、債券で得ら

図2.5　S&P 500の配当利回りD/Pと10年国債利回りR
（1871～2023年）

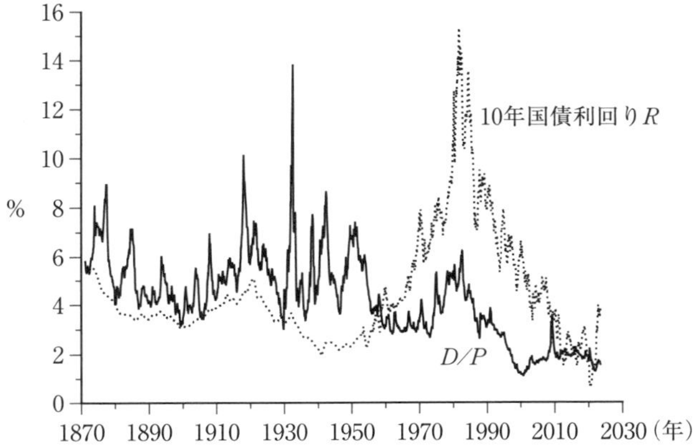

れる２％のリターンに比べて、株式ならば配当が長期的に大きく成長して２桁のリターンが得られるという可能性を、恐ろしく過小評価していたことがわかる。バリュー投資家にとっては最高の時代だったのである！

1950年代後半になると事態は変わった。金利が配当利回りを上回り、両者の差は2009年まで解消しなかった。ベンチマーク・リターンの推定値は、配当利回りに配当成長率を加えたものであることを忘れてはならない。この原稿を書いている2023年７月現在、10年物国債の利回りは4.06％、S&P 500の配当利回りは1.56％である。配当成長率が2.50％を超える場合、株式のベンチマーク長期リターンは次のように計算され、債券の長期リターンを上回る。

$$R=\frac{D}{P}+g=0.0156+0.0250=0.0406(4.06\%)$$

その他のインカム指標

バリュー投資家は、ジョン・バー・ウィリアムズの伝統に従って、他にも様々な指標を用いる。例えば、企業のフリーキャッシュフロー（FCF）を推計する人もいる。FCFは、企業が株主に配当を支払ったり、社債その他の負債に利息を支払ったりするために利用できるキャッシュを計測するものである。また、企業の経済的付加価値（EVA）を推定して用いることもある。これは、企業の利益と、その企業の利益率が株主の要求リターンに等しい場合に期待される利益との差（訳註：負債のない企業の場合）である。

詳細な分析が必要になるため配当の予想よりも難しくなるが、FCFとEVAにはともに配当を支払わない企業の本源的価値を推定できるという利点がある。FCFモデルとEVAモデルを配当のある企業に適用した場合、JBWの割引配当の式と同じ本源的価値の推定値が得られることからも、その妥当性が確認できる。

益利回り

よく使われるベンチマークの１つが株価利益率、PERである（訳注：日本では「price-earnings ratio」を「株価収益率」と訳すことが多いが、本書では「株価利益率」と記す）。これは１株の価格を１株当たりの年間利益で割ることで求められる。

$$P/E=\frac{\text{株価}}{\text{年間利益}}$$

個別銘柄やS&P 500などの市場指数について、PERが高ければ、それが割高だということになる。

ベン・グレアムは、ダウ・ジョーンズ30銘柄をPERが高い10銘柄、中位の10銘柄、低い10銘柄に分けたことがある。1937年から1969年まで５年間の保有期間中、低位PER銘柄は中位PER銘柄をアウトパフォームし、中位PER銘柄は高位PER銘柄をアウトパフォームした。PERが低い10銘柄に１万ドルを投資し、５年ごとに再投資していた場合、この投資は1969年には10万ドル以上の価値になった。これは、PERが高い10銘柄に繰り返し投資した場合の２

倍以上である。その後の研究でも同様の結論が得られている。

図2.6によれば、S&P 500の株価利益率は、5倍近くまで下落したかと思えば、20倍を超えて推移することもあるなど、かなりのばらつきがある。その平均値は16.0である（図2.6は、2009年にPERが100倍を超えた数ヵ月を省略している。これは、利益が激減したにもかかわらず、株価が利益ほどは下落しなかったためである。これは、当時の投資家が景気後退はそれほど長く続かないと考えたことによる）。

PERから得られるものは多いが、低PER銘柄が必ずしも掘り出し物というわけではないし、高PER銘柄がバブルというわけでもない。PERが低くても割高な銘柄もあれば、PERが高くても割安な銘柄も存在する合理的な理由がある。株式の本源的価値は、その銘柄が将来生み出すと予想されるインカムによって決まるということを思い出そう。成長株のPERが相対的に高い傾向があるのは、将来の利益が現在の利益よりもはるかに高いと予想されるためである。

本源的価値は、将来のインカムを割り引く際の金利によっても変わってくる。すなわち、金利が高ければ本源的価値は低下し、PERも低下するはずで

図2.6　S&P 500の株価利益率（1871～2023年）

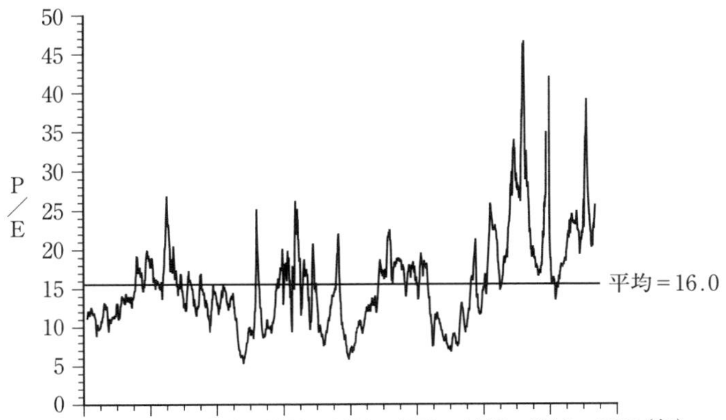

ある。金利とPERの間の関係を見るには、PERの逆数である益利回り、E/Pを計算するとよい。

$$益利回り=\frac{E}{P}=\frac{年間利益}{株価}$$

益利回りは、株主にとっての株式リターンの大ざっぱな推定値になる。ある株式が100ドルで売られ、その会社の利益が10ドルであれば、益利回りは10%となる。

$$益利回り=\frac{年間利益}{株価}=\frac{\$10}{\$100}=0.10(10\%)$$

しかし、益利回りは株主にとってのリターンとは必ずしも等しくない。株主が受け取るのは配当であり、利益ではないからである。利益は配当の源泉ではあるが、それは手段であって目的ではない。ある企業が1株当たり利益10ドルのうち2ドルを配当し、内部留保した8ドルを軽率な失敗で失ったとしよう。その場合、この失われた8ドルは、存在しなかったのと同じかもしれない。

内部留保1ドルが株主にとって1ドルの価値があるためには、会社は株主の要求リターンと同じリターンを上げなければならない。内部留保1ドルの価値は、要求リターンより会社の利益率が低ければ1ドル未満であり、高ければ1ドル超である。だからこそ、バークシャー・ハサウェイは配当を支払わないのである。同社の経営陣は、株主の要求リターン以上の利益を上げる投資を選択できると考えていることになる。

これは重要な注意点であるとはいえ、図2.7によると、過去60年間のS&P500の益利回りは、概ね10年物国債の利回りに連動して上下に変動してきたことがわかる。

図2.7　S&P 500の益利回りE/Pと10年物国債利回りR

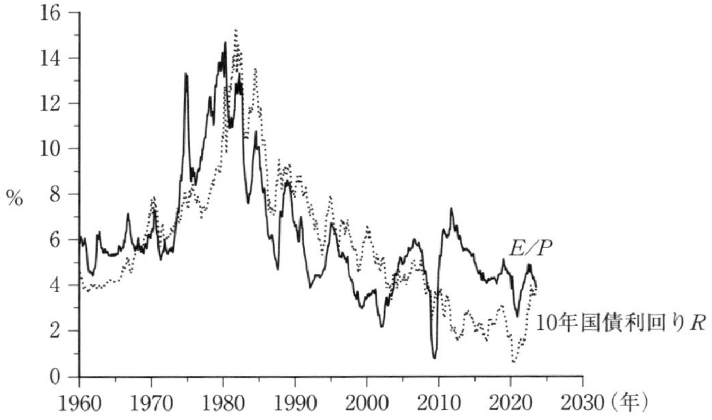

シラーの景気循環調整後利益

企業の利益は、景気の浮き沈みによって変動する。ノーベル賞受賞者のロバート・シラーは、こうした変動を平滑化する賢明な方法を示している。まず、実質の、つまりインフレ調整後のS&P 500の利益を毎月計算する。次に、インフレ調整後の月次利益の過去10年間の平均を計算する。景気循環調整後株価利益率（CAPE）は、S&P 500のインフレ調整後株価をインフレ調整後利益の10年平均で割ったものである。

$$CAPE = \frac{株価}{平均利益}$$

また、この逆数を計算すると、景気循環調整後益利回り（CAEP）になる。

$$CAEP = \frac{平均利益}{株価}$$

CAEPは株式の予想インフレ調整後リターンの推定値であるため、債券の予想インフレ調整後リターンと比較する必要がある。図2.8では、10年物国債の実質金利、すなわちインフレ調整後金利を計算するために過去10年間の平均インフレ率を用いている。この計算では、過去10年間のインフレ率は将来期待されるインフレ率の合理的な推定値であると仮定していることになる。

CAEPはほとんどの時期でインフレ調整後金利を大きく上回っている。これは、株式が通常は国債よりも有望な投資対象であったことを示している。ただし、1999年後半から2000年春にかけてのドットコム・バブルの絶頂期は例外だった。この原稿を書いている2023年７月上旬時点で、株式のインフレ調整後利回り（CAEP）は3.24％、国債のインフレ調整後金利は1.11％である。両者のスプレッドは3.24％－1.11％＝2.13％であり、これにより、多くのバリュー投資家に対して、株式の方が国債よりもいくらか魅力的な投資先であると説得できるかもしれない。

図2.8は、近年の注目すべき２つの出来事を示している。2000年春のドットコム・バブルの絶頂期には、株価上昇によってCAEPがインフレ調整後の国債利回りより1.5％ポイント低い水準に押し下げられた。これは、株式が相対的に魅力のない投資であったことを意味する。これとは対照的に、2009年の景気後退局面では、株価の下落によってCAEPはインフレ調整後の国債利回りを７％ポイント以上上回る水準まで押し上げられた。これは、株式が

図2.8　実質10年国債利回りと景気循環調整後益利回り（CAEP）

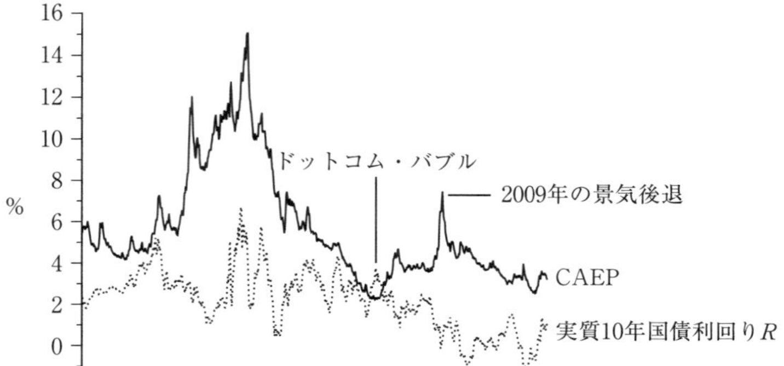

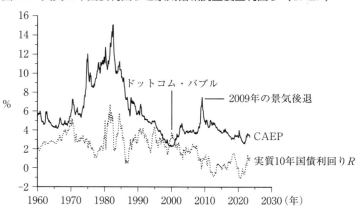

非常に魅力的な投資であったことを意味する。この２つの歴史的事象については、後の章で詳しく説明する。

S&P 500のバリュエーション

2022年７月８日、著者のゲイリーはマーケットウォッチ（訳注：米マーケットウォッチ・ドットコム社が提供する金融情報サイト）のコラムで、下のJBW式を使ってS&P 500の本源的価値を推定した。

$$\mathrm{JBW}: V=\frac{D}{R-g}$$

そのために、彼は企業が株主から株式の一部をよく買い戻している事実を考慮した。2021年のバークシャー・ハサウェイの株主宛書簡において、ウォーレン・バフェットは同社が過去２年間において517億ドルを使って自社株の９％を買い戻したと述べている。同じ期間に、アップル（当時のバークシャーの株式ポートフォリオの46％を占める）は1560億ドル以上の自社株を買い戻した。バフェットはこれを、我々が称賛する行為だ」と述べている。さらに対象を広げると、S&P 500構成企業は、過去10年間で５兆ドル以上をかけて自社株買いを行っている。

図2.9は、自社株買いを通じて株主に分配された金額が、近年、多くの期間で配当を上回っていることを示している。

ジョン・バー・ウィリアムズの論理によれば、企業の本源的株式価値とは、その企業が株主に与えるキャッシュの現在価値である。それは配当を通じて分配されるか、自社株買いを通じて分配されるかを問わない。この論理は、たった１人の株主を考え、その人が株式を永遠に保有し続ける状況を想像すれば最も明確になる。その人が受け取る総インカムは、配当として支払われるキャッシュと、自社株買いのために支払われるキャッシュの合計である。

図2.9　S&P 500の配当と自社株買い

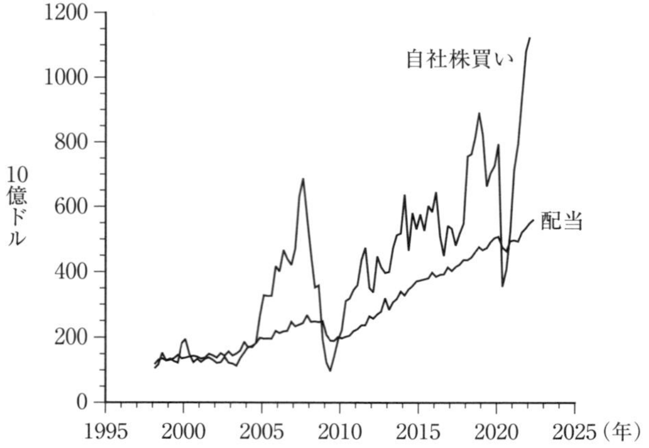

理論上、自社株買いは配当と同等であり、同様に扱われるべきである。しかし実務上は、税金によって自社株買いが明らかに有利になる。株主は、配当に対しては税金を払わなければならないが、株式の売却に対しては、売却価格が購入価格を上回らない限り税金はかからないのである。しかも、その場合でも、キャピタルゲイン（もしあれば）に対してのみ税金を払えばよい。配当の場合、株主にはキャッシュを受け取って税金を払う以外の選択肢がない。自社株買いの場合、株主には選択肢がある。株式を売却してキャピタルゲインがあるなら税金を払うか、あるいは売却せずにそのままにしておくかである。

２つ目の違いは、企業が自社株買いを行うのは、ミスター・マーケットがその株式を本源的価値よりも安く評価していると考えたからかもしれないということだ。もしそうならば、自社株買いはお買い得だ。それは別の会社を割引価格で買うようなものである。しかし、ミスター・マーケットの価格が高すぎる場合、自社株買いは損である。バフェットはこう書いている。

強調したいのは、バークシャーの自社株買いが意味を持つためには、当

社の株式が適切な価値を提供しなければならないということである。他社の株式を高すぎる価格で買うことは避けたい。自社株を買うときにも、価格が高すぎてはバークシャーの価値が毀損することになる。

株主が自社株買いを、会社がミスター・マーケットに過小評価されていると考えているシグナルと見なすのももっともなことだ。そのようなシグナルだということは、自社株買いの発表で株価が多少上がることが多い理由の説明になるだろう。

JBW式を見ると、配当（＋自社株買い）D、要求リターンR、配当成長率gの値を入力する必要があることがわかる。

$$\text{JBW}：V=\frac{D}{R-g}$$

S&P 500指数の算出方法に合わせ、ゲイリーは2021年の年間配当＋自社株買いを194と見積もった。図2.9に示された2021年の自社株買いの急増を考慮し、ゲイリーは保守的にD＝150を使用した。要求リターンについては、当時の国債の利回りが10年債で2.88％、30年債で3.11％であった。これから、ゲイリーは要求リターンとして８％を用いた。これでも保守的だと考えられるが、読者は自分が考える値を使って計算するのがいいだろう。

ゲイリーが最後に必要としたインプットは、S&P 500の配当＋自社株買いの将来の成長率だった。1998年以降の年率の成長率は、配当が約６％、自社株買いが約10％であった。配当と自社株買いの合計について、ゲイリーは一見すると保守的ともいえる５％という値を使った。これは米国GDPの長期成長率より少し低い。

以上のような慎重な前提の下、ウィリアムズのバリュエーション式によって5000という本源的価値が求められた。

$$V=\frac{150}{0.08-0.05}=5000$$

これは当時のS&P 500の値3818.37を31％上回るものであった。

要求リターンは投資家によって異なる。そのため、図2.10に示すように、幅広い要求リターンの値について本源的価値を計算しておくと役に立つことが多い。ここでは、ブレークイーブン要求リターンは8.9％であり、8.9％を下回る要求リターンでは本源的価値の推定値が市場価格を上回ることになる。当時、国債の利回りは３％前後であり、これは非常に魅力的なブレークイーブン要求リターンのように思われた。

ゲイリーの結論はこうだ。

> 来週、来月、そして年末の株価がどうなるかは誰にもわからない。しかし、株式から得られる将来のキャッシュフローについて、妥当で保守的な仮定を立てると、S&P 500の本源的価値は現在、市場価格を上回っている可能性が高い。株式は割安なのだ。

図2.10　要求リターンの違いに応じたS&P 500の本源的価値

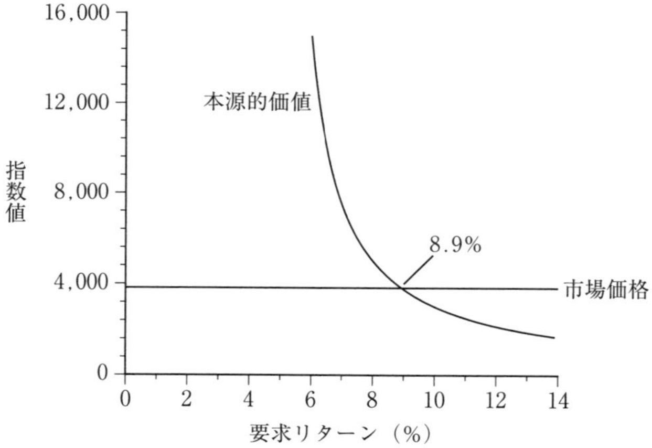

ゲイリーの結論は、将来の株価についての予測ではない。それは、2022年7月にS&P 500という株式を買った人は、買ってよかったと思うだろう、という彼の意見であった。

リスクについてはどうなのか？

2008年、多くの投資家が自動車会社フォルクスワーゲンに対して弱気だった。保有していた株式を売るだけではなく、他の投資家から株式を借りて売る者もいた。こうした空売り筋は、将来のある時点でフォルクスワーゲン株を安値で買うことを期待していた。そうすれば、借りた株を返すことができ、借りた株式を売却した価格と返すために購入した価格との差額に相当する利益が得られるのである。2008年10月には、フォルクスワーゲン株全体の12％に当たる4億8000万株が空売りされていた。

その後、空売り筋は不意を突かれた。2008年10月28日、ポルシェがフォルクスワーゲン株の74％を購入したと発表したのである。ニーダーザクセン州は別に20％を保有していた。どちらも売るつもりはなかった。その結果、空売り筋が買える株式は残りの2億4000万株となったが、彼らは借りた株式を返すために4億8000万株を買う必要に迫られた。典型的なショートスクイーズである。空売り筋は、借りた株式を弁済する法的義務を負っており、そのためにはいくらであろうとも払わなければならなかった。

フォルクスワーゲンの株価は1日で93％も急上昇し、空売り筋は損失が拡大する前にポジションをカバーしようと躍起になった。そこでポルシェは、空売り筋への救いの手として（そして作為による高い株価を利用するために）、保有株の一部を気前よく売却することにした。ショートスクイーズは終わり、フォルクスワーゲンの株価はスクイーズ前の水準まで下がった。

このような荒唐無稽で常軌を逸した話によって、多くの投資家は、株式市場は合法なギャンブルにすぎず、慎重な人は避けるべきものだと頭に刷り込まれてきた。実際、我々の友人や親戚を含む多くの人々が、株式市場はインサイダーが何も知らない人から金を巻き上げるホワイトカラー詐欺だと思っている。しかし、それは間違いだ。金融詐欺は存在するが、株式市場全体は詐欺ではない。

それでも、株価は安定した右肩上がりにはならず、ニュース、噂、恐怖、欲望に振り回されるという厳しい現実がある。投資2.0パラダイムの明らかな欠点の１つは、すべての投資家がリスクの存在を認識している中で、それが株式の価値を推定する方法を教えてくれるものの、株式投資に伴うリスクを測定する方法を教えてくれないことである。投資戦略における次の大きな進展、すなわち我々が「投資3.0」と呼ぶものは、リスクの測定に正面から取り組む。

〈参考文献〉

Buffett, Warren. 2021. Berkshire Hathaway Shareholder Letter. https://www.berksh irehathaway.com/letters/2021ltr.pdf

Denning, Tim. 2020. The Stock Market Is a Ponzi Scheme, *Medium*, July 3.

Graham, Benjamin. 1954. *The Intelligent Investor*, New York: Harper.

Graham, Benjamin, and Dodd, David L. 1934. *Security Analysis*, New York: McGraw-Hill.

Williams, John Burr. 1938. *The Theory of Investment Value*, Cambridge, MA: Harvard University Press.

第 3 章

投資3.0
――リスクの（誤った）測定

ジョン・バー・ウィリアムズはリスクを明確に考慮することはなく、投資家個人の金利は国債の金利よりもいくらか高くあるべきだと忠告した程度にとどまった。ベンジャミン・グレアムもまた、リスクを漠然と扱った。「将来の正確な推定が不要になる」ように安全余裕度（margin of safety）を見込んだ価格以上は支払わないようにと投資家に助言する程度であった。ウォーレン・バフェットは、安全余裕度についていつもながら明快に説明している。

> 会社のビジネスの価値について、ごく一般的な見積もりができる知識が必要だ。しかし、その見積もりギリギリにならないようにすべきである。ベン・グレアムが安全余裕度を持つべきだと言ったのはそういう意味だ。8300万ドルの価値がある事業を8000万ドルで買おうとはしない。大きな余裕を残しておくべきだ。３万ポンドの重さに耐えられる橋を架けたと言い張る人も、自分では１万ポンドのトラックでしか渡らない。これと同じ原理が投資でも有効なのである。

ウィリアムズとグレアムは、リスクを定量化する方法、つまりある銘柄の組み合わせが他の組み合わせよりもどれだけ安全であるかを測る方法を提案しなかった。投資3.0革命が成し遂げたのはまさにそれである。

平均・分散分析

1950年代、ハリー・マーコウィッツとジェームズ・トービンは、株式の将来のリターンに関する投資家の不確実性はベル型の正規分布によって要約できるだろうと指摘した。正規分布は、分布の平均と標準偏差だけで決まる。例えば、図3.1はある株式の年次リターンの正規分布を示しており、その平均は10％、標準偏差は20％である。正規分布にはいくつか便利な特性があり、平均を挟んで上下１標準偏差以内の値が0.68（およそ３分の２）の確率

図3.1　平均10%、標準偏差20%の正規分布

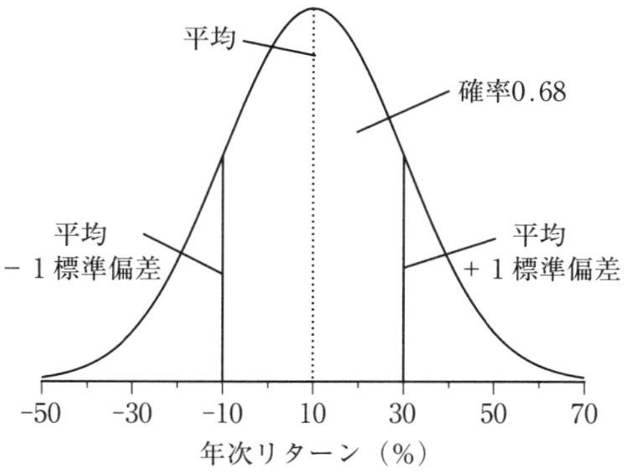

図3.2　２つの正規分布

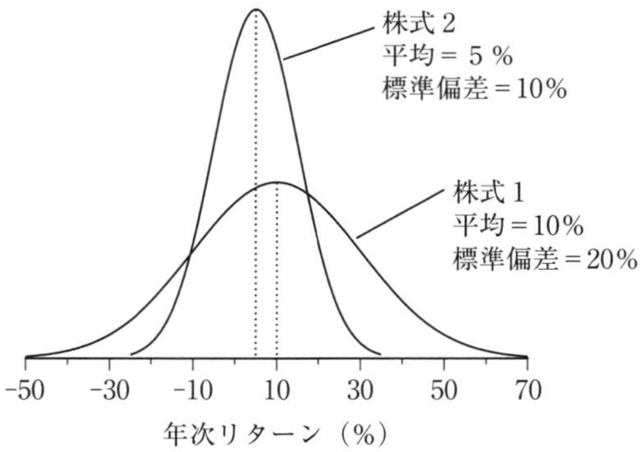

で存在し、２標準偏差以内の値が0.95の確率で存在する。図3.1の正規分布の場合、リターンが－10％から＋30％までの間になる確率は３分の２、－30％から＋50％までの間になる確率は0.95である。

ある株式のリスクの大きさをそのリターンの標準偏差で測るのは自然なことであり、標準偏差が大きければ大きいほど、リターンの確実性は低くなる。

図3.2は、図3.1の平均10％、標準偏差20％の分布と、平均５％、標準偏差10％の正規分布とを比較したものである。２番目の分布は平均が少し低い

が、標準偏差が小さいことから、そのリターンの不確実性は低い。例えば、リターンが－20％、－30％、－40％を下回ることは、２番目の銘柄の方がはるかに起こりにくい。

このリスクのモデルは、平均・分散分析（または現代ポートフォリオ理論）として知られているが、分散に代えて、その平方根である標準偏差を用いて表すことが多く、ここでもそれに倣う。

マーコウィッツ・フロンティア

ジョン・バー・ウィリアムズとベン・グレアムのバリュー投資アプローチは通常、株式その他の投資を個別に評価する。アップルは魅力的な価格か？　グーグルは？　ジョンソン・エンド・ジョンソンは？　これとは対照的に、平均・分散分析の主要な知見は、投資家のポートフォリオ内で複数の銘柄がどのように組み合わされているかを考えることから得られる。

2003年から2007年までの月次データを使って、AT&T、IBM、コカ・コーラの３銘柄について、リターンの平均と標準偏差、相関を推定した。そして、この推定値を用いて、３銘柄の様々な組み合わせに投資したポートフォリオの平均値と標準偏差を求めた。図3.3の３つの黒丸は、３つの個別銘柄

図3.3　マーコウィッツ・フロンティア

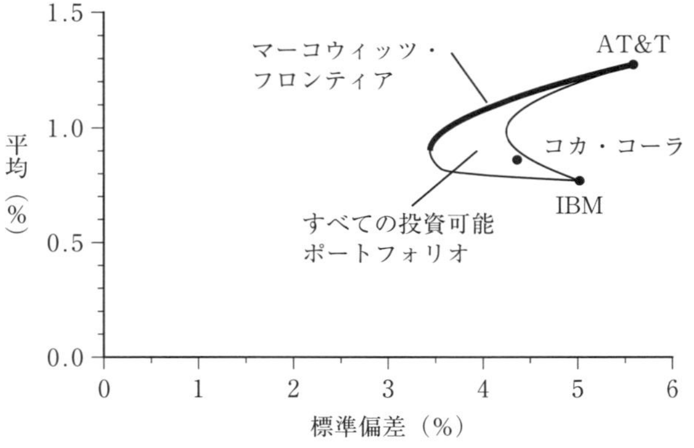

の平均と標準偏差である。各銘柄への投資金額を変化させることで、図3.3の曲線の内側にあるリスクとリターンの任意の組み合わせのポートフォリオができる。平均・分散分析の主な教訓の1つは、個別銘柄のどれよりも標準偏差の低いポートフォリオがたくさん存在するということである。ここでは図3.3の曲線の内側にあるポートフォリオの多くが、AT&T、IBM、コカ・コーラよりも低い標準偏差を有している。分散することには価値があるのだ！

図3.3の曲線で囲まれた領域の上部は、各標準偏差に対して可能な最大の平均であることを示すために線を太くしてある。これらの最適ポートフォリオは、他のすべてのポートフォリオよりも優れており、ハリー・マーコウィッツの先駆的な研究にちなんでマーコウィッツ・フロンティアと呼ばれている。

PBS（訳注：米国の非営利・公共放送ネットワーク）のシリーズ番組をもとにした『ウォール街を越えて（Beyond Wall Street)』という本は、マーコウィッツ・フロンティアを次のように説明している。

> この曲線は、投資家が引き受けることをいとわない様々な水準のリスクにおける最大リターンを示している。曲線より上の投資はリスクが高すぎる。曲線より下はリターンが低すぎる。ゴルディロックス（訳注：イギリスの有名な童話『三匹のくま』の中に出てくる少女の名前。3種のお粥を味見したところ、熱すぎるのも冷たすぎるのも嫌で、ちょうどよい温度のものを選ぶ）なら、曲線に沿ったリスクは熱すぎず冷たすぎず、ちょうどいいと言うだろう。

これはもっともらしいが馬鹿げている。マーコウィッツ・フロンティアが記述しているのは機会であって選好ではない。マーコウィッツ・フロンティアの上に行くことは不可能なのだ。

図3.3のマーコウィッツ・フロンティア上のポートフォリオの一部を表3.1

表3.1　マーコウィッツ・フロンティア上のいくつかのポートフォリオ

平均（%）	標準偏差（%）	ポートフォリオの配分（%）		
		AT&T	コカ・コーラ	IBM
0.90	3.44	17	34	49
1.00	3.66	40	20	39
1.10	4.21	62	7	30
1.20	4.91	83	0	17
1.27	5.59	100	0	0

に示す。投資家は、自分のリスク選好に基づいて、マーコウィッツ・フロンティア上のポートフォリオの中から選択することができる。例えば、リスク回避志向の強い投資家は、ポートフォリオの標準偏差を低下させるようにコカ・コーラへの投資を増やすだろう。しかし、最もリスク回避的な人であっても、リスクが最も高いAT&Tをポートフォリオに組み入れて分散投資することが有利であることに注意しよう。リスク回避度の低い人はコカ・コーラを減らし、AT&Tを増やす。最もリスク回避度の低い人は、全額AT&Tで保有する。

トービンの分離定理

ここで、T-bill（財務省短期証券）のような安全資産を導入しよう。もし投資期間を１年と考えるなら、１年物T-billは100%安全である。連邦政府が破綻しないことがわかっており（少なくともそう願っており）、１年後にいくら受け取れるかが正確にわかっているからだ。この場合の１年物T-billのリターンの標準偏差はゼロである。

図3.4は、安全資産（T-billなど）とリスク資産（株式や株式ポートフォリオなど）のすべての組み合わせが、両者の間の直線で表せることを示している。50対50の投資は直線の中点にある。リスク資産への投資を増やすと線上を上方向に移動し、T-billを増やすと線上を下方向に移動する。

AT&T／IBM／コカ・コーラの例に戻ると、T-billのような安全資産は、図3.3にあるすべての株式ポートフォリオと組み合わせることができる。図3.5は、このような組み合わせの中で最適な株式ポートフォリオが1つ存在すること、それは安全資産（T-bill）から引いた直線がマーコウィッツ・フ

図3.4　安全資産とリスク資産の組み合わせ

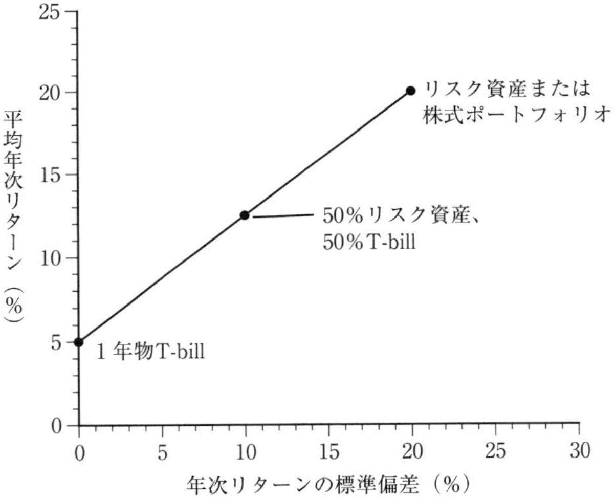

図3.5　最適なリスク・ポートフォリオ

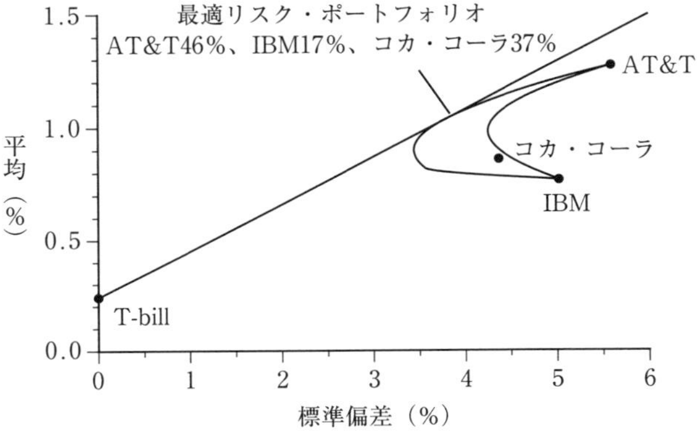

ロンティアに接する点であることを示している。これが最適なのは、任意のリスク水準に対して、最も平均が高い点はこの直線上にあるからである。

図3.5は、2003年から2007年までのT-billの月次平均リターンである0.24%を安全リターンとして用いている。このとき最適株式ポートフォリオは、AT&T46%、IBM17%、コカ・コーラ37%である。コカ・コーラとIBMはAT&Tよりも平均がはるかに低いにもかかわらず、分散投資の価値があるために最適ポートフォリオに含まれている。

図3.5の直線で示された投資可能な点の一つひとつは、T-billとこの46%-17%-37%の最適株式ポートフォリオの組み合わせを表している。極端にリスク回避的な人は、すべての資金をT-billに投じるだろう。リスク回避度の低い人は、資金の半分をT-billに、半分をAT&T46%、IBM17%、コカ・コーラ37%の最適株式ポートフォリオに振り分けるかもしれない。冒険好きな人は、すべて（あるいはほぼすべて）の資金を同じ比率の最適株式ポートフォリオに投じるだろう。

図3.5のAT&T、IBM、コカ・コーラの46%／17%／37%の最適な組み合わせは、リスク選好に依存しない。これが、トービンの分離定理である。すなわち、投資判断は２つの異なる段階に分離することができる。１つ目は、最適な株式ポートフォリオを決定すること、２つ目は投資家の選好を用いて安全資産と最適な株式ポートフォリオの間の富の配分を決定することである。これは、顧客ごとに異なる銘柄を選択するという伝統的な投資アドバイザーの慣行と相容れない。

平均・分散分析は数学的にエレガントであり、次のようないくつかの貴重な洞察を提供してくれる。

1．分散投資された株式ポートフォリオは、ポートフォリオのどの銘柄よりも安全であることがある。
2．分散投資によって得られる効果は、株式リターン同士の相関関係に依存する。

3．株式とT-billの組み合わせは、低リスク銘柄のポートフォリオよりも安全である。

分散ポートフォリオに関する初期の実証研究の多くは、米国株式に焦点を当てたものであった。しかし、ポートフォリオのリスクはより幅広い資産、例えば不動産、天然資源、外国の株式や債券などを考慮することでさらに減らすことができる。分散投資はリスクを軽減するのである。

平均・分散分析の問題点

平均・分散分析によって、株式を単独で評価する投資2.0から、株式ポートフォリオのリスクの大きさを数学的に分析するものへと投資戦略が進化できた。これはすばらしい知的な成果であった（複数のノーベル賞で報われることとなった）。しかし、平均・分散分析によるリスクの測定には、その成果を台無しにしかねないような問題がある。主なものを２つ挙げるなら、⑴株式リターンは正規分布に従っていないこと、⑵過去のリターンは将来の信頼できる指針にはならないことである。さらに、我々の目から見れば、平均・分散分析が価格ボラティリティに焦点を当てていることも酷評に値する。ほとんどの投資家は価格のボラティリティを気にする必要はないからである。平均・分散分析は、株式からのインカムがすべてであるというバリュー投資論を強化するのではなく、すべてを短期的な価格変動に帰着させているのである。

株式リターンは正規分布に従わない

平均・分散分析では、投資家にとって重要な指標はポートフォリオ・リターンの平均と標準偏差だけであると仮定する。リターンが正規分布に従うのならばこれは理にかなっているが、実際にはそうではない。

図3.6は、S&P 500の月次リターンの実際の分布と理論的な正規分布とを

図3.6　S&P 500の月次リターン（1926～2022年）

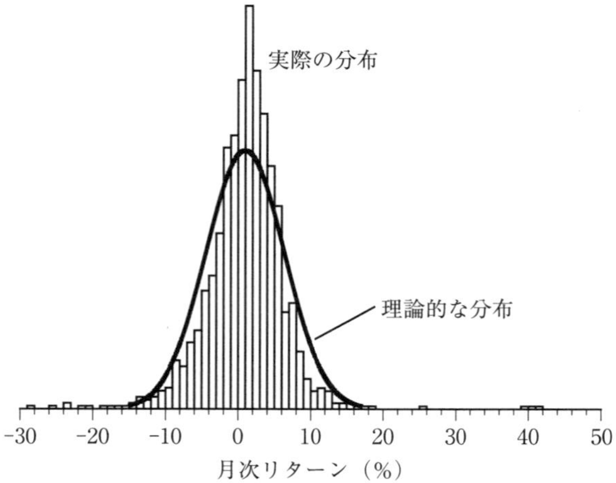

比較したものである。この分布はベル型に見える。その形はほぼ左右対称であり、曲線は緩やかに上昇した後、急激にピークに達する。そして、リターンの96%が平均の上下２標準偏差内に収まっているが、これは理論的に導かれる95%に近い。しかし、明らかな相違点として、正規分布から想定されるよりも多くの観測値が平均値の近傍に集まっているという「高いピーク」が挙げられる。リターンが正規分布であれば、リターンの68%が平均の上下１標準偏差内にあるはずだが、ここでは76%がそうなっている。

しかし、図3.6に見られる最も重要な不一致は「ファットテール」、すなわち平均から大きく離れた極端な観測値である。マイナス20%を下回ったりプラス20%を上回ったりするリターンはいくつか見られるだけだが、こうした大きな異常値は決定的に重要な意味を持つことがある。１ヵ月で20%のリターンは嬉しいし、20%の損失は痛烈である。月次リターンの過去の平均と標準偏差による正規分布では、このような大きな価格変動は基本的に起こり得ないはずだが、実際には何度か起きている。マイナス28.7%のリターンを記録した1931年９月のような悪い月が起こる頻度は400万年に１度以下、プラス41.4%のリターンを記録した1933年４月のような良い月は２兆年に１度以下のはずである。しかし、どちらも100年足らずの間に起こっている。

これは毎月のリターンに限った話ではない。毎日の株価を見ても、目を見張るようなずばぬけた日も、目を覆いたくなるひどい日もある。1987年10月19日、S&P 500のリターンはマイナス19.5%であったが、その2日後の1987年10月21日にはプラス8.8%であった。1933年3月15日のS&Pリターンは16.8%であった。正規分布であれば、数兆年の間にもこのようなことは起こらないはずである。

これはブラック・スワン問題と呼ばれる。イギリス人はかつて黒い白鳥（スワン）は存在しないと信じていた。これまで見たり読んだりした白鳥はすべて白かったからだ。しかし、論理的に考えれば、いくら数多くの白い白鳥を確認しても、すべての白鳥が白いことの証明にはならない。案の定、1697年にオランダの探検家がオーストラリアで黒い白鳥を発見した。

1987年10月19日まで、S&P 500が1日に19%以上上昇したことも下落したこともなかったという事実は、それが起こり得ないことの証明にはならない。残念なことに、めったに起こらない出来事はまれにしか観察できないため、その可能性を正確に見積もることはほとんど不可能である。

1987年10月19日の暴落から20年経った2007年8月、リーマン・ブラザーズのクオンツ戦略の責任者はウォール・ストリート・ジャーナル紙に対し、（おそらく20年前の暴落のことを念頭に置きながら）「モデルが1万年に1度しか起きないと予測した出来事が、3日間続けて起きた」と語った。ロングターム・キャピタル・マネジメントは、最も優秀な金融の専門家たちによって運営されていたヘッジファンドだったが、彼らが構築したリスクモデルは、1998年8月のある日に発生した損失は80兆年に1度しか起こらないはずだと言っていた。それにもかかわらず、そのような壊滅的な損失が実際に発生し、翌週にもまた同じような損失が発生した。

過去は将来への信頼できる指針ではない

図3.4と図3.5に例示した平均・分散分析では、AT&T、IBM、コカ・コー

ラの月次リターンの2003～2007年の平均、標準偏差、相関を分別なく、あたかもそれらが過去と同様に未来にも適用できるかのごとく使用した。それに疑問を感じなかったとしたら、あなたは人が好すぎる。過去のデータを使って将来の機会を推定するのは危険だ。しかし、平均・分散法を実践している人たちのほとんどがそうしているのである。

2003年から2007年までの５年間、AT&T株はたまたまIBMやコカ・コーラよりはるかに良いパフォーマンスを上げたが、AT&Tが常にIBMやコカ・コーラをアウトパフォームすると仮定するのは馬鹿げたことだ。これらはすべて有名企業であり、報酬の高いアナリストがしっかりとフォローしている。ほとんどの投資家は、2003年から2007年にかけてのAT&Tの優れたパフォーマンスに驚いたはずであり、次の５年間に同じパフォーマンスが繰り返されるとは確信していなかったに違いない。

表3.2を見ると、AT&Tの2008年から2012年まで５年間の月次平均リターンは、首位から最下位に転落したことがわかる。

このように、過去と将来のリターンの関係が弱いのは珍しいことではない。図3.7は、ダウ・ジョーンズ工業株平均の全30銘柄について、2003～2007年の平均リターンと2008～2012年の平均リターンの関係を示したものである。相関は－0.10とわずかにマイナスだが、意味がないほどゼロに近い。

優れた株価パフォーマンスが持続するという仮定よりもさらに不合理なのは、ひどい株価パフォーマンスが永久に続くという仮定である。例えば、ファイザーは2003年から2007年の間にマイナスのリターンを記録したが、

表3.2　2003～2007年および2008～2012年の月次平均リターン

	平均リターン（%）	
	2003～2007年	2008～2012年
AT&T	1.273	0.284
IBM	0.768	1.267
コカ・コーラ	0.860	0.655

図3.7　2003～2007年および2008～2012年の月次平均リターンの相関

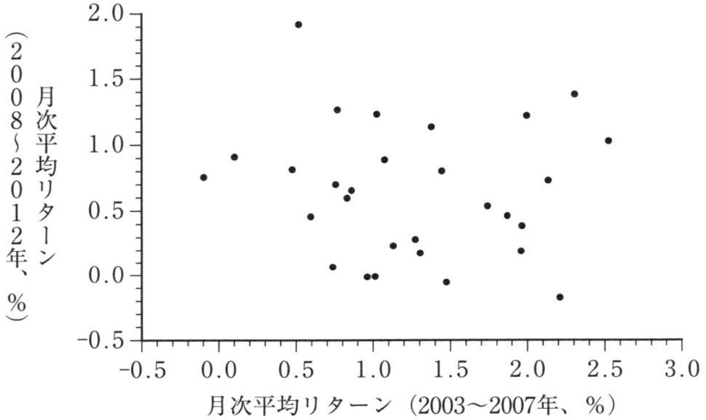

2008年の年初にファイザーを保有していた投資家は、その後５年間のリターンがマイナスになるとは予想していなかったはずだ。ファイザーの期待リターンをマイナスにして平均・分散分析をすることは、愚かな行為だっただろう。実際、ファイザーのその後５年間のリターンはプラスだった。これはほんの一例である。2008年から2012年までの５年間、４社（シスコ、ゼネラル・エレクトリック、ゴールドマン・サックス、マイクロソフト）の平均リターンはマイナスだったが、よほどの理由がない限り、マイナスの期待リターンを仮定して平均・分散分析を行うべきではない。過去にたまたまマイナスのリターンがあったという事実は、それを行ってよい正当な理由にはならないのである。

ヒストリカルな標準偏差の信頼性は、ヒストリカルな平均リターンよりもずっと高いとはいえない。図3.8は、ダウ30銘柄の2003～2007年の月次標準偏差と2008～2012年の月次標準偏差の散布図である。相関係数は0.26とそれほど高くない。同様に、図3.9はダウ銘柄の2003～2007年と2008～2012年のリターンの相関係数を比較したものである。これらの相関係数の相関係数は0.30であり、信頼性が高いとはいえない。密接な相関がないだけでなく、信じがたいほど大きな値があったり、逆に小さく、マイナスになっている値さ

図3.8　月次リターンの標準偏差の相関

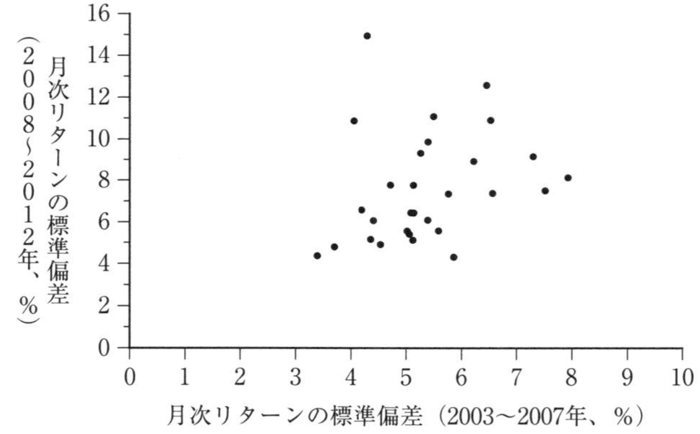

図3.9　月次リターンの相関係数の相関

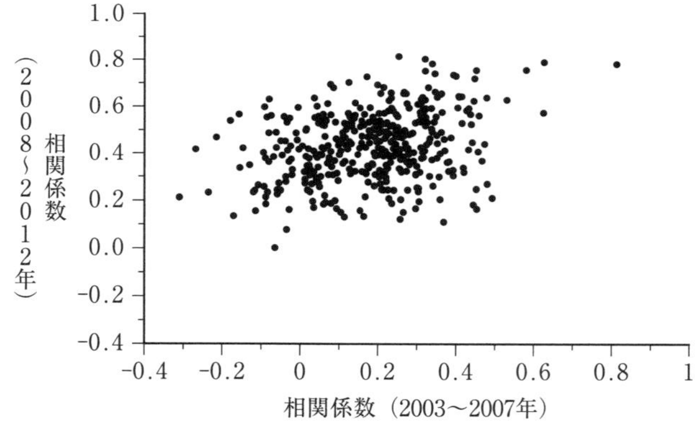

えあったりする。

平均・分散分析は、投資家が将来に向けてポートフォリオを選択する際の手助けとなるべきものであり、したがって必要なのは将来の平均、標準偏差、相関係数の値である。過去の値を使用するのは危険である。それは、平均、標準偏差、相関係数の過去の値と将来の値の間に、通常はほとんど関係がないからである。

この結論は疑う余地がない。過去のリターンに基づいて投資ポートフォリ

図3.10　過去のリターンによってバランスの悪いポートフォリオが導出される可能性がある

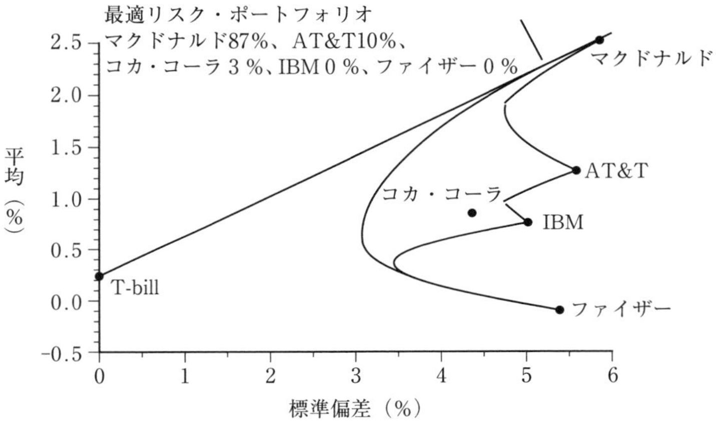

オを選択するのは無謀なのである。この議論をより具体化するために、2003年から2007年までのデータを使って、AT&T、IBM、コカ・コーラのポートフォリオにファイザーとマクドナルドを加えるとどうなるかを図3.10に示した。最適なリスク・ポートフォリオは、マクドナルド87%、AT&T10%、コカ・コーラ３%、IBM０%、ファイザー０%である。平均・分散分析は分散投資の価値を説くが、ヒストリカルデータに基づく平均・分散分析は、過去にうまくいった銘柄に大きく投資し、うまくいかなかった銘柄を無視する極めてバランスの悪いポートフォリオを好む傾向がある。

ほとんどの実務家はこのことを知っているため、例えば、ポートフォリオの10%以上を単一の銘柄に投資することはできないといった制約を課している。このルールにより、平均、標準偏差、相関係数のありえない推定値がバランスの悪いポートフォリオを生むのを避けることができる。しかし、これは推定値の怪しさを認めるものでもある。こうした制約は、不適切な仮定が招く結果を覆い隠すための不器用な対処法にすぎない。投資家の信念を反映するような説得力のある仮定を立てる方がずっと良いだろう。そうすれば、選択されたポートフォリオにもその信念が反映されるからである。

イェール・モデル

ここまで、過去のデータを用いると、たまたま平均値が高く、標準偏差が低く、他の株式リターンとの相関が低かった銘柄に大きな額を投資するバランスの悪いポートフォリオがもたらされる可能性があることを確認してきた。これは、平均・分散分析が推奨する分散投資とは対極にあるものである。

また、この問題に対処するために、アウトプットを微調整して、単一の投資対象がそのポートフォリオのあらかじめ設定された割合以上にならないようにしている投資家もいることを指摘した。しかし、インプットを微調整する方が望ましく、実際にそうする投資家もいる。おそらく最も有名な例はデビッド・スウェンセンであろう。彼は、1985年から2021年に亡くなるまでイェール大学の寄贈基金のポートフォリオを運用していた。

米国中部では、農家の人々がモーニングコーヒーを飲みに集まり、天候や農産物価格について悩みを分かち合うのが昔からの伝統だ。デビッド・スウェンセンは人口5000人のウィスコンシン州リバーフォールズで、トウモロコシの価格が上がったり下がったりするのをラジオで聞きながら育った。後に彼は、「毎日価格が変わるというその仕組みに取り憑かれ、何がその原因なのか夢中で考えた」と述べている。

スウェンセンはウィスコンシン大学リバーフォールズ校に進学したが、父親はそこで化学の教授を務めていた。母親は６人の子どもが大きくなった後、ルーテル派の聖職者になった。1975年にイェール大学の大学院経済学研究科に入学したスウェンセンは熱心な中西部っ子で、ビブオーバーオール（訳注：胸当てのあるオーバーオール）を着て授業を受けることもあった。

イェール大学では、博士論文で社債価格の変動を説明するモデルを開発した。彼は必要なデータをソロモン・ブラザーズから入手し、同社はその優秀さを見込んで1979年に博士論文を書き上げたときに彼を採用した。債券部門に３年間在籍した後、スウェンセンはリーマン・ブラザーズに移り、ソロモンで考案した斬新な金融商品であるスワップを扱うことになった。

一方、イェール大学では、寄贈基金のインフレ調整後の価値が1968年から1979年の間にほぼ半減していた。スウェンセンの論文指導教官の１人、ウィリアム・ブレイナードは当時学長で、スウェンセンをイェールのポートフォリオを運用させるために採用したいと考えた。スウェンセンはポートフォリオ・マネージャーの経験がなかったため、イェール大学にとっては異例の選択であるばかりか、スウェンセンにとっても給料が80％減ることになる型破りなアイデアだった。

その仕事はオファーされ、スウェンセンは1985年にそれを引き受けた。後に彼は、「なぜ私が選ばれたのか自分でもよくわからない」と認め、「人生にはお金では測れない重要なことがたくさんある」と、引き受けた理由を説明している。スウェンセンにとってそれは、大学生に教えること、ジェームズ・トービン（もう１人のスウェンセンの論文指導教官）とのポーカー、イェール大学のホッケー試合の観戦、子どもたちの野球チームやサッカーチームのコーチをすることだった。

すべてがうまくいった。2005年の『イェール同窓会誌（Yale Alumni Magazine）』のカバーストーリーは、「イェールの80億ドルの男」というタイトルで、イェールの140億ドルの寄贈基金は、もし過去20年間のリターンが平均的な大学の寄贈基金と同じだったなら80億ドル少なかっただろうと述べている。2021年、イェール大学は、過去30年間にスウェンセンがもたらした付加価値は470億ドルだったと報告した。これは、イェール大学による寄贈基金からの支出を考慮した金額である。

スウェンセンは何をしたのか？　平均・分散分析である。スウェンセンは、1985年にイェール大学の寄贈基金ポートフォリオを運用するためにやってきたとき、ブレイナードやトービンと話し、我々がこの平均・分散分析という代物を本当に信じているのなら、それを使おうと決めた。2018年の同窓会のスピーチでスウェンセンは、いつもの少年のような熱意を込めてこう語った。「リターン水準が決まっているのなら、分散すればより低いリスクでそれが得られる。リスク水準が決まっているのなら、分散すればより高いリターンが得られる。これはかなりすごいことだ！　まさにフリーランチ（タダ飯）だ！」と。

スウェンセンは個別銘柄を選ぶのではなく、表3.3に示す８つの資産クラスに注目した。米国のキャッシュ、債券、株式はご存じの通りのものであり、当時は大学の寄贈基金ポートフォリオの中核にあった。多くの大学は、株式60％、債券40％という60／40ルールに従っており、スウェンセンが1985年に就任した当時はイェールも同様だった。

表3.3は、スウェンセンがイェールの米国株への投資を大幅に減らし、非伝統的な資産クラスに分散投資したことを示している。イェール（およびすべての教育機関）にとっての新しい資産クラスは、スウェンセンが絶対リターン戦略と呼ぶもので、市場の非効率性や、合併、スピンオフ、企業破綻などの特殊な状況を収益化しようとするものだった。これらの投資からの利得は相場の騰落に依存することがないようヘッジされ、非効率性や特殊な状況が予想通りに展開することのみに依存していた。これをマーケットニュートラ

表3.3　スウェンセンがもたらした変化（イェール大学基金の資産構成割合）

	1985年	2000年
キャッシュ	10	8
米国債券	10	9
米国株式	62	14
先進国株式	6	5
新興国株式	0	5
絶対リターン	0	20
不動産	9	15
プライベートエクイティ	3	24

ル戦略と呼ぶ人もいる。スウェンセンはまた、不動産投資を増やすとともに、プライベートエクイティをイェールのポートフォリオの最大の構成要素とした。プライベートエクイティにはベンチャーキャピタルやレバレッジド・バイアウトが含まれ、イェールで最も収益性の高い資産クラスとなっている。

イェールのポートフォリオ戦略の細部については、100ほどの外部の資産運用会社や各資産クラスの専門家に任されている。

スウェンセンはどのようにして1985年のポートフォリオから2000年のポートフォリオに移行したのだろうか？　平均・分散分析には、８つの資産クラスの平均、標準偏差、相関係数が必要である。スウェンセンはすぐに、ヒストリカルな値が将来の予測値としては非現実的であるだけでなく、著しくバランスの悪いポートフォリオになる可能性があることを認識した。

スウェンセンは、ヒストリカルな平均値が最も疑わしく危険であると考えた。例えば、彼が調査対象とした期間に、たまたま新興国株式が極めて好調だったとしたら、今後も新興国株式が極めて好調であると仮定して、90％を新興国株式に投資するポートフォリオを構築するのは愚かなことである。そこでスウェンセンは、将来への現実的な期待が反映されるようにヒストリカルな平均値の調整を行った。

スウェンセンのもう１つの基本原則は、期待リターンが合理的な水準となるような価格を付けると市場を信頼することだった。具体的には、似たような資産は似たような期待リターンになるように、異なる資産は異なる期待リターンになるように価格付けされると仮定したのである。

スウェンセンは、インフレ調整後の実質リターンを用いた。表3.4は、スウェンセンが2000年に平均・分散分析のインプットとして用いたヒストリカルな平均値とその調整値を示している。

ヒストリカルに見ると、キャッシュ（財務省短期証券およびその他の短期投資）の平均インフレ調整後リターンはわずかにマイナスであったが、スウェンセンは実質リターンをゼロ％とする方が合理的と考えた。またスウェンセ

表3.4　インフレ調整後のリターンの平均値（%）

	ヒストリカルデータ	2000年の調整値
キャッシュ	−0.4	0.0
米国債券	1.2	2.0
米国株式	9.2	6.0
先進国株式	6.3	6.0
新興国株式	11.1	8.0
絶対リターン	17.6	7.0
不動産	3.5	4.0
プライベートエクイティ	19.1	12.5

ンは、米国株式と米国債券の平均リターンに見られる８%ポイントのヒストリカルな差を、不合理に大きいと感じていた。米国株式と他の先進国株式の平均リターンに見られる３%ポイントの差も同様である。おそらく、米国の株式市場は過去に投資家の予想以上に良い結果を出していただけなのだろう。理由はどうであれ、スウェンセンは、今後のことを考えれば、米国株の期待リターンは他の先進国と同程度になるはずで、米国債に対するリスクプレミアムは４%ポイントになるはずだと仮定した。そこでスウェンセンは、米国債の平均リターンを２%、米国と他の先進国の株式の平均リターンを６%と置いた。

新興国株式のリスクが高いのは、その国の経済が脆弱で、政治的リスクも高いからである。そのため、スウェンセンは投資家が新興国の株式により高い期待リターンを求めるのだと考え、その値として８%を仮定した。

不動産は債券と株式のハイブリッドである。なぜなら、長期の賃貸借契約は（債券のように）安定したインカムをもたらす一方、不動産価格は（株式のように）時間の経過とともに上昇するからである。彼はその期待リターンを米国債券と米国株式の中間である４%とした。絶対リターン戦略とプライベートエクイティ投資のヒストリカルなリターンは目を見張るものだったが、失敗した投資を除外しているため誇張されている。そのため、彼はそれらの平均値を大幅に引き下げた。

スウェンセンは数年間、調整後の平均値とヒストリカルな標準偏差および相関係数を使ってイェールの平均・分散分析を実行した。その後、彼は標準偏差も調整した。例えば、米国債券のリターンのヒストリカルな標準偏差は、金利がほとんど変化しない期間が長かったために小さくなっていた。スウェンセンは、将来の金利変動は過去よりも大きくなると予想し、標準偏差を上方修正した。標準偏差の調整が最も大きかったのは不動産だった。そのヒストリカルな標準偏差は（キャッシュを除く）他のどの資産クラスよりも低かった。もちろん、これは疑わしい。ほとんどの商業用不動産は長期間保有されるため、我々が目にするのは購入時の価格と数十年後に売却されたときの価格だけである。その間の毎年の市場価値の変動は見えない。不動産は債券と株式のハイブリッドであるため、スウェンセンはその標準偏差を両者の中間であると仮定した。

調整後の平均値と標準偏差を数年間使用した後、スウェンセンは相関係数に取り組んだ。ヒストリカルなデータにはマイナスの相関がいくつかあったが、それは偶然であり、将来もマイナスの相関があると予想する論理的理由はないと考えたのである。そこで、彼は将来についてより合理性のある値を仮定した。また、ヒストリカルにはプラスだったいくつかの相関係数にも手を加えた。

これらの調整された平均、標準偏差、および相関係数をインプットとして平均・分散分析を使用した結果、導き出されたのが表3.3に示す2000年のポートフォリオ配分である。

スウェンセンは、調整後の平均、標準偏差、相関係数を年ごとにあまり変えなかったため、ポートフォリオ配分にも大きな変化はなかった。目標ポートフォリオの配分比率を一定に保った結果、ある資産クラスが他の資産クラスよりも大幅に良かったり悪かったりしたときに、ポートフォリオの機械的なリバランスが必要になった。スウェンセンは、新興国株式が目を見張るほど好調だった場合、目標ポートフォリオの配分に戻すためにその一部を売却した。米国株式市場が暴落すれば、スウェンセンは株式を買って目標水準に戻した。このリバランスは機械的な逆張り戦略である。上がったものを売り、下がったものを買うからである。

時間の経過とともに、イェールの資産クラスは少しずつ変更され、平均、標準偏差、相関係数も修正されている。表3.5を見ると、2021年のイェールのポートフォリオは８つの幅広い資産クラスから構成されている。先進国株式と新興国株式は１つのカテゴリー（外国株式）に統合され、キャッシュと米国債券も統合された。不動産の配分は少し引き下げられ、天然資源が追加された。イェールは、石油、ガス、木材を所有する企業の株式を買うわけではない。イェールが買うのは油田、ガス田、森林である。レバレッジド・バイアウトは独立したカテゴリーとなり、多額の投資が行われるようになった。

2021年のイェールのポートフォリオの最も顕著な特徴は、米国のキャッシュ、債券、株式が10％に減少したことである（1985年には82％）。イェールのポートフォリオから米国株式が実質的に姿を消したのは、今にして思えば間違いであった。2022年６月30日までの会計年度において、イェール大学の寄贈基金の過去10年間の年率リターンは12.0％と、平均的な大学の寄贈基金

表3.5　2021年のイェール・ポートフォリオ（イェール寄贈基金に占める割合）

米国のキャッシュと債券	8
米国株式	2
外国株式	12
絶対リターン	23
不動産	10
天然資源	5
ベンチャーキャピタル	23
レバレッジド・バイアウト	17

を大きく上回る立派なものであったが、S&P 500のリターンは13.0%とそれより１%ポイント高かったのだ。

スウェンセンの成功の秘密は、平均・分散分析という数学的手法の他にも２つあった。１つは、ほとんどの大学寄贈基金の運用担当者が使っている60／40ルールを放棄したことである。この一般的なガイドラインは、債券にかなりの投資をして基金の短期的な価値の変動を抑えることを意図しているが、その結果、長期的なリターンが損なわれていた。スウェンセンが60／40ルールを廃止したことで、イェール大学は他の大学の寄贈基金と比較してすばらしい業績を上げた。

第二の秘密は、非伝統的資産クラスへの多額の投資である。それは、非伝統的資産クラスが株式や債券よりも本質的に優れているからではなく、非伝統的資産のマネージャーの能力には大きなばらつきがあり、スウェンセンは優れたマネージャーを見極めることにおいて並外れた成功を収めたからである。イェール大学が他大学をアウトパフォームすることができた要因の50〜80%は、資産クラスの平均的な運用者をアウトパフォームする運用者を見つけることにスウェンセンが長けていたことにあると言われている。

スウェンセンが優秀なマネージャーを見つけることに成功した理由は何だろうか？　著者のゲイリーは、スウェンセンの論文審査委員会に（トービンやブレイナードとともに）参加していたが、スウェンセンの成功の多くは、中西部での育ちに由来する頭脳明晰さにあると考えている。なぜなのかわからないが、ゲイリーはスウェンセンのことを考えるとき、ポーリン・エスター・フリードマンとその一卵性双生児の姉、エスター・ポーリン・フリードマンを思い浮かべる。この２人のアイオワ州の女性は、50年ほど前から大人気の人生相談欄「親愛なるアビーへ（Dear Abby)」と「アン・ランダースに聞く（Ask Ann Landers)」を書いてきた。彼女たちは思いやりがあり、賢く、機知に富み、（何よりも）良識があることで有名だった。以下は「親愛なるアビーへ」の一節である。

その人の性格を最もよく表しているものは、その人にとって何の役にも立たない人にどう接しているか、そして、反撃できない人にどう接しているかである。

もう１つ。ある読者から、近所に引っ越してきた気に食わない人たちについてのアドバイスを求められたときのことである。「アビー、この変な連中が我々の資産価値を台無しにしているんだ！　どうすれば、かつて評判だったこの地域の土地柄を良くできると思う？」　アビーの答えは単純明快で、「あなたが引っ越せばいいのよ」だった。

同じように、スウェンセンのアプローチも単純明快で、理にかなっており、核心をついていた。それは、人が話す中身とともに、その人自身について考えるということだ。2009年のインタビューでスウェンセンは、信頼できる人と付き合うことの重要性をこう強調した。「最も重要なのは人柄と性格だ。それは２番目に重要なことでもあり、３番目に重要なことでもある。つまり、それがすべてだ」と。スウェンセンは、マネージャー候補である人物の人柄を、自分自身の読みに加えて、その人物を様々な文脈で知っている人々に、場合によっては高校の教師にまで遡ってインタビューすることで判断していた。

陳腐に思えるが、その効果はあった。スウェンセンは、後に大失敗することになるあるマネージャーを不採用にしたことがあった。その理由は、スウェンセンが彼の戦略について確実に理解できたのが、彼が貪欲だということだけだったからだ。大規模なポンジスキームを運営していたことが判明したバーニー・マドフについて、スウェンセンはこう語った。「もしあなたが彼と、彼の投資行動について座って会話をして、彼が言い逃れしていることに気づけなかったとしたら、恥を知った方がいい」と。

短期ボラティリティへの近視眼的な注目

ファットテールや、誤解の元凶であるヒストリカルデータによって、平均・分散分析の有用性は損なわれ得る。さらに、気づきにくいが実はずっと深刻な問題として、平均・分散分析がバリュー投資を放棄していることが挙げられる。バリュー投資家は、投資先から将来得られるであろうインカムに注目する。主なリスクは、将来のインカムが期待値を大幅に下回ってしまうことである。対照的に、平均・分散分析では、短期のリターンのボラティリティでリスクを測定する。このボラティリティは、主に市場価格の短期間における変動によって引き起こされる。

短期的なボラティリティに執着するあまり、多くの投資アドバイザーが次のような債券偏重のポートフォリオ配分を推奨している。

株式50％、債券50％
株式60％、債券40％
株式40％、債券40％、キャッシュ20％

株式はヒストリカルには債券を大きくアウトパフォームしており、今後も魅力的なリターンの潜在力があると期待できることが多い。それにもかかわらず、多くの人がポートフォリオの短期的な市場価値の変動を抑えるために、債券やキャッシュにとてつもない金額を投資するという間違いを犯している。

株式の売却で生活費を賄っている投資家でなければ、短期的なボラティリティを気にする必要はほとんどない。むしろ、市場価格の変動は、有利な価格で売買する機会を提供してくれる可能性があるため、有益な場合もある。ミスター・マーケットの価格が不当に高かったり安かったりすれば、バリュー投資家はミスター・マーケットの愚かさを利用できるわけだ。ウォーレン・バフェットはこう書いている。

個人的な好みを言えば、私は生涯ハンバーガーを買い続けるつもりだ。ハンバーガーが値下がりすると、バフェット家では「ハレルヤ・コーラス」を歌う。ハンバーガーが値上がりすると、我々は涙を流して悲しむ。たいていの人にとって、人生の中で買うものはこれと同じだ。ただ、株式だけが例外である。株価が下がり、同じお金でもっと多く買えるようになっても、株式を買う気はもう失せてしまっているものだ。

利益の繰り延べと損失の刈り取り

株価の変動はまた、投資リターンを押し上げる重要な税務上の効果ももたらす。保有株式のいくつかの市場価格が上昇した場合、そのキャピタルゲインは課税対象だが、株式を売却して利益を実現させるまで税金を支払う必要はない。例えば、ある銘柄を１株20ドルで1000株購入し、株価が30ドルに上昇した場合、１万ドルのキャピタルゲインが発生するが、株式を売却しない限り、この利益に対する税金を支払う必要はない。キャピタルゲインが短期的なもの（保有期間が１年以下）であれば、一般に通常所得として課税され、長期的なもの（保有期間が１年超）であれば、低い税率（通常15％）で課税される（訳注：本書は米国の税制をもとに書かれており、日本など他国の税制は本書の記述とは異なることに注意）。いずれにせよ、利益を実現して税金を払うと、投資資金が減ることになる。売却しなければ、政府は事実上納税負債を貸し付けたことになり、この貸付けに対して支払う「利子」は、増えた配当やキャピタルゲインに対する税金だけである。さらに好ましいことに、相続人は相続財産を受け取る前に発生したキャピタルゲインに対する税金を払わないので、株式を死ぬまで保有していればキャピタルゲイン税はまったくかからない。もし相手が銀行なら、これほど有利な条件で融資が受けられることはないだろう。

長期利益に対する税率が低いことは、少なくとも税が軽い長期利益になるまで、利益の実現を先延ばしにする明らかなインセンティブとなる。１年経過した後でも、繰り延べられた税金で配当やキャピタルゲインが得られ続けるために、課税を繰り延べることの恩恵は持続する。

表3.6は、当初10万ドルのポートフォリオを想定した場合の計算例を説明のために示したものである。30年間、毎年５％の配当と５％のキャピタルゲイン、合計10％のリターンを得るとする。バイ・アンド・ホールド戦略は、まったく売却しないため、配当に対する15％の税金だけを支払う。年次売買トレーダーは、毎年ポートフォリオを入れ替え、15％の長期キャピタルゲイン税率が適用されるのに十分な期間だけ各年のポートフォリオを保有するものである。アクティブ売買トレーダーは、株式を１年以上保有しない戦略であり、キャピタルゲインには24％の税率が課される。

売買はパフォーマンスを劇的に低下させる。これは、「ブローカーは儲け、内国歳入庁（IRS）は儲け、３人のうち２人が儲かるなら悪くない！」という古い諺の良い例である。

一方、値下がりした株式を売却することで恩恵を受けられる場合がある。なぜなら、実現損失は最高3000ドル（結婚して、別々に税務申告している場合は1500ドル）まで、課税所得を減らすために使えるからだ。損失を出しても儲けることはできないが、いったん損失が発生すれば、損失を実現して減税分を投資することで利益を得ることができる。２万ドルで買った1000株の価値が１万5000ドルに下がったとしよう。売却により5000ドルの損失を実現した場合、現在の課税所得から3000ドルを控除し、将来の所得から控除するために2000ドルを繰り越すことができる。24％の税率なら、3000ドルの損失で720ドル税金が減ることになり、それを投資に回すことができる。１万5000

表3.6　バイ・アンド・ホールドと売買を行う場合の富の比較

	10年	20年	30年
バイ・アンド・ホールド	$242,222	$586,717	$1,421,161
年次売買トレーダー	$226,098	$511,205	$1,155,825
アクティブ売買トレーダー	$216,894	$470,430	$1,020,336

ドルだった投資が、それに代わって１万5720ドルに対する配当と（希望的観測ながら）キャピタルゲインが得られるのである。

洗練された投資家の中には、利益の繰り延べと損失の刈り取りという税制上の恩恵を享受するために、意図的にボラティリティの高い銘柄のポートフォリオを選ぶ人もいる。価格変動を恐れるのではなく、それを活用するのである！　株価が上昇した銘柄の保有を継続し（利益の繰り延べ）、株価が下落した銘柄を売却して（損失の刈り取り）その売却代金をボラティリティの高い銘柄に再投資するのである。我々が適切な仮定をいろいろ置いてこのような戦略を調査した結果、利益を繰り延べ、損失を刈り取る戦略は、バイ・アンド・ホールドに比べ、長期的に見れば富を10～40％増加させることができるとの結果を得ている。

受け入れがたい独立性

平均・分散分析が価格ボラティリティを重視する根拠として、株式市場はカジノのようなものだという眉唾物の議論があるのかもしれない。そのカジノでは、株価は企業の配当や利益の長期トレンドとはかかわりなく、ランダムに変動するというわけだ。

ノーベル賞受賞者のポール・サミュエルソンは、これを簡単なことで喩えている。150年間の月次の株式市場のリターンを探してきて、次のようなことを行うのである。

> 1800個ある月次の変化率すべてを同数の紙片に書き出したら、大きな帽子に入れて勢いよく振る。そして、紙片を１つずつランダムに1000枚取り出す。毎回、取り出した紙片は元に戻して帽子をしっかり振ることにしよう。これを繰り返せば、将来の株式市場において起こり得る現実的かつ代表的なリターンの推移を次々と得られる。

サミュエルソンの推論によれば、不運なギャンブラーが不運な賭けの連続ですべてを失うかもしれないように、不運な投資家は株式市場で数年にわたって不運に見舞われ、全財産を失うかもしれない。

この議論の問題点は、株価の長期的な変動は、単に帽子から紙片を取り出すという独立した行為の積み重ねではないということである。むしろ、株価変動は企業の配当や利益に紐づけられている。サイコロの出目に賭けて大損することがあるのは、サイコロの出目が独立した事象だからである。しかし、S&P 500がゼロになることはない。株価はいずれ安定し、反発する。なぜなら、利益と配当が長期的に増加しても株価が上昇しなければ、その株式は魅惑的なほど安くなるからである。同様の理由で、株式市場のバブルが永遠に続くこともない。

株式投資はサイコロを振ったり、カードを引いたり、ルーレットを回したりするようなものだという不当な思い込みが、当てにできない結論や極めて保守的なアドバイスをもたらしている。例えば、著名な経済学者でファイナンシャル・アドバイザーでもあるツヴィ・ボディは、かつて次のように主張した。

> 歴史的に見て、株式の標準偏差は20％だった。つまり、ある年に４％の利益を得るどころか、16％の損失を出してもまったく驚く必要はないということだ。10万ドルから始めて16％の損失を出した場合、最初の年の終わりには８万4000ドルになっている。その後、さらに16％の損失を被れば、７万0560ドルしか残らない。これが同様に続く。

ここで、無限に「同様に続く」という仮定はありえない（経済が毎年16％ずつ崩壊していくのなら話は別だが）。いつかは、企業の利益や配当に対して株価が十分低くなり、投資家は株式をたまらなく魅力的だと思うようになって株価は自由落下を止めるだろう。

2007年から2008年にかけての株価暴落の後、ボディはさらに以下のような終末論的なことを述べている。

> 株価は昨年、37％下落した。起こりそうもないことだが、来年も、あるいはあなたが退職する前の年も、再び同じくらいの下落が起こる可能性がないとは言い切れない。そして、分散投資ではそのリスクを取り除くことはできない。だからこそ、退職のための資金は、価値が下がることのない本当に安全な資産に置かれるべきであり、それは株式ではない。

ボディは、37％の値下がりを買いのチャンスと考えるのではなく、そのような下落が何度も続く下落の最初の一歩にすぎないのではないかと心配した。我々はそうは思わない。37％という価格の下落は、サミュエルソンのシミュレーションでは何度も引き当てられるのかもしれないが、現実の世界では起こらないだろう。

「では、大金持ちも含めて誰も株式投資をすべきではないのか？」という質問に対して、ボディは100％の損失が現実的に起こり得る結果であるかのように、「株式投資は失ってもいい金額にとどめるべきだ」と答えた。S&P500がゼロになるかもしれないと思う者はいない。特にベテランのファイナンシャル・アドバイザーはそうだ。そう考えるのは、株価はサイコロの目のようなものだという、数学的には便利だがまったく非現実的な仮定をする場合だけである。

2009年３月、ボディはこれ以上ない最悪のタイミングで、すべての株式を売るよう推奨した。

> いちかばちかに賭けるギャンブラーになるつもりがないなら、今すぐ株式から手を引き、退職のための資金を物価連動国債やそれに類する商品に回した方がいい。こうした投資商品は、ウォール街が昨年経験したような惨事とは無縁だからだ。

図3.11　まさに最悪のタイミング

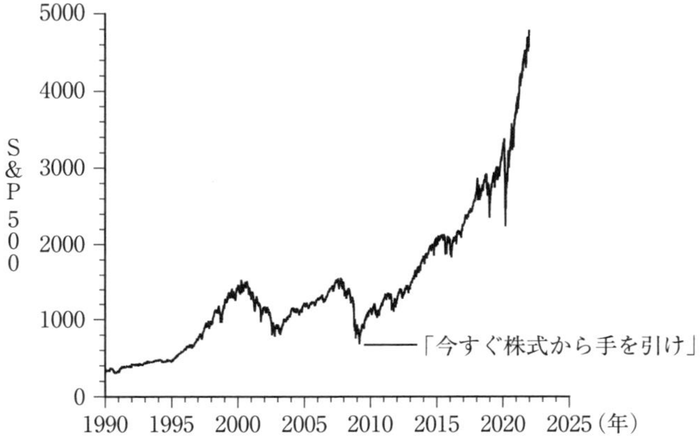

2009年６月、あるインタビュアーがボディに、「いま株式市場から離れることは、損失を確定させることにならないだろうか？」と尋ねた。ボディは皮肉でも何でもなく、「その通りだ。これ以上損をしないようにしたいのだから」と答えた。

図3.11を見ると、株式相場は2009年３月９日に底を打ち、その後急反発した。

重要なのは、ボディが見事に間違っていたということではなく（我々は誰でも間違いを犯す）、株式市場を本源的価値から遊離したカジノだと見なすのは、富を脅かし得るということだ。

株式リターンはランダムではない

大きな帽子から紙片を取り出したり、正規分布から抽出したりすれば株式リターンをモデル化できるというアイデアを、より詳しく検証することにしよう。我々は、データが取得可能な1926年まで遡ってS&P 500の月次リターンを調べた。５年から50年までの複数の投資期間を設定し，このヒストリカルデータにおいて可能なすべての開始時点ごとに年率リターンを計算した。図3.12は、投資期間の長さごとに、リターンが最良、最悪、平均となる特定

図3.12　最良、最悪、平均となる投資期間の年率リターン

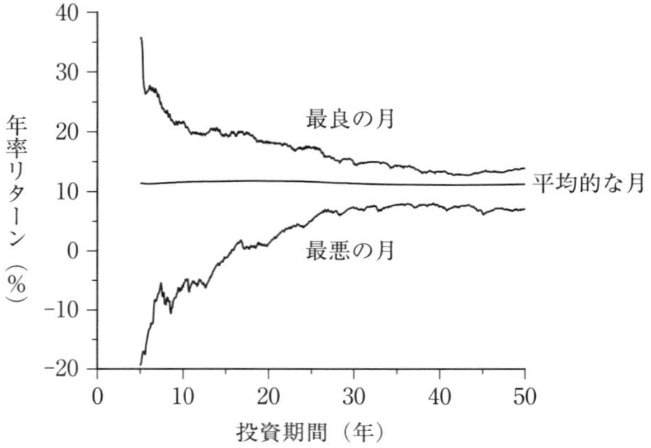

の投資期間の年率リターンを示している。

例えば、投資期間50年について可能なすべてのケースの結果を見ると、最悪のスタート時点は大暴落の直前の1929年９月である。その後50年間の年率リターンは7.17％であった。一方、同じ投資期間50年について最悪の対極にある最良、つまり最もリターンが高かった投資期間のスタート時点は1949年７月であり、その後50年間の年率リターンは13.96％であった。そして、すべての可能なスタート時点での平均年率リターンは11.25％であった。

最悪の投資期間であっても、長期的にこれほど株式市場の収益性が高かったことは注目に値する。同時に、投資期間が長くなるにつれて、スタート月が年率リターンに与える影響が小さくなっていることにも注意しよう。

株式が長期にわたって確かな利益をもたらす投資である理由として重要なのは、株式のリターンが帽子の中からランダムに取り出した紙片や確率分布によって与えられた数字ではないということである。株価は最終的に本源的価値と結びついている。国家経済、企業利益、株式配当が長期的に成長するにつれて、最終的に株価も上昇する。市場価格は、短期的には一見ランダムであるかのようにとりとめもなく動くかもしれないが、長期的には本源的価値につなぎ留められているのである。

我々はまた、ここで批判した２つのモデルとヒストリカルリターンを比較した。

帽子モデル：これはポール・サミュエルソンによって説明されたモデルである。月次リターンは過去のすべての月次リターンの集合から取り出される。

正規モデル：これはツヴィ・ボディによって記述されたモデルである。月次リターンは、平均と標準偏差がヒストリカルな値に等しい正規分布から取り出される。

表3.7は、帽子モデルと正規モデルが、ヒストリカルデータで経験したことのないような極端な富の変化を生み出す頻度を示している。ここで、正規モデルは、平均・分散分析と整合的で、ファイナンスの教授に人気の高いモデルである。例えば、投資期間50年で見た場合、この正規分布モデルによって生成された富の価値のうち10.04％が、ヒストリカルデータにおいてこれまで経験したどのスタート月のものよりも悪かった。そして、13.80％がこれまで経験したどれよりも良かった。両方を合計すると、見積もられた富の４分の１近くが、データにおける最も極端な値をさらに超えていたのである。

問題の核心は、長期的な株式リターンは独立した短期的な価格変動の積み重ねではないということである。その仮定に基づくモデルはありえない結果をもたらすため、投資判断の基礎に据えるべきではない。また、短期的な価

表3.7　過去の最小値または最大値を富が超えた頻度（％）

	投資期間１ヵ月		投資期間25年		投資期間50年	
	＜最小	＞最大	＜最小	＞最大	＜最小	＞最大
帽子	0.00	0.00	2.68	6.51	3.57	5.79
正規	0.00	0.00	4.43	9.74	10.04	13.80

格変動はリスクの指標として最も適切なものでもない。第６章では、より良い方法を紹介する。

その通り、保守的すぎることもある

本章の冒頭で、多くの投資アドバイザーが債券の大量保有を薦めることで、顧客のポートフォリオの短期的なボラティリティを下げようとしていると述べた。最もポピュラーな戦略の１つが60／40ポートフォリオ（株式60％、債券40％）である。これは、60％の株式投資でキャピタルゲインを獲得する一方、40％の債券投資でリスクを軽減できるという考えに基づく。

長期的な視野を持つ投資家にとって短期的な価格ボラティリティはそれほど重要ではなく、債券はポートフォリオのリターンの大きな足かせになるというのが我々の見解である。例えば、2021年12月、著者のゲイリーはある離婚案件の財務分析を行った。夫妻（ここではケイシーとチャーリーと呼ぶ）はそれぞれ2013年１月に数百万ドルの和解金を同額受け取り、養育費と配偶者扶養費はなしとなった。９年後、ケイシーは配偶者扶養を求めて裁判を起こした。チャーリーがビジネスを始めて成功し、当初の和解金ではケイシーのライフスタイルを維持するのに十分でなかったためだ。

ゲイリーは、ケイシーがこの９年間に和解金で得たであろう、また将来得るであろう現実的な利回りを見積もるよう依頼された。その際、ケイシーが株式と債券にどのように投資配分したかが考慮された。ゲイリーは、株式はS&P 500インデックスファンド、債券は10年物国債を想定して、以下の３つのポートフォリオを検討した。

株式100％
債券100％
株式60％／債券40％

図3.13を見ると、全額株式のポートフォリオが大差で勝利したことがわかる。株式の短期ボラティリティは高いが、長期リターンは他の戦略を圧倒している。これは驚くほどのことではない。離婚が成立した2013年１月、10年物国債の利回りは1.91％だった。S&P 500構成銘柄の平均配当利回りは2.20％だった。配当利回りが金利よりも高かっただけでなく、配当と株価は経済とともに成長する可能性が高かったのである。実際、この９年間で経済は約50％成長し、企業利益と配当はともに２倍以上になった。株価は上昇し、多額の配当を考慮すると、S&P 500に投資したドルは４倍になったことになる。

ケイシーがその恩恵を受けることはなかった。実際、ケイシーは60／40や全額債券戦略よりもさらに保守的だった。ケイシーは離婚和解金の全額を利息のまったく付かない当座預金口座に預けていた。ケイシーが株式や債券は「リスクが高すぎる」と考えていたからだ。リスクは短期的な価格変動で測られる、と考えた結果である。

無利子の当座預金はたしかに短期的な変動を最小限に抑えるが、その代償は非常に大きなものがある！　９年後、ケイシーの支出は銀行預金残高のほぼ３分の１を減らし、遠くない将来に残高がゼロになるのではないかとケイシーは心配していた。生活費が年々上昇していたことを考えれば、それは当

図3.13　安全な投資と残念な投資

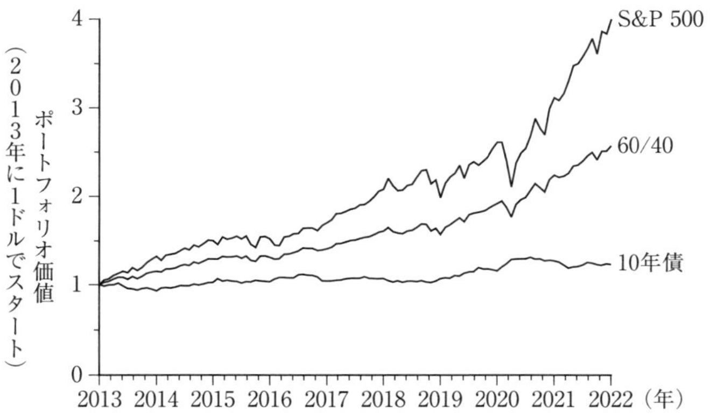

然である。

この訴訟の裁判官は、ケイシーの投資手法を「極めて愚かなもの」と評し、ケイシーの支出ニーズは「より合理的な投資手法を採用するだけで、容易に満たすことができる」と指摘した。

投資1.0への回帰

平均・分散分析は、分散投資の価値、資産リターン間の相関関係の重要性、トービンの分離定理など、投資家にとって多くの有益な知見を提供してくれる。しかし、短期的なリターンに焦点を当てた分析には限界があり、長期的な視野を持つ投資家にとっては誤解を招く可能性がある。

平均・分散分析では、バリュー投資家がリスクに対処するのに役立つどころか、株価の短期的な変動に思い悩む投資1.0の泥沼に逆戻りしてしまう。真のバリュー投資家は、短期的なリターンを予測しようとはしないし、株価が5％、10％、あるいは30％下落する可能性に不安を抱くこともない。むしろ、株価の下落は、それが本源的価値の下落によるものでなければ、良いニュースかもしれない。市場のパニックは、バリュー投資家にとっては買いのチャンスとなり得るのである。

ウォーレン・バフェットはかつて、自分とチャーリー・マンガーは現代ポートフォリオ理論の教育を進めるための寄付講座を設けるべきだと述べた。というのも、すばらしい会社を公正価値より割安な価格で購入する機会を現代ポートフォリオ理論が与えてくれるからだ。

第6章では、リスクを測定するためのより良い方法を紹介する。しかしその前に、効率的市場仮説について説明する必要がある。効率的市場仮説には重要な知見がいくつか含まれるが、それと同時に、バリュー投資の普遍的な教えから投資家の関心をさらに遠ざけてしまうという不幸な結果をもたらしている上に、現代ポートフォリオ理論と同じように短期的な価格変動に固執している。

〈参考文献〉

Blackman, Stacy. 2009. Saving for retirement? MIT Sloan Prof Says "Sell Your Stocks", *MoneyWatch*, March 31.

Brandon, Emily. 2009. Stay safe, sell stocks: Zvi Bodie says retirees should go into conservative overdrive, *U.S. News & World Report*, June 13.

Bodie, Zvi. 1995. On the risk of stocks in the long run, *Financial Analysts Journal*, 51(3), 18–22.

Buffett, Warren. 1984. The superinvestors of Graham-and-Doddsville, *Hermes, The Columbia Business School Magazine*, Fall, 4–15.

Buffett, Warren, and Loomis, Carol. 2001. Warren buffett on the stock market, *Fortune*, December.

BW Online. July 27, 2003. Online extra: sleep soundly without stocks. https://www.bloomberg.com/news/articles/2003-07-27/online-extra-sleep-soundly-without-stocks

Chincarini, Ludwig. 2012. *The Crisis of Crowding: Quant Copycats, Ugly Models, and the New Crash Normal*, Bloomberg Press.

Constantinides, G. M. 1983. Capital market equilibrium with personal tax, *Econometrica*, 51, 611–636.

Constantinides, G. M. 1984. Optimal stock trading with personal taxes: implication for prices and the abnormal January return, *Journal of Financial Economics*, 13, 65–89.

Lakonishok, J., Shliefer, A., and Vishnu, R.W. 1994. Contrarian investment, extrapolation, and risk, *Journal of Finance*, 49, 1541–1578.

Light, Joe. 2009. You can't handle the truth about stocks, *CNN Money*, September 16.

Lowenstein, Roger. 2000. *When Genius Failed: The Rise and Fall of Long-term Capital Management*, New York:RandomHouse.

Markowitz, Harry. 1959. *Portfolio Selection: Efficient Diversification of Investments*, New York: John Wiley & Sons.

Porterba, James M., and Summers, Lawrence H. 1988. Mean reversion in stock returns: Evidence and implications, *Journal of Financial Economics*, 22(1), 27–59.

Samuelson, Paul A. 1969. Lifetime portfolio selection by dynamic stochastic programming, *Review of Economics and Statistics*, 51(3), 239–246.

Samuelson, Paul A. 1997. Dogma of the day: Invest for the long term, the theory goes, and the risk lessens, *Bloomberg Personal Finance Magazine*, January/February.

Smith, Gary. 2016. Companies are seldom as good or as bad as they seem at the time, in *Toward a Just Society: Joseph Stiglitz and Twenty-First Century Economics*, M. Guzman, ed., 95-110. Columbia University Press.

Smith, Gary, and Xu, Albert. 2017. Stocks should be valued with a term structure of required returns, *Journal of Investing*, 26(2), 61-68.

Smith, Margaret Hwang, and Smith, Gary. 2008. Harvesting capital gains and losses, *Financial Services Review*, 17(4), 309-321.

Swensen, David F. 2000. *Pioneering Portfolio Management: An Unconventional Approach to Institutional Investment*, Free Press.

Swensen, David F. 2005. *Unconventional Success: A Fundamental Approach to Personal Investment*, New York: Free Press.

Tobin, James. 1958. Liquidity preference as behavior towards risk, *The Review of Economic Studies*, 25(2), 65-86.

Tobin, James. 1965. The theory of portfolio selection, in *The Theory of Interest Rates*, F. H. Hahn and F. P. R., eds. Brechling. London: Macmillan.

第 4 章

投資4.0
──効率的市場とバリュー不可知論的インデックス投資

1950年代に平均・分散分析が登場してからほどなくして、1960年代には効率的市場仮説が流行した。その理論は、株価にはすべての関連する情報が織り込まれているため、他の投資家が知らないことを知っているという理由で株式を売買しても市場には勝てないというものである。

図4.1は効率的市場の例を模式的に示したものである。この仮想銘柄の株価は10日目までランダムに変動し、ポジティブなニュースの発表直後に10ドル分ジャンプし、その後再びランダムに変動している。この株価のジャンプは投資家にとって非常に速く、ニュースが発表された後にこの株式を買っても利益を上げることはできない。

企業による重要な発表は株式市場が閉じた後に行われることが多く、その場合投資家はニュースを消化するのに十分な時間がある。次の取引日に市場が開くと、その始値はニュースの影響を反映して付くことになる。第2章で取り挙げたオラクルの例では、1997年12月8日月曜日にオラクルが最後に取引されたときの終値は32.375ドルだった。オラクルは月曜日の取引終了後に期待外れの決算を発表し、翌日になって取引が開始されたときには、その始

図4.1　効率的市場における即時反応

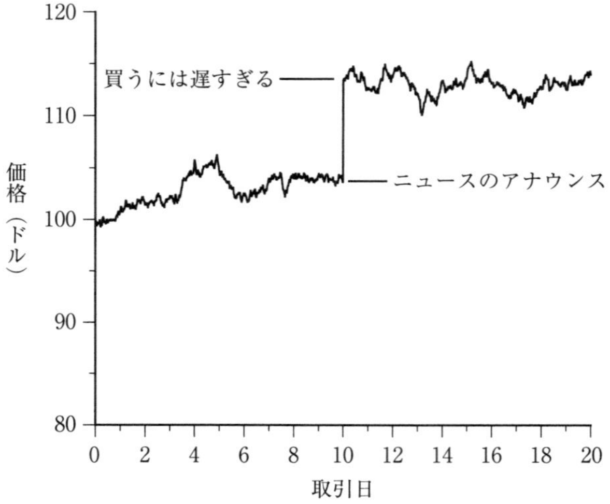

値は23ドルであった。月曜日の取引終了時にオラクルを保有していた投資家は、月曜日のニュースに失望したが、月曜日の価格で売却することはできなかったのである。

第2章で取り挙げたアップルの例も同様である。アップルは2013年1月23日水曜日の株式市場終了後に四半期決算を発表した。アップルのその日の終値は514ドル、木曜日の始値は460ドルだった。投資家は決算発表後に、発表前の価格で売ることはできなかったのである。

第2章のオラクルとアップルの議論においては、他方で両ケースともに市場が明らかに過剰反応したことも指摘した。いずれについても、値崩れ後の買いが結果的に大きな利益をもたらした。これらは特殊な例ではない。株式市場はしばしば過剰反応するのである。

著者のゲイリーは、ダウ・ジョーンズ工業株平均が20銘柄から30銘柄に拡大された1928年10月1日まで遡って、ダウ平均採用銘柄の日々のリターンを調べた。彼は、あるダウ採用銘柄のリターンと、その他の29銘柄のその日の平均リターンとの差の絶対値が5％ポイントを超える日を「ビッグデー」と

図4.2　ビッグデー後の平均累積超過リターン

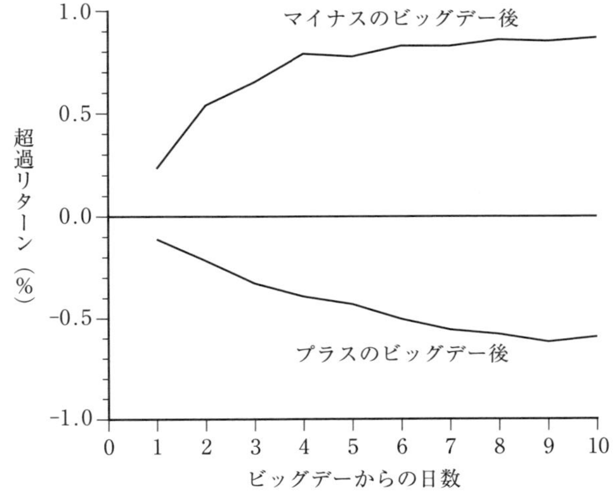

定義した（頑健性チェックのため、ゲイリーはビッグデーの基準を６、７、８、９、10％ポイントとした場合についても検証し、同様の結果を得ている）。

図4.2は、ビッグデー後の10日間における、ビッグデー銘柄と他の29銘柄平均の累積リターンを比較したものである。特にマイナスの場合に顕著だが、大きなリターン変動が生じると、その後10日間にわたって持続的かつ大きな、統計的にも説得力のある反転が続く傾向があった。投資家は欲望よりもパニックに弱いため、良いニュースよりも悪いニュースの方に過剰反応が顕著に表れる傾向がある。

株式の売買を検討する際には、次の格言を思い出すとよいだろう。

誰もが知っていることは、知る価値がない。

投資アイデアを評価する基準は、

今日は昨日とどう違うのか？

あるいは

明日は今日とどう違うのか？

ではなく

明日は他の人々の予想とどう違うのか？

である。

株式を売買する正当な理由があるかどうかを考えるなら、他の投資家が知らないことを自分が知っているのかを自問してみよう。もし知っていれば、それは違法な内部情報かもしれない。知らなければ、あなたの情報はすでに市場価格に織り込まれているだろう。

ランダムウォークと歩道で見つけた100ドル札

株価が入手可能なすべての情報を織り込んでいるのであれば、それは新しい情報によってのみ影響を受ける。そして、新しい情報は、その定義により予測可能ではない。もしそれが予測可能なのであれば、ニュースであるはずがないからである！

この議論は、株価がランダムウォークに従うことを意味している。これはひどい酔っ払いの歩みがそれまでの歩みから予測できないのによく似ている。株価がランダムにさまようのであれば、株価が次にどちらに向かうかを予測して市場に勝とうとしても時間の無駄である。それは、次のデンマークの諺を想起させる。

予測は難しい。特に未来についてはそうだ。

有名な喩えに、２人のファイナンスの教授が歩道で100ドル札を見つける話がある。１人の教授が100ドル札に手を伸ばすと、もう１人が「気にするな、本物ならとっくに誰かが拾っている」と言う。ファイナンスの教授たちは、株式市場は100ドル札を歩道に放置するようなことはしない、つまり、明らかに儲かるようなことはない、とよく言う。

それは真理を含むが、完全なる真実ではない。株価はときにおかしくなるものだ。投機ブームや金融危機の際には、株式市場はスーツケースいっぱいの100ドル札を歩道に放置する。しかしそれでも、簡単に儲ける方法を見つけたと思ったら、他の投資家が歩道の100ドル札を見落としているのか、あるいは自分が論理的な説明を見落としているのか、自問してみるべきである。

明晰に考えること

情報を保有することと情報を処理することには重要な違いがある。情報の保有とは、他の人が知らないことを知っていることである。情報の処理とは、誰もが知っていることを理路整然と考えることである。

株価は既知の事実だけでなく、欲望や過信といった人間の感情にも左右される。それに戸惑う投資家もいる。ウォーレン・バフェットが何十年も市場に打ち勝ってきたのは、他の人には入手できない情報にアクセスしたからではなく、誰もが入手できる情報についてより明晰に考えてきたことによる。

ゲイリーは1980年代に、著名なスタンフォード大学の教授と効率的市場仮説について議論したことがある。ゲイリーが、バフェットの成功は、他の投資家よりも優れた情報処理によって市場を打ち負かすことができる証拠だと言ったところ、そのスタンフォードの教授は即座に「十分な回数キーを叩く十分な数の猿が……」と否定的に答えた。彼は古典的な「無限の猿定理」のことを言いたかったのだ。そのバージョンの１つは、非常に多くの猿がタイプライターを叩き続けると、そのうちの１匹が人間がこれまでに書いたどんな本でもいつかは書き上げるというものである。スタンフォードの教授が主張したのは、何十年もの間、非常に多くの人々が株式を売り買いしてきたのだから、そのうちの誰かは、本当は単に幸運な猿にすぎないのに、他の人よりもずっと幸運だったために天才のように見えるはずだというものである。

1984年にコロンビア大学で行われた、ベンジャミン・グレアムとデビッド・ドッドによるバリュー投資の専門書『証券分析』の出版50周年を祝うスピーチの中で、バフェットはこの幸運な猿の主張に反論した。彼は、グレアムとドッドが教えたバリュー投資の原則を自分自身と同様に忠実に守る８人のポートフォリオ・マネージャーを知っていると述べた。その９人全員が、長年にわたって市場を劇的にアウトパフォームしている。そのパフォーマンスを生み出すには、いったい何匹の猿が必要なのだろうか？

しかし、多くの学者は懐疑的である（あるいは嫉妬しているのか？）。2006年、オバマ大統領の経済諮問委員会委員長を務めたシカゴ・ビジネススクールのオースタン・グールズビー教授は、アメリカン・パブリック・メディアのインタビューに答えてこう語った。

> （バークシャー・ハサウェイの）株主には、財布に気をつけるように言いたい。私は経済学者だが、ウォーレンがミダス王の手（訳注：ギリシャ神話にちなみ、触れたものを何でも黄金にしてしまう魔法の力）を持っていると聞くたびにイライラする。というのも、大学教授が若い経済学者に叩き込むのは、市場に勝つ投資家は、運に恵まれるか、リスクを取るかのどちらかということだからだ。

これには納得できない。個人的な利害も関係してくるが、医師や弁護士がそうであるように、投資家にも情報処理に巧拙があると我々は信じている。我々がバフェットに対して確固たる信頼を置くのは、猿とは違い、バフェットが合理的だという事実による。バークシャーの株主に対する彼の年次書簡は非常に賢明でよく書けているので、ぜひ一読をお勧めする。

バフェットはほとんどの場合、群衆を顧みることなく自身の考えを決定する。他方で、群衆を観察して反対の行動をとること、すなわち株価が過剰反応する傾向を利用することで成功してきた投資家もいる。掘り出し物は、投資家が楽観的なときではなく、悲観的なときに見つかるものだ。バフェットの印象的な言葉を借りれば、「他人が貪欲なときには恐れを抱け、他人が恐れを抱いているときには貪欲になれ」である。

群衆の思い込み

ハーバード・ビジネス・スクールのある教授は、「効率的市場理論に関する膨大な科学的証拠は、内部情報がない場合、証券の市場価格は、その真の価値の入手可能な最善の推定値であることを示している」と書いている。この考え方は、一部の投資家が株式の価値を大幅に過大評価する一方で、他の投資家は逆の方向に誤り、これらの誤差が均衡して、群衆の集団的判断が正しい価値に近づくというものである。

群衆の知恵は非常に魅力的だ。古典的な例は、ファイナンスの教授であるジャック・トレイナーが行ったジェリービーンズの実験である。彼は56人の学生に850個のジェリービーンズが入った瓶を見せ、何個のビーンズが入っていると思うかを書かせた。学生たちが当たりを付けた個数の平均は871個で、誤差はわずか２％だった。それより正確だった生徒は１人だけだった。この実験は、株式の価値に関する平均的な意見が「真の」価値に近い可能性が高いことの証拠として何度も引用されている。

この喩えは適切ではない。トレイナーが指摘したように、学生の推測は明らかに独立して行われ、系統的なバイアスはなかった。このような前提の下では、推定値の平均は、個々の推定値の大多数よりも平均的に真の値に近くなる。これは数学的事実である。しかし、この前提が間違っているのなら、つまり推測にバイアスがあり、独立した推測が行われていなければ、それは事実とはならない。

生徒の最初の当て推量が記録された後、トレイナーはビーンズの瓶の上部

にある空間を考慮すること、プラスチックの瓶の材質は普通のガラスの瓶より薄いことをクラスの皆にアドバイスした。そうすると、平均推定値は979.2まで上がり、15％の誤差が生じた。もはや多数は少数より賢くはなかったのである。トレイナーはこう書いている。「このアドバイスには学生を誤導する意図はなかったのだが、どうやら多くの推定値に同じ方向の誤差を忍び込ませることになったようだ」と。

株式市場には多くの共有誤差がある。株価は、ケインズが「アニマルスピリッツ」と呼んだ、流行、空想、貪欲、憂鬱に振り回される。伝染性の大衆心理は価格決定の誤りだけでなく、投機的バブルや根拠のないパニックを引き起こす。

ノーベル賞受賞者のユージン・ファマは、効率的市場仮説の最も著名で影響力のある提唱者の１人である。彼は次のように述べた。

> **証券にとっての「効率的な」市場とは、入手可能な情報を所与にして、あらゆる時点において実際の価格が本源的価値の非常に良い推定値となる市場である。**

ファマは博士号を取得した後、事実上そのキャリアのすべてをシカゴ大学で教鞭をとって過ごした。この大学は市場の力を信奉することで知られている（グールズビーもシカゴにいる）。ファマの主張は、もし株価が入手可能なすべての情報を織り込んでおり、株式の真の価値を表すものとして最善なのであれば、株価の変化は予測不可能だということである。したがって、株価の予測がいかに困難であるかを示した広範な証拠は、株価が利用可能なすべての情報を織り込み、株式の真の価値を評価するために最善のものであることを示している。

この議論には一見すると説得力があるが、論理的には誤りがある。ＡからＢを導けたとしても、ＢからＡを導けるとは限らない。これは、イングランド・プレミアリーグに所属する選手はみんな少年時代にサッカーをプレーしていた、だから少年サッカーでプレーする選手はみんなプレミアリーグでプレーするだろう、と言っているようなものだ。

株価の変化の予測が難しいのは、投資家の気分や期待の予測不可能な、ときには非合理的な変化のためなのだろう。もしそうなら、確かに市場価格の短期的な変化を予測するのは不可能かもしれないが、市場価格は本源的価値の優れた推定値とはならない。株価が本源的価値から実際に乖離することを示す証拠はたくさんある。最も明らかなのはバブルの発生時であり、そのいくつかについては第１章で述べた。ドットコム・バブルと暗号通貨バブルも、それらに加えるべき例である。

ドットコム・バブル

コンピュータと携帯電話が我々の生活を支配し始めた1990年代、インターネットの普及が、一般にはドットコムズとして知られる何百ものインターネット関連企業の誕生を促した。ドットコムズの中には優れたアイデアを持ち、有力かつ事業も好調な企業に成長できたものもあるが、多くはそうではなかった。社名にドットコムと付けた会社を立ち上げて、誰かに売り、キャッシュを手にして立ち去ろうという考えだけのことが無数にあった。ドットコム・フィーバーは非常にホットだったため、悪党たちは投資詐欺を行うことができたのである。会社を立ち上げるという約束で資金を調達し、そして消え去るのだ。投資家は万策尽き、お金がいったいどこに行ったのかがわからなくなった。

ある調査によると、既存企業がただ単に「.com」「.net」「Internet」を社名に加えただけでその株価が２倍以上になった。市場価格がこれらの企業の本源的価値を最もよく表す推定値だというなら、このようなことは起こらなかっただろう。

もし投資家がジョン・バー・ウィリアムやベン・グレアム、その他のバリュー投資家と同じように株式について考えていれば、ドットコム企業がいかに少ないインカムしか生み出していないかに気づき、熱狂状態になるどころかむしろ懐疑的になっただろう。しかし実際には、物欲しげな投資家たちは利益がないことには目を瞑り、いわゆるニューエコノミーのための新しい指標を考えた。彼らは、利益などという古臭いものにこだわるのではなく、ウェブサイトを訪れた人の数、3分以上滞在した人の数、ウェブサイトでサーバーからダウンロードされたファイルの数などに注目すべきだと主張した。ある人は、企業の燃焼速度、つまり調達した資金をどれだけ早く使ったかを見るべきだと言った。早ければ早いほどいいのだ！

株価は1995年から2000年の間に3倍、年率25％の上昇率を記録した。ドットコム株はそれ以上に上昇した。ハイテク株比率の高いナスダック指数は、この5年間で5倍以上になり、年率にすると40％の上昇率に達した。1995年1月にAOL株を1万ドル買った人や、1996年4月に上場したヤフー株を1万ドル買った人は、2000年1月には100万ドル近くを持っていたことになる。

ドットコム起業家や株式市場の投資家たちは一攫千金を狙い、それが終わることはないと思っていた。しかし、言うまでもなくそれは終わった。

ドットコム・バブルのピークに近い2000年の投資家調査では、今後10年間の株式の年率リターン予測の中央値は15％だった。考えが甘い素人だけではない。洗練されていると思しきヘッジファンドも、個人投資家と同じように熱狂的にドットコム株を買っていたのである。これは集団の知恵ではなく、集団の妄想だったわけだ。彼らは見たくないという理由によってバブルを見なかったのである。その後10年間の実際の年率リターンはマイナス0.5％だった。

（何度かの）暗号通貨バブル

暗号通貨とは、分散型ブロックチェーンに記録されたデジタル取引記録であり、理論上は利用者の匿名性が保たれる。ここでは、暗号通貨の元祖であり最も有名なビットコインに注目しよう。

ビットコインの取引は遅くてコストが高い。クレジットカードや当座預金口座の代わりにビットコインで何かを購入する唯一の理由は、取引を隠すためである。おそらく、違法行為か、租税回避のためであろう。今では、ビットコインが残す電子的な証跡が、法執行当局による資金の追跡や、犯罪取引の立証に一役買っていることが知られるようになった。

ビットコイン取引のもう1つの問題点は、ビットコインの価格が非常に不安定で、取引が開始されてから執行されるまでの間に大きく変動する可能性があることだ。

その一方で、ある人にとっては問題でも別の人にはチャンスになることがある。ビットコイン価格の乱高下により、多くの人々がビットコイン投機によって一攫千金を狙えると考えるようになった。2009年10月に1セントの約10分の1の価格でスタートしたビットコインの価格は、2011年2月に1.00ドルを付け、大きな変動を繰り返しながらも2013年4月には100ドルを付けた。さらに、2014年1月に1000ドルを突破したが、2月には底値111.60ドルまで下落した。図4.3は、2014年以降のビットコイン価格の乱高下を示している。

図4.3　ビットコインのジェットコースター

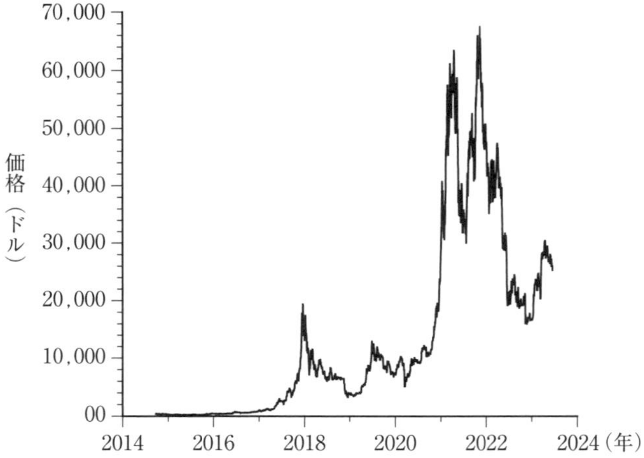

ビットコインは純粋な投機である。ビットコインは何のインカムも生み出さないため、その本源的価値は間違いなくゼロである。チューリップの球根ならば、少なくとも植えて増やすことができる。ドットコム企業でさえ、実際に利益を生み出すかもしれない。ビットコインへの「投資」から何かを得るには、もっと大馬鹿者に売るしかない。

2023年3月時点で2万3000種以上の暗号通貨が存在するという事実からも、その本性がよくわかる。モノの売買に何万もの暗号通貨は必要ないのは明らかなので、これら何万もの暗号通貨は何かを売買するためのものではない。ドージコイン（Dogecoin）のように悪ふざけから始まったものもある。ほとんどすべてが本質的にはポンジスキームであり、大馬鹿者を探している小馬鹿者の犠牲の上に成り立った、オリジネーターを豊かにするための仕組みである。

古典的なバブルとは異なり、ビットコインその他の暗号通貨の価格は何度も暴騰と暴落を繰り返している。バブルが弾けたかと思うと、また膨らむ。その理由の1つは、暗号通貨取引所の規制がほとんどなく、パンプ・アンド・ダンプ（吊り上げと叩き売り）が繰り返されるなど、かなりの相場操縦が行われていることだ。ノーベル経済学賞受賞者のポール・クルーグマンは、「2013年に、1人のトレーダーによる不正行為がビットコイン価格に7倍もの上昇を引き起こしたようだ」と書いている。ジャーナル・オブ・ファイナンス誌に掲載されたある研究によると、2017年のビットコイン価格の急騰のほぼすべてが、テザーと呼ばれる別のデジタル通貨を使ってビットコインを購入した、正体不明の1人の大物トレーダーによって引き起こされた。2019年にウォール・ストリート・ジャーナル紙は、報告されたビットコイン取引の95％近くが相場操縦に使われた見せかけの取引であると報じた。一目置かれる投資運用会社のリサーチ・アフィリエイツによる2021年のレポートの結論はこうである。

おそらく（ビットコインは）一攫千金を狙う個人投資家と一部の機関投

資家の熱狂によるバブルにすぎない。さもなければ、これは私見だが、この「バブル」は熱狂というより詐欺である可能性の方がはるかに高い。

証券取引委員会（SEC）は、暗号通貨市場は「詐欺、ペテン、不正が蔓延している」とし、米司法省とともに、様々な民事・刑事容疑で個人や企業を告発し始めている。

暗号通貨は、価格が本源的価値の最良の推定値ではない市場の完璧な例である。

プロのパフォーマンス

プロのマネーマネージャーがアマチュアを一貫してアウトパフォームできるかどうかは、効率的市場仮説の検証方法の１つである。もしできるのならば、相場に賭けることが可能であることは明らかである。このようなテストを実施するためにはリスクを考慮しなければならないが、平均・分散分析はリスク調整後のパフォーマンスを測定する方法を研究者に提供してくれる。

プロが運用する２つのミューチュアルファンドを考えてみよう。ファンド１の年率リターンは平均10％、標準偏差10％であるのに対し、ファンド２はそれぞれ20％、20％である。どちらのパフォーマンスが立派だろうか？　これに答えるには、第３章の図3.4に示した、安全資産（財務省短期証券、つまりT-billなど）とリスク資産（ミューチュアルファンドなど）を組み合わせる場合、その平均および標準偏差が取り得る値は２つの投資対象を結ぶ直線で与えられるという事実を利用すればよい。

図4.4は、安全な１年物T-billの年率リターンを５％とし、２つの仮想的なミューチュアルファンドについてこの直線を示している。下の線はT-billとファンド１のすべての組み合わせを示し、上の線はT-billとファンド２のすべての組み合わせを示している。どのようなリスクレベル（標準偏差で測定）

図4.4　2つの仮想ミューチュアルファンドの比較

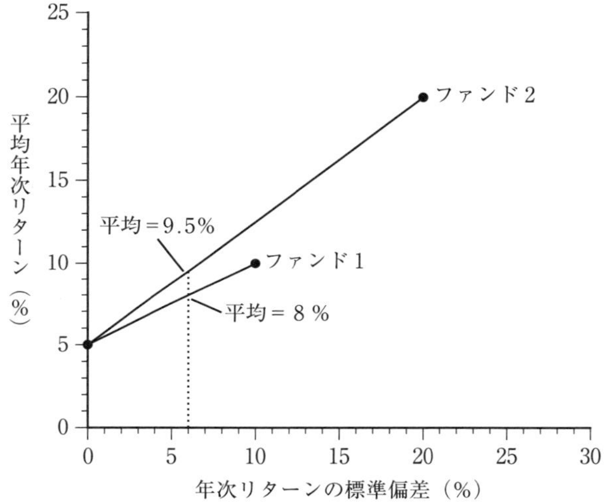

でも、ファンド2とT-billを組み合わせた場合の平均リターンが、ファンド1とT-billを組み合わせた場合の平均リターンを上回っていることから、ファンド2がファンド1をアウトパフォームしたといえる。

図4.4の点線は、標準偏差が6%の場合の議論である。ファンド1とT-billに40対60で投資した場合、標準偏差は6%、平均リターンは8%になる。しかし、ファンド2とT-billに30対70で投資した場合、標準偏差は6%、平均リターンは9.5%となる。同様のロジックは、どのような標準偏差を選んでも妥当する。したがって、この基準では、リスクを考慮した後でも、ファンド2の方がファンド1よりも成績が良かったことになる。

どのファンドが優れていたかを見るためには、平均・分散のグラフを描かなくても、T-billの金利からファンドに引いた線の傾きを計算すればよい。傾きが大きいファンドの勝ちである。図4.4では、傾きが大きいファンド2が勝っている。この傾きは、シャープレシオと呼ばれ、次のように表される。

$$シャープレシオ=\frac{ポートフォリオの平均リターン-リスクフリーリターン}{ポートフォリオの標準偏差}$$

シャープレシオの名前は、ウィリアム・F・シャープが1966年に行った、プロが運用するミューチュアルファンドのパフォーマンスに関する研究に由来する。彼は、1944年から1963年までの間の年次リターンのデータがすべて揃っている株式ミューチュアルファンド34本を探し出した。どちらかといえば、このリターンはミューチュアルファンドのパフォーマンスを誇張するものだった。シャープは運用手数料その他の経費を考慮に入れていたが、約8.5%の「販売手数料（load fees）」は考慮していなかったからだ。販売手数料は、これらのファンドのほとんどが、ファンドに投資する特権を与える代わりに課していたものである。また、このデータは、生存者バイアスの影響を受けていた。生存者バイアスとは、運用成績の悪いミューチュアルファンドはよく閉鎖されたり、他のファンドに吸収されて過去の運用成績が抹消されたりするために生じる。この20年間を生き延びた34本のファンドは、跡形もなく消えていった数知れないファンドよりも、成績が良かったに違いない。

シャープは、1954年から1963年までの10年間における34本のファンドそれぞれの年次リターンを、ダウ・ジョーンズ工業株平均の年次リターンと比較した。リスク調整後のパフォーマンスを比較するには、図4.4の２つの仮想ファンドで行ったように、ダウと34本のファンドをプロットすればよい。

図4.5は、仮定した３％の安全リターンからダウのパフォーマンスに直線を引いたものである。この直線の傾きがダウのシャープレシオである。34本のミューチュアルファンドのシャープレシオは、安全資産からグラフ上の各ファンドの点に引いた直線の傾きである。図4.5のダウの線より下にある23本のファンドのシャープレシオはダウのシャープレシオより低い。これによってシャープは、これら34本のミューチュアルファンドのうち23本のリスク調整後パフォーマンスはダウより劣っているという結論を出した。

図4.5　34本のミューチュアルファンドのリスク調整後パフォーマンス

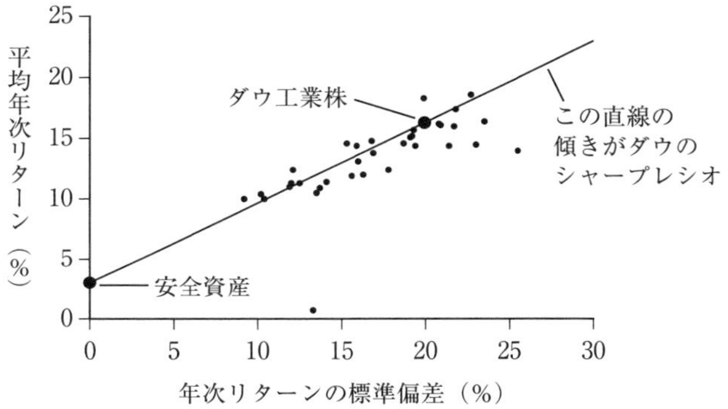

投資家にとって重要なのはネット・リターンであるため、図4.5のリターンは運用手数料その他の経費を考慮している。シャープはまた、運用手数料その他の経費を差し引く前のファンドのパフォーマンスも調べ、19本のファンドがダウより良く、15本のファンドがダウより悪いことを発見した。彼の結論は、プロが運用するミューチュアルファンドは平均して、運用手数料を差し引く前は市場と同程度の成績（あるいは市場よりいくらか良い成績）を上げるが、差し引き後では市場よりも悪いというものであった。したがって、プロが運用するファンドは、手数料を正当化できるほどのパフォーマンスは上げていないことになる。

シャープレシオはよく使われるが、第３章で説明した平均・分散分析の問題点をすべて抱えている。ここでは、その問題点のうち２つをもう一度取り挙げる。第一の問題は、シャープレシオが、投資によって生み出されるインカムに関する長期的な不確実性ではなく、短期的なボラティリティによってリスクを測っていることである。図4.5をもう一度見て、平均リターン４％、標準偏差１％の投資を想像してみよう。これはダウの直線を大きく上回っており、シャープレシオは次のようになる。

$$\text{シャープレシオ}=\frac{\text{ポートフォリオの平均リターン}-\text{リスクフリーリターン}}{\text{ポートフォリオの標準偏差}}$$

$$=\frac{4\%-3\%}{1\%}=1.00$$

これは、ダウのシャープレシオ（0.67）をはるかに上回り、また、これら34本のミューチュアルファンドの中で最も高いシャープレシオ（0.76）よりも高い。しかし、この10年間のトータル・リターンはダウをはるかに下回り、34本のミューチュアルファンドの中でも最悪のものさえ下回っている。

第二の問題は、リスクとリターンの測定をヒストリカルデータに依存して行っていることである。第３章では、個別銘柄の過去の平均と標準偏差が将来の平均と標準偏差の推定値としては信頼できないことを見た。ミューチュアルファンドについても、パフォーマンスのヒストリカルな推定値は信頼できないのだろうか？　この疑問について調査するため、シャープは34ファンドについて1944〜1953年と1954〜1963年の各10年間のシャープレシオを比較した。シャープレシオ間の相関は0.32と、その値は大きいとはいえず、統計的な説得力もなかった。シャープレシオは、仮にそれが過去のパフォーマンスを示す有力な指標であったとしても、将来の投資判断を評価するバロメーターとしては信頼できないのである。

シャープレシオには大きな欠陥があるが、ミューチュアルファンドのパフォーマンスに関するシャープの研究は、集団としてのプロの投資家の実績は、ひいき目に見てもせいぜい平凡なものだという結論を出した他の研究と整合的である。デビッド・ドレマン（David Dreman）は啓蒙的な著書『新しい逆張り投資戦略（The New Contrarian Investment Strategy）』の中で、プロの投資家が推奨する52の個別銘柄または株式ポートフォリオについて調査したところ、そのうち40が市場をアンダーパフォームしていた。おそらく、一部のプロだけがプロで、残りはプロのふりをしたアマチュアなのだろう。なんともはや。どのプロ投資家が良くて、どのプロ投資家が悪いのかということに一貫性はない。200の機関投資家の株式ポートフォリオを調査したところ、ある5年間に上位25％にランクされた投資家のうち、次の5年間に上位25％にランクされたのは26％、中間の50％にランクされたのは48％、下位25％にランクされたのは26％だった。

インデックス投資

プロのマネーマネージャーにはその報酬に見合う価値がないという証拠が蓄積されてきたのに伴って誕生したのがインデックスファンドである。アクティブ運用のミューチュアルファンドの成績が市場より悪いなら、市場を買えばよいということだ。

ジョン・ボーグルはプリンストン大学の卒業論文で、ミューチュアルファンドがS&P 500に勝てなかったことについて書いており、ほとんどのミューチュアルファンドに勝つ方法はS&P 500の銘柄を買うことだという当然の結論を導き出した。彼は、ミューチュアルファンドが「市場平均に対する優位性を主張することはできないだろう」とし、投資家のパフォーマンスは「販売手数料と運用手数料を削減することで最大化できる」と書いた。これは、高給取りのファンドマネージャーを解雇し、市場平均の銘柄をバイ・アンド・ホールドするだけでよいということだ。

ボーグルは1975年にバンガードを設立し、その1年後に小口投資家も受け入れる初のインデックスファンドを発表した。しかし、うまくはいかなかった。ファンドのIPO（新規募集）は2億5000万ドルの調達を目指していたが、実際の調達額は1100万ドルだった。ボーグルの戦略は「ボーグルの愚行（Bogle's Folly）」として知られるようになった。当時最大のミューチュアルファンド・グループだったフィデリティのトップは、「大勢の投資家が平均的なリターンを受け取るだけで満足するとは思えない」と鼻で笑ったという。

まあ、平均的なリターンは、ほとんどの高コストなアクティブ運用ファンドが生み出す平均以下のリターンよりはましだ。投資家が低コストのインデックス投資の利点を認めるようになるにつれ、バンガードはフィデリティを抜き去り、今では世界最大のミューチュアルファンド・グループとなった。現在、ミューチュアルファンド資金の半分近くがインデックスファンドに投資されている。

低コストという利点は、ファイナンシャル・アドバイザーにお金を払ってインデックスファンドに投資すれば台無しになる。例えば、数年前に会社を興し、約1000万ドルで売却した親戚（「ラリー」）がいる。彼は何人かのマネーマネージャーと面談して、そのうちの１人を選んだ。このマネージャーは、ラリーの1000万ドル全額をインデックスファンドに投資し、運用資産の１％を手数料として課した。ラリーは、このマネーマネージャーに年間10万ドル、今後10年間で100万ドルを支払って、自分でもできることをわざわざ任せることにしたのだ。

このことをラリーに指摘すると、彼は肩をすくめて、これはCYA戦略だと言った（訳注：言い訳を用意する、アリバイ作りをするという意味の俗語表現cover your assの頭文字を並べたもの）。もし自分で投資して株式相場が下落すれば、彼は妻から２つの説教を聞かされることになるだろう。マネーマネージャーを指差して、「ハニー、これがプロのやっていることなんだよ」と言えることが重要というわけだ。

インデックスファンドは悪い投資戦略ではないが、誰かにお金を払ってインデックスファンドに投資してもらうのが良いアイデアであることはほとんどない。

バリュー不可知論的投資

平均・分散分析やインデックス投資は、多くの点で投資2.0におけるバリュー投資の知見を反故にしている。平均・分散投資家は通常、ヒストリカルな株式リターンのデータを使ってポートフォリオを選択する。配当や利益、本源的価値について考慮することはまったくない。インデックス投資に至ってはバリュー投資を完全に排除している。ベンジャミン・グレアムがミスター・マーケットを愚か者として描いたのとは対照的に、効率的市場愛好家はミスター・マーケットを全知全能の科学者と見なしている。平均・分散分析とインデックス投資は、株価が本源的価値に対して高すぎるか低すぎるかを投資家が考慮しないという点で、どちらもバリュー不可知論的なものである。

我々は、多くのアクティブ運用ファンドが、あまりに小さい成果に対して過大な報酬を求めることを知っている。大げさな約束をして期待を裏切ることは常態化しているのである。我々は、バンガードをはじめとする低コストのインデックスファンドを尊重し、推奨している。しかし、株価はときとして人間の感情によって本源的価値からかけ離れた方向に動くことがあるとの確信も持っている。株式はときに安く、ときに高いのである。

また、効率的市場のパラドックスも認識している。もし誰も市場が効率的だと信じていなければ、投資家は入念なリサーチを行うインセンティブを持ち、株価はその入念な分析を反映したものになるだろう。これは投資家にとってリサーチをしなくてよい最も強力な論拠になる。逆に、誰もが株式市場は効率的だと信じているのであれば、誰もわざわざリサーチなどしないだろう。これは、投資家が入念にリサーチしようとする最も強力な理由になる。

多くの人にとって、インデックス投資は株式投資の低コストな手段である。インデックスによって、人々がキャッシュを金庫や当座預金に保管したり、貴金属や暗号通貨に投機したりする代わりに株式を購入するようになるという点では、インデックスファンドは安くてありがたいものといえる。さらに、バリューというものをあたかも存在しないかのように扱う投資は、市場価格と本源的価値との結びつきを緩める。それもバリュー投資家にとってはありがたいことである。

投資戦略における次なるイノベーションを我々は投資5.0と呼ぶが、これはインデックス投資よりもはるかにいかれている。リスクの評価が下手なためにバリュー投資家にさらなる有利な機会を生み出す、完全に空想的な理論なのである。

〈参考文献〉

Basu, S. 1977. Investment performance of common stocks in relation to their price-earnings ratios: A test of the efficient market hypothesis, *Journal of Finance*, 32, 663–682.

Bogle, John C. 1995. *Bogle on Mutual Funds*, Burr Ridge, IL: Irwin.

Buffett, Warren. 1984. The Superinvestors of Graham-and-Doddsville, *Hermes, The Columbia Business School Magazine*, Fall, 4–15.

Cooper, Michael J., Dimitrov, Orlin, and Rau, P. Raghavendra. 2001, A rose.com by any other name, *Journal of Finance*, 56, 2371–2388.

DeBondt, W. F. M., and Thaler, R. 1985. Does the stock market overreact?, *Journal of Finance*, 40, 793–805.

DeBondt, W. F. M., and Thaler, R. 1987. Further evidence on investor overreaction and stock market seasonality, *Journal of Finance*, 42, 557–580.

Dreman, David. 1982. *The New Contrarian Investment Strategy*, New York: Random House.

Dreman, David, and Berry, M. A. 1995. Analysts forecasting errors and their implications for security analysis, *Financial Analysts Journal*, 51, 30–40.

Dunn, Patricia C., and Theisen, Rolf D. 1983. How consistently do active managers win?, *Journal of Portfolio Management*, Summer, 47–50.

Fama, Eugene F. 1965. The behavior of stock market prices, *Journal of Business*, 38(1), 34–105.

Fama, Eugene F. 1991. Efficient capital markets: II, *Journal of Finance*, 46, 1575–1617.

Fama, Eugene F., and French, Kenneth R. 1988. Permanent and temporary components of stock prices, *Journal of Political Economy*, 96(2), 246–273.

Garrett, Thomas A., and Sobel, Russell S. 1999. Gamblers favor skewness, not risk: Further evidence from United States lottery games, *Economics Letters*, 63(1), 85–90.

Golec, Josept, and Tamarkin, Maurry. 1998. Bettors love skewness, not risk, at the horse track, *Journal of Political Economy*, 106(1), 205–225.

Goolsbee, Austin. 2006. Interviewed by Kai Ryssdal, *American Public Media*, May

5.
Griffin, John M., and Shams, Amin. 2020. Is Bitcoin really un-tethered?, *The Journal of Finance*, 75(4), 1913–1964.
Keynes, John Maynard. 1936. *The General Theory of Employment, Interest, and Money*, New York: Macmillan, Chapter 12.
Krugman, Paul. 2018. Bubble, Bubble, Fraud and Trouble, *The New York Times*, January 29.
Kumar, A., 2009. Who gambles in the stock market?, *The Journal of Finance*, 64 (4), 1889–1933.
Mitton, Todd, and Vorkink, Keith. 2007. Equilibrium underdiversification and the preference for skewness. *Review of Financial Studies*, 20(4), 1255–1288.
Pickard, Alex. 2012. Bitcoin: Magic Internet Money, Research Affiliates.
Rosenberg, B., Reid, K., and Lanstein, R. 1985. Persuasive evidence of market inefficiency, *Journal of Portfolio Management*, 11, 9–17.
Sharpe, W. F. 1966. Mutual Fund Performance, *Journal of Business*, 39, 119–138.
Smith, Gary. 2016. Overreaction of Dow Stocks, *Cogent Economics & Finance*, 4 (1), 1251831.
Treynor, Jack. 1987. Market Efficiency and the Bean Jar Experiment, *Financial Analysts Journal*, 43, 50–53.
Vigna, Paul. 2019. Most Bitcoin Trading Faked by Unregulated Exchanges, Study Finds, *Wall Street Journal*, March 22.

第5章

投資5.0
――ファクターモデル、アルゴ、アルファの追求

平均・分散分析が展開されたのは1950年代だが、続く1960年代には資本資産価格モデル（CAPM）が登場した。CAPMはより洗練されたリスク指標を提供してくれるとはいえ、短期の価格変動に焦点を当てているため、不幸にもバリュー投資から大きく逸れる回り道を迫られることになる。

ポートフォリオ理論のアドバイスは、銘柄を分散したポートフォリオを選択することでリスクを低減できるというものだ。すべての投資家がこのアドバイスに従うとしたらどうなるのだろうか？　すべての銘柄を分散されたポートフォリオで保有した場合、真にリスクが高いのはどの銘柄だろうか？ポートフォリオにおけるある銘柄のリスクの大きさは、その銘柄のリターンが他の銘柄のリターンとどのように相関しているかによって決まる。他の銘柄のリターンが悪いときにリターンが悪い銘柄は、分散投資効果がほとんどないためリスクが高い。一方、他の銘柄のリターンが低いときにリターンが高い銘柄は、ポートフォリオのリスクを低減する。したがって、ポートフォリオにおけるある銘柄のリスクを測るには、その銘柄のリターンと他の銘柄のリターンとの相関を考慮しなければならない。

資本資産価格モデル（CAPM）

これを行うのがCAPMである。CAPMは、ひどく非現実的な仮定を立て、すばらしい計算を行い、驚くべき知見をもたらすもう１つのファイナンスのモデルであり、それを用いる際には注意しなければならない。CAPMのロジックはすべての投資に当てはまるが、株式に適用するのが最も一般的である。ここでも簡単のため、株式に対するCAPMを考える。

CAPMの仮定においては、すべての投資家が、(1)T-bill（財務省短期証券）と同じ金利で貸し出しと借り入れができ、(2)平均・分散分析を使ってポートフォリオを選択し、(3)トービンの分離定理によって与えられる唯一最適な株式ポートフォリオを決定する平均、分散、相関係数の値すべてについて同意する。これにより、すべての投資家はこの最適株式ポートフォリオを選択することになるため、これが市場ポートフォリオとなる。すべての投資家が銘柄XXXに対して銘柄YYYの2倍の資金を投資していれば、銘柄XXXの市場価値合計は銘柄YYYの市場価値の2倍になるからである。

何という荒唐無稽で非現実的な話だろうか！　投資家はT-billの金利で貸し借りすることはできない。すべての投資家が平均・分散分析を使っているわけでもない。平均・分散分析を使っている投資家であっても、平均、分散、相関係数について同じ意見を持つわけがない。誰もが同じ株式ポートフォリオを保有しているわけでもない。膨大な量の株式が毎日取引されていることは、投資家の意見の不一致を示す十分な証拠であるが、それはCAPMでは無視されてしまっている。

それにもかかわらず、市場ポートフォリオが最適ポートフォリオであるというCAPMの結論は、効率的市場仮説によく適合している。実際、この平均・分散分析、CAPM、効率的市場仮説のシンクロナイゼーションこそが、バリュー投資の知見をないがしろにしてファイナンスという研究分野を現在の泥沼に導いたのである。

CAPM式を導く感動的な数学は割愛するが、この式によれば、驚くべきことに、あらゆる株式の（リスクフリーレートに対する）超過リターンは市場全体の超過リターンに比例する。

$$E-R_0=\beta(E_M-R_0) \tag{5.1}$$

ここで、Eは個別銘柄の期待リターン、E_Mは市場全体の期待リターン、R_0はT-billなどリスクフリー資産のリターンである。

式5.1の係数β（「ベータ」）は、図5.1のように、ある銘柄のリターンと市場全体のリターンとの関係を表す直線の傾きである。この考え方によれば、すべての銘柄に共通して影響を与える景気や金利といったマクロ経済ファクターが存在するが、それから受ける影響は銘柄によって異なる。例えばある銘柄が$\beta=0.8$という傾きを持つとすれば、この銘柄が他の銘柄よりもマクロ経済ファクターの影響を受けにくいことを意味する。マクロ経済イベント

図5.1　ベータ係数は、株式リターンが市場全体とどのように関連しているかを測る

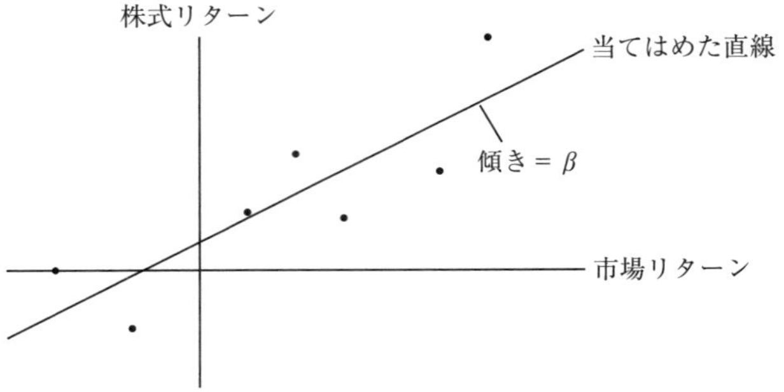

図5.2　アップルとS&P 500の月次リターン（2005〜2009年）

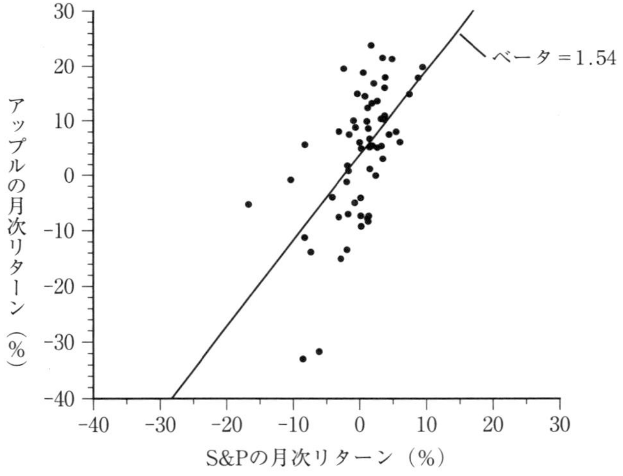

が市場リターンを10%上昇させるなら、この銘柄のリターンは８%しか上昇しないと予測されるからである。

実際には、短期の株式リターンの変動はほとんど株価の変動によるものである。つまり、ベータ係数が0.8ということは、株式市場が10%上昇すれば、この銘柄の株価は８%上昇すると予想されることを意味する。

図5.2は2005年から2009年までの5年間におけるアップルとS&P 500の月次リターンの散布図である。最も当てはまりがよい直線の傾きは1.54である。この1.54のベータ係数は、アップル株は市場全体と連動する傾向があるが、市場よりもはるかに大きく動くことを示している。具体的には、ある月に市場が10%上昇した場合、アップル株はその月に15.4%上昇すると予測され、ある月に市場が10%下落した場合、アップル株は15.4%下落すると予測される。

全銘柄の平均ベータは1である。ベータが1を超える銘柄は平均よりリスクが高く、式5.1によれば、期待リターンは平均より高い。ベータが1を下回る銘柄は、リスクも期待リターンも平均より低い。以下はそれらを簡単にまとめたものである。

$$E - R_0 = \beta(E_M - R_0)$$

$$E > E_M \quad \text{if} \quad \beta > 1$$

$$E = E_M \quad \text{if} \quad \beta = 1$$

$$E = 0 \quad \text{if} \quad \beta = 0$$

ゼロ・ベータ株は、それ自体ではリスクが高いかもしれないが、ポートフォリオのリスクには何も加えない。ゼロ・ベータ株のリスクはすべて固有リスクであり、分散投資によって取り除くことが可能である。ゼロ・ベータ株は、十分に分散されたポートフォリオの一部であれば、T-billよりリスクが高いということはない。これは、CAPMモデルでは常に成り立つ。したがって、人々はゼロ・ベータ株を、その期待リターンがT-billと同じであっても保有する。マイナス・ベータ株はさらに安全である。それは、他の投資対象が不調なときに好調になる傾向があるためである。リスク回避的な投資家は、期待リターンがT-billより低くてもそれを保有するだろう。ただ、実際にはマイナス・ベータ株はほとんどない。

過去の実証結果はCAPMモデル（式5.1）を強く否定している。高ベータ株は平均すれば本来あるべき姿ほどはうまくいかず、低ベータ株は本来あるべき姿よりもうまくいく。それにもかかわらず、一部の投資家は、ポートフォリオのリスクの大きさを評価したり、株式市場全体の動きに賭けたりする上でベータが有用であると考えている。

ベータに賭ける

株式市場が上昇すると信じている投資家は、口で言うだけではなく実際に高ベータ株に資金を投入すればよいだろう。市場が下落することを恐れている投資家は、低ベータ株にシフトすることで、市場暴落の影響を受けにくいポートフォリオにするのがよいだろう。

このような戦略が問題なのは、株価の短期的な変動を予測しようとする投資1.0の愚かさに、図らずも回帰してしまうからである。2010年のはじめに株式相場に対して強気だった投資家のことを考えてみよう。2005年から2009年までの月次データから推定されたベータ値のリストに目を通すと、この投資家にとってはアップルが魅力的に見えたことだろう。なぜなら、ベータが1.54もあったからだ。この投資家がアップルや他の高ベータ銘柄を買うのは、アップルの価格が本源的価値に比べて妥当だからではなく、市場全体が上昇する予感があるからである。

アップルのベータ係数は、アップル株がバーゲンかバブルかということとはいかなる関係もない。ベータを使って賭けをする人たちは、アップルの株価が高すぎるのか、安すぎるのか、それともちょうどいいくらいなのか、という問題を考えることはない。月次ベータを使って、月次の株価変動だけを気にしているのである。

さらに悪いことに、ベータ係数は固定的なものでもない。その理由は後ほど述べるが、アップルのベータは2005年から2009年までの５年間では1.54だったのに対し、次の2010年から2014年までの５年間では0.92となった。これはアップルの株価の変動が市場に比べて小さいことを意味する。その後の2015年から2019年までの５年間で、アップルのベータは1.25まで戻っている。

アルファの追求

CAPM式

$$E-R_0=\beta(E_M-R_0)$$

は、個別銘柄だけでなく株式ポートフォリオにも適用される。そうした株式ポートフォリオには、ビート・ザ・マーケット戦略（市場に勝つことを目的とした戦略）の一環として選択されるものも含まれる。このような戦略は、パフォーマンスデータを使って次の式を推定することで検証できる。

$$R-R_0=\alpha+\beta(R_M-R_0) \tag{5.2}$$

ここで、Rは観測されたポートフォリオのリターン、R_Mは観測された市場リターンである。

CAPM式によれば、α（「アルファ」）はゼロでなければならない。パフォーマンスデータから計算したαの推定値がプラスであれば、これはリスクを考慮した上で戦略が市場に勝っている証拠である。アルファがマイナスであれば、その戦略は市場をアンダーパフォームしたことになる。例えば、月次データからアルファの推定値が0.2％であった場合、月次超過リターンは0.2％（年率超過リターンは約2.4％）となる。

高ベータ銘柄は平均を上回るリターンになるはずなので、高ベータ銘柄を積み増しただけの戦略を「市場に勝った」とは呼びたくないという考え方は理解できる。これに関連して興味深い問題は、ベータを考慮した上で、その戦略が市場に勝つかどうかということである。式5.2（上記）は、その問いに答えるものである。

この考え方は非常に理にかなっており、現在では式5.2を推定し、アルファの推定値がプラスで、その値が十分に大きく、統計的に有意であるかどうかを確認することによって戦略を検証するのが標準的な慣行となっている。実際、アルファはウォール街の言語の一部となっている。投資家はポートフォリオ・マネージャーに「あなたのアルファはどれだけか？」と尋ねて、マネージャーが「当社の年率アルファは３％だ」と答えることもあろう。投資アドバイザーやファンドの名前にも「アルファ」が含まれている。アルファ分散ファンド、アルファ・キャピタル・マネジメント、アルファ・インベストメント・コンサルティング・グループなどがその例だ。

読者は、アルファを投資の成功の指標として用いることに対する我々の反論を、いくつか予想できるのではないかと思う。第３章では、CAPMの基礎となっている平均・分散モデルの様々な弱点について述べた。本章の後半では、平均・分散分析の弱点に追加する形でCAPMが持ち込む新たな問題をいくつか説明する。

我々の基本的な反論は非常に単純である。投資目標が説得力を持つためには、コストに見合う長期的なインカムの流列を生み出す戦略を追求しなければならないということだ。その目標にとって重要なリスクは、インカムの流列が予想をはるかに下回ると判明することである。

これに対して、CAPMモデルではリスクは株価の短期的なボラティリティであるとしている。具体的には、株式市場が上昇したり下落したりする際に株価がどの程度変動すると予測されるかで測るのが最も適切であるとする。もし株式市場が１％上下したときに株価が1.54％上下すると予想される場合、この銘柄は非常にリスクが高いと考えられる。CAPMは、平均・分散分析と同様に、投資家は投資からのインカムが長期的に期待外れになることよりも、短期的な価格ボラティリティをより気にすると仮定しているのである。

マルチファクターモデル

CAPMのベータ係数が反映しようとしているのは、すべての銘柄が、程度の差こそあれ、株式市場全体に影響を与えるマクロ経済イベントと並んで、各企業に特有の固有イベントからの影響も受けるという事実である。固有リスクは分散投資で取り除くことができるが、マクロ経済リスクは取り除くことができないため、この区別は重要である。マクロリスクを軽減する唯一の方法は低ベータ株を保有することである。だからこそ、高ベータ株はリスク回避的な投資家を惹きつけるために平均以上の期待リターンでなければならないのである。

CAPMは、マクロリスクと固有リスクを区別する点に価値があるエレガントな理論であり、ノーベル賞も受賞している。しかし、マクロファクターは株式市場全体のみで、他にはないと仮定している点で単純すぎる。現実的には、株式市場は少なくとも景気と金利という２つの異なるマクロ経済ファクターの影響を受ける。アミューズメントパークのように景気に非常に敏感な銘柄もあれば、貯蓄貸付組合（S&L）のように金利に敏感な銘柄もある。株式市場全体が上昇したとき、アミューズメントパークとS&Lのどちらが上がるだろうか？　それは市場がなぜ活況を呈しているかによる。景気が良いからなのか、それとも金利が下がっているからなのか、ということである。

金利低下によって市場が活況ならば、S&Lのベータ係数は大きい。好調な経済と安定した金利に後押しされて活況ならば、S&Lのベータ係数は小さい。図5.3は、小規模銀行、貯蓄機関、その他の金融企業に投資するミューチュアルファンドであるファースト・ファイナンシャル・ファンド（First Financial Fund）のベータ係数をローリング推計して示している。各月のベータは、その月の前の５年間の月次データから推計されたものである。ファースト・ファイナンシャルは1986年に設立されたため、1986年１月初～1991年１月初のデータを使ったものが最初の５年間のベータ推定値となり、それをグラフでは1991年１月の値として表示している。推定値が2010年で終わって

図5.3　ファースト・ファイナンシャル・ファンドの５年ベータ（1991～2010年）

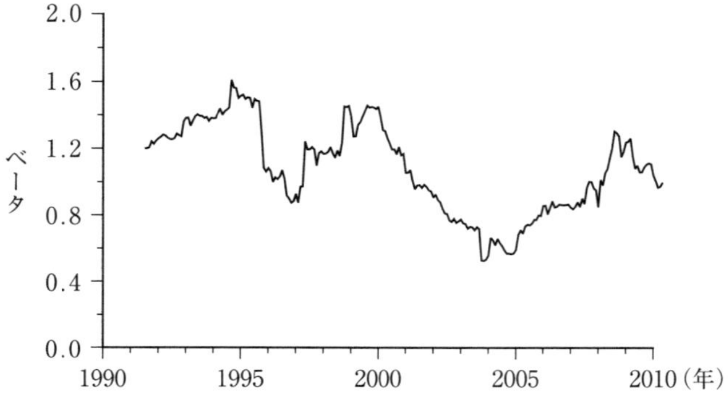

いるのは、ファースト・ファイナンシャルが再編されてヘッジファンドをかなり組み入れられるようになった後、ニューヨーク証券取引所において上場廃止となったからである。

1995年、2000年、2010年にファースト・ファイナンシャルを高ベータ銘柄だと思って買ったとしたら、その後数年間は失望したことだろう。低ベータ銘柄だと思って1996年、2003年、2004年にファースト・ファイナンシャルを買ったとしたら、やはり失望したことだろう。

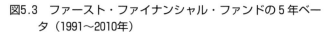

一般化すれば、株式のベータ係数が株式市場の上昇・下落の理由によって異なるということだ。これはその具体例の１つである。

S&Lだけでなくすべての銘柄にいえることだが、ここでの問題は、少なくとも２つのマクロファクターがあり、少なくとも２つのベータ係数が必要だということである。１つは景気に対するものであり、もう１つは金利に対するものである。複数のファクターを含む形に式5.2を拡張し、マルチファクターモデルにすることが可能である。第一のファクターは、失業率または経済の強さを示すその他の指標であろう。そのベータ係数は、失業率が特定銘柄のリターンに与える影響を示す。第二のファクターは長期金利（10年物国債の利回りなど）であろう。そのベータ係数は、この金利が当該株式のリターンに与える影響を測るものである。

研究者たちは、自分が重要だと思うファクターをいくつでも含めることができる。失業率、金利、インフレ率、原油価格、税率などである。残念なことに、ファクターを次々に加えたくなる誘惑に屈した例は、目に余るほど多い。

アノマリー

効率的市場仮説が広く知られるようになった直後から、研究者たちはいわゆるアノマリーが存在する証拠を集め始めた。アノマリーとは、リスクを考慮しても市場に勝つ（アルファがプラスの）投資戦略である。

例えば、時価総額が小さい企業（「小型株」）が他の銘柄を著しくアウトパフォームしていることを発見した研究がいくつかある。もっともらしい説明として、大手の金融機関にとって高い費用をかけて小さな企業のリサーチをするのは採算が合わないというものがある。なぜなら、相当数の株を買おうとすれば株価を押し上げることになり、後で売れば株価を押し下げることになるからである。小型株が視界に入っていないのなら、割安になる可能性もあるだろう。

人気があまりない銘柄が、相対的に株価の高い銘柄をアウトパフォームしていたことを発見した研究もいくつかある。この人気薄銘柄は、配当、利益、株主資本簿価に対して株価が相対的に低いことによって判断される。もし投資家が群衆のようにニュースの良し悪しに過剰に反応するなら、群衆とは反対のことをするのが得策かもしれない。これは逆張り戦略、あるいは単純なベンチマークを使ったバリュー投資戦略と考えることができる。

ファマ-フレンチの3ファクターモデル

1992年、ユージン・ファマとケン・フレンチは様々なアノマリーを検討し、株式リターンの違いはCAPMで用いられる市場ファクターだけではなく、企業の規模や簿価時価比率にも関係しているとの結論を得たと報告している。これは下のファマ-フレンチの３ファクターモデルとして知られるようになった。

$$R-R_0=\alpha+\beta_1(R_M-R_0)+\beta_2 SMB+\beta_3 HML \tag{5.3}$$

ここで、各変数は次の通りである。

$R-R_0$＝個別銘柄のリターンからT-billのリターンを引いたもの

R_M-R_0＝市場ポートフォリオのリターンからT-billのリターンを引いたもの

SMB＝サイズ・ファクター（小型株が好調な傾向）

HML＝バリュー・ファクター（市場価格に対して簿価の高い銘柄が好調な傾向）

ファマ-フレンチの３ファクターモデルは、CAPMモデルに２つのファクターを追加したものである。CAPMと同様、投資戦略に適用することができ、アルファ係数はこれら３つのファクターを考慮した上で、その戦略がどの程度優れているかを評価する。具体的には、アルファは、観測された戦略のパフォーマンスが、高CAPMベータ株、小型株、バリュー株を過大に配分したポートフォリオを単純に反映したものにすぎないのかどうかを測ろうとするものである。我々のどちらかが投資戦略を論じた論文を書くと、必ずジャーナル編集者はCAPMとファマ-フレンチ・モデルのいずれか、あるいは両方を使ったアルファ推定を期待する。我々は、アルファの推定は気休めだと思いながらも、それに従っている。

ファマがこうした小型株とバリューのアノマリーを確認したことで、彼の効率的市場仮説への信頼が揺らいだと思うかもしれない。そうだとしたら、それは間違いである。小型株やバリュー株は市場全体よりボラティリティが高くないにもかかわらず、パフォーマンスは市場平均を上回る。これに対してファマは、市場が効率的なのだから（証明したいことを仮定するようなものだが）、たとえ我々にはそれが何なのか理解できなくても、投資家が恐れるリスクが小型株やバリュー株にはあるはずだと主張している。

ディメンショナル・ファンド・アドバイザーズ（DFA）

1981年、ファマの元教え子３人（デビッド・ブース、レックス・シンクフィールド、ラリー・クロッツ）がディメンショナル・ファンド・アドバイザーズ（DFA）という投資会社を立ち上げた。同社は自ら「厳格な学術研究を実用的な投資ソリューションに応用する」と宣伝している。DFAの主力商品は、小型株とバリュー株が平均以上のリターンを上げ続けるという前提に基づいた、ファマ-フレンチのファクターを重視したファンドである。

DFAはシカゴ大学との密接な関係を維持している。ファマは長年DFAの取締役を務め、DFAのために講演を行ったり記事を執筆したりしているが、市場ポートフォリオが最も効率的なポートフォリオであり、市場ポートフォリオから乖離する戦略は追加的なリスクを伴うと主張し続けている。2008年、ブースはシカゴ大学のビジネススクールに３億ドルを寄付し、今ではシカゴ大学ブース・スクール・オブ・ビジネスという名前になっている。

長年にわたり、DFAのファンドに投資する唯一の方法は、DFAが認定する投資アドバイザーを通すことだった。アドバイザーの認定プロセスは、アンケート、面接、そしてDFAの代表者が同社の教義を説く２日間の会議への参加を含む、時間のかかるものだった。DFA認定のアドバイザーは、顧客に対して個別銘柄を買ったり、市場のタイミングを計ったりして市場に打ち勝とうとするようなことは決して言わないと約束する必要がある。2020年11月、DFAは、DFA公認のアドバイザーを通さずにDFAのファンドに直接投資できる上場投資信託（ETF）を導入し、その支配力を少し緩めた。

著者のマーガレットがDFAのアドバイザー選考会議に出席した際、株式市場は効率的であるというDFAの熱烈な主張と、それと同時に行われている、DFAのファンドは学者が市場に勝てると認定したファクターを使って市場を上回るという断言との間の緊張関係にすぐに気づいた。この緊張関係は同社のウェブサイトを見てもわかる。まず、次のような効率的市場の視点が書かれている。

ディメンショナルの投資アプローチは、市場を信じることを基礎とする。将来を予測したり、他者を出し抜こうとしたりするのではなく、市場そのものから期待リターンに関する情報を引き出す。数百万人の買い手と売り手が証券価格を設定する際の集合知を最大限に活かすのである。

しかし同じウェブサイトで、DFAは1981年以来、ファクターを活用して「インデックス運用を超えた運用」を行ってきたとも宣言している。「研究により、より高い期待リターンを提供する証券には共通の特徴があることが明かされている。我々がディメンションと呼ぶものがそれだ」というのである。

DFAの最初のファンドは、小型株ファクターにヒントを得た「米国マイクロキャップ・ポートフォリオ」だった。このファンドは現在、資産の80%以上を小型株に投資する一方で、バリュー・ファクターをはじめDFAがマーケットに勝てると認めたファクターも考慮している。ファンドの実績はどうだろうか？　1981年12月23日の運用開始以来、2023年３月31日までの年率リターンは11.34%である。これはすばらしいように見える。しかし、同期間のS&P 500の年率リターンは11.60%である。両者の0.26%という差は大きくなさそうに見えるが、41年以上にわたる複利で計算すると大きな差となる。DFAの米国マイクロキャップ・ファンドに最初に１万ドル投資した場合、2023年３月31日には84万7530ドルに成長しているのに対し、S&P 500に投資した場合は93万4272ドルである。

DFAは1986年に日本スモールカンパニー・ポートフォリオと英国スモールカンパニー・ポートフォリオを、1988年にコンチネンタル・スモールカンパニー・ポートフォリオ（欧州企業）を立ち上げた。時価総額が小さい企業はほとんど無視されているから割安だと言うのなら、日本、イギリス、スイスの小型株の場合にはその主張はさらに有力なものになる。残念なことに、これらの国際的な小型株ファンドの成績は、米国マイクロキャップ・ポートフォリオよりもさらに悪い。日本株のファンドはS&P 500を年率5.83%アンダーパフォームし、イギリスとスイスのファンドはそれぞれ2.46%、1.53%アンダーパフォームしている。

DFAには現在、株式ファンドだけでなく、債券、不動産、コモディティなど150本近くのファンドがある。さらに、第6章で説明するように、ファクターの有無にかかわらず、それ自体が一般に良いアイデアとはいえない13のターゲット・デート型の退職ファンドまで持っている。89本あるDFAの純粋な株式ファンドの中では、34本の米国株ファンドのうち18本が、55本の外国株ファンドのうち48本がS&P 500をアンダーパフォームしている。

何が起こったのだろうか？　学術的に支持されたファクターは一過性の相関だったのかもしれない。あるいはその後、小型株の人気が高まり、割安感がなくなったのかもしれない。確実にいえることは、ファクター投資は利益を保証しないということだ。DFAの期待外れのパフォーマンスは、実際、CAPMその他のファクターモデルの脆さや有用性の限界を示す説得力のある証拠である。

冴えないパフォーマンスにもかかわらず、DFAは今や世界最大のファンド・ファミリーの1つである。DFAの成功に触発され、ファクター（または「スマート・ベータ」）投資は大人気となり、現在では多くの大手運用会社で採用され、ファクター・ファンドに群がる個人投資家にも受け入れられている。

ファクターはいたるところに

ファマとフレンチの3つのファクターに加え、他の研究ではモメンタムファクター（好調な銘柄は好調を維持する傾向がある）が確認されている。2015年、ファマとフレンチはさらに2つのファクターを追加した。収益性ファクター（収益性の高い企業の株式はうまくいく傾向がある）と投資ファクター（保守的な投資を行っている企業の株式はうまくいく傾向がある）である。

これら2つの追加ファクターで興味深いのは、収益性が高く保守的な投資を行っている企業は、収益性が低く積極的な投資を行っている企業よりもリスクが高いという考え方がまったくありえないということである。しかしファマは、市場が効率的である以上、これらのファクターはまだ特定されていないリスクの代理変数に違いないと主張し続けている。

ファクターを見つけるのは難しいことではない。何百ものファクターが特定されており、さらに多くのファクターが常に報告されている。その大半はゴミであり、将来のリターンを予測するのに役に立たない偶然の相関関係以外の何物でもない。過去のデータを丹念に探せば、株価と相関のある変数が必ず見つかる。乱数でさえ統計的に有意なファクターになることがある。

ビットコインその他の暗号通貨のファクターも見つかる。権威ある金融専門誌に掲載された全米経済研究所（NBER）の研究では、過去のビットコインのリターンは、以下の３つの業種の株価を含むいくつかのファクターによって「予測」できると報告されている。

板紙容器・箱
石鹸、クリーナー、トイレ用品
刃物、手工具、金物

これらは意味がなく、NBERの著者たちも「我々は説明を与えるのではなく、挙動を記述しているだけだ」として、解釈しようとはしていない。挙動を記述したとすらいえない。偶然を書き残しただけである。彼らは文字通り何百もの可能性のあるファクターを調べたが、そのうちのいくつかが必然的に、偶然ビットコインのリターンと相関していただけだ。

上に挙げた３つのファクターに論理的な説明があると考えたくなる人向けに、ゲイリーはビットコイン価格を予測するための明らかに馬鹿げたファクターを100個検討した。それは、印象的な名を持つ50の小都市の毎日の最高気温と最低気温である。彼は、以下の10個のファクターが統計的に実によく当てはまることを発見した。

ジョージア州ブランズウィックの最低気温
オーストラリア、カーティンエアロの最低気温
ノースダコタ州デビルズレイクの最高気温
モンタナ州リンカーンの最低気温
ユタ州モアブ・キャニオンランド空港の最低気温
アイダホ州マーフィーの最低気温
アイダホ州オハイオガルチの最高気温
ケベック市ジャン・レザンジュ空港の最低気温
アイオワ州サンボーンの最低気温
ノースダコタ州ウォーターフォード・シティの最低気温

これら10都市の毎日の気温はビットコイン価格とはまったく関係がないにもかかわらず、図5.4は2015年の実際の日次ビットコイン価格がモデルによって予測された価格にうまくフィットしていることを示している。実際のビットコイン価格と予測されたビットコイン価格の相関は0.82という驚くべき値である。

図5.4　すばらしいバックテスト

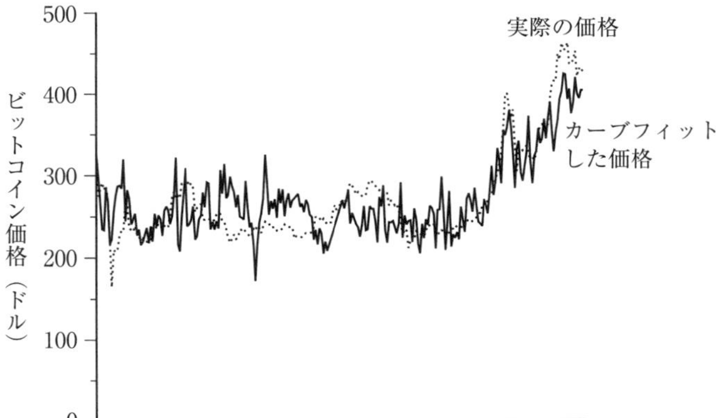

もし投資アドバイザーに図5.4を見せられたら、投資したくなるだろうか？過去の相関関係を鵜呑みにすることの危険性を認識し、少なくともこれらのファクターが何であるかを尋ねてほしい。残念ながら、最近の投資アルゴリズムの多くはブラックボックス化しており、それがどのようなファクターを選んで予測したかは、プログラマーを含めて誰も知らないのである。

もちろん、予測というのは語弊がある。モデルが「予測」しているのは、過去にカーブフィット（訳注：過去のデータに合うようにモデルのパラメータを選ぶこと）しているという意味においてのみである。本当の検証は、ファクターの選択に使用されなかったデータに対して、モデルがビットコイン価格をどれだけ予測できるかということである。その答えは、ほとんどのファクターモデルと同様、過去の相関関係に基づいて選択されたファクターは、将来を予測するものとしては信頼できないということである。図5.5は2016年にこのモデルが大きな空振りに終わったことを示している。相関は−0.002とマイナスだが、ゼロに近いので意味はない。

ファマ-フレンチのファクターを含め、近年、ファクター投資が期待外れであったことは驚くには当たらない。最も重要な問題は、過去のデータに見

図5.5　ひどい予測

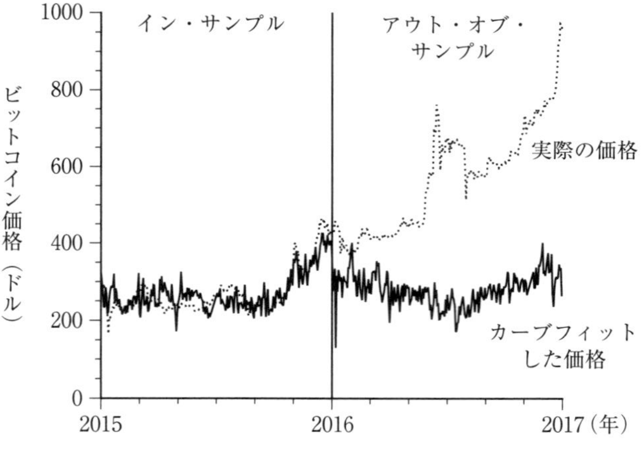

られる相関関係が意味のあるものに違いないと早合点する人が多すぎることだ。統計学者が「相関関係は因果関係ではない」といくら叫んでも、聞く耳を持たない人には聞こえないのである。

過去データを増やしても役に立たない

ファクターモデルはバリュー投資の原則を無視するものだ。株価の短期的な変化に注目し、本源的価値を無視するという点で、平均・分散モデルと似ている。モデルが失敗すると、モデルではなくデータのせいにされる。

効率的市場マニアでファクターモデルの提唱者であるファマは、株価の確率分布を推定するのは難しいと嘆いている。なぜなら、信頼できる個別株リターンのデータは1926年までしか遡れないからだと言う。これは年次データとしては100年分に満たず、日次の観測データは２万5000未満である。この期間にずっと存続している企業はほとんどないため、データセットはさらに小さくなる。

ファマの嘆きから明らかになるのは、もしもっと多くの過去データが得られれば、将来の株式リターンに関する信頼できるモデルを構築できるという根拠のない仮定である。本当か？　19世紀の株式リターンが、21世紀の株式価値を計測するのに役に立つのだろうか。バックミラーを見ても、将来を見ることはほぼできない。遠い過去の間違った対象物に向けられた望遠鏡を覗いているのであれば、なおさらである。

仮に10倍のデータがあったとしても、確率分布や帽子の中の紙切れから無作為に抽出することで株式リターンがモデル化できると仮定するのは大きな誤解を招くことを第３章で見た。

2022年のインタビューで、ファマは「ヒストリカルな平均リターン以外、何を使えばいいのかわからない」と言い切っている。そうであるならば、本源的価値分析を行ってみてはどうだろう？　過去の短期的な価格変化を使った将来の短期的な価格変化の予測に基づいて投資判断を下すのではなく、予測される企業利益と配当に基づいて本源的価値を推定してみてはどうだろうか？

データの略奪

ファクターモデルは、多くの点でテクニカル分析の部分集合となっている。テクニカル分析とは、統計的パターンに基づく売りまたは買いのシグナルを求めて、ヒストリカルデータを物色することである。何百万人もの投資家が、株式市場に勝てる公式を発見しようと膨大な時間を費やしてきた。過去は驚くほどうまく説明できるが、未来は予測できないという法則に行き当たった人がいても不思議ではない。そのようなシステムの多くは滑稽だが、人々が信じているという点では笑えない。

アナリストたちは、太陽の黒点、五大湖の水位、アスピリンや黄色い絵の具の売れ行きをモニターしてきた。末尾が５の年（1975年、1985年など）は特に相場の調子が良いと考える人もいれば、８で終わる年がベストだと主張する人もいる。ニューヨーク・タイムズ紙の金融コラムニストとして長年活躍したバートン・クレーンは、ある男性が「ニューヨーク・サン紙に掲載された漫画の“読書”をもとに、かなり成功した投資アドバイザー業を営んでいた」と報告している。『マネー』誌がかつて報じたところによると、ウォール・ストリート・ジャーナル紙を床に広げて、飼い犬のゴールデン・レトリバーの右足の最初の爪が触れた銘柄を選択する株式ブローカーが、ミネアポリスにいたという。これで投資家が集まると考えたという事実が、彼と彼の顧客について何かを物語っている。

データの大氾濫と強力なコンピュータによって、魅惑的だが役に立たないパターンを見つけるのは信じられないほど簡単になっている。現在、米国株取引の３分の１近くは、ブラックボックス化されたアルゴリズム（「アルゴ」）によって行われている。それは、経済データや非経済データ、ソーシャルメディアでのコミュニケーション、中国のお茶の価格などを漁り、株価との相関関係を探している。謎めいたブラックボックスの中に隠されていようが、アルゴリズム取引は大がかりなテクニカル分析であり、基本的な欠陥は同じである。

隠されたブラックボックスのパターンが意味を持つかどうかを見分ける方法はない。わかっているのは、発見されるのを待っている無用なパターンは実質的に無限に存在するということである。そのため、ランダムに選ばれたパターンが役に立つ可能性は限りなくゼロに近い。

心なきアルゴリズム

2017年、ホライズンズというミューチュアルファンド・グループが、MINDという魅力的なティッカーシンボルを持つアクティブAIグローバル株式ファンドを設定した。

> この投資戦略は、データ分析とパターン抽出を行う独自の適応型人工知能システムによって運用される……。このMINDの投資戦略の基礎にある機械学習プロセスは、ディープ・ニューラル・ネットワーク・ラーニングとして知られている。これは人工のニューラル・ネットワークから構成されており、パターンを認識して独自の判断を下すという人間の脳に似た機能を、人工知能システムが超高速で実現することを可能とする。

スティーブ・ホーキンス社長兼CEOは、「過信や認知的不協和といった投資家の持つバイアスに影響されやすい今日のポートフォリオ・マネージャーとは異なり、MINDには一切の感情がない」と付け加えた。

このファンドには感情がないだけでなく、知性もない。AIの専門用語で説明されようが、MINDは統計的パターンを検索するブラックボックス・アルゴリズムにすぎない。初期のリターンは期待外れだったが、ホーキンス氏は、市場を下回るリターンが将来的に市場を上回るリターンをもたらす可能性を高めていると主張した。

現在アンダーパフォームしている分、将来においてはアウトパフォームする可能性が極めて高い。

これは平均の法則の誤用である。つまり、コイン投げのたびに表が出れば、次のコインでは裏が出る可能性が高くなるという誤った考え方である。実際には、各回のコイン投げは前回のコイン投げとはまったく独立である。

人間のパフォーマンスについて語るとき、過去の失敗は意味があるかもしれないが、それだけで将来の成功の可能性が高くなるわけではない。コラムニストのマリリン・ボス・サヴァントに宛てて書かれた手紙を思い出す。

この1年間、就職の面接を何度も受けましたが、まともな仕事に就けませんでした……。ここでは平均の法則は働かないのでしょうか？

失望が何度も続くと、我々は運気が変わることを望みやすくなるのだろう。失望がいつまでも続く可能性は低いが、失敗のたびに成功の可能性が高まるわけではない。何度も不採用になる求職者は、別の仕事に応募するか、面接のテクニックを磨く必要があるのかもしれない。

同じように、ミューチュアルファンドのリターンが市場リターンを下回ったからといって、市場リターンを上回る可能性が高くなるわけではない。新しいマネージャーや新しい戦略が必要なのだろう。

図5.6は、MINDの当初のアンダーパフォーマンスが、楽観主義を正当化するものではなく、その後起こることの予兆だったことを示している。2017年の設定から2022年の春まで、MINDの投資家のリターンがマイナス10％であったのに対し、S&P 500のインデックスファンドに投資した投資家のリターンはプラス63％であった。ホライズンズはMINDを生命維持装置につないだ後、2022年５月20日にはそのプラグを抜き、ファンドを打ち切った。

図5.6　人工非知能

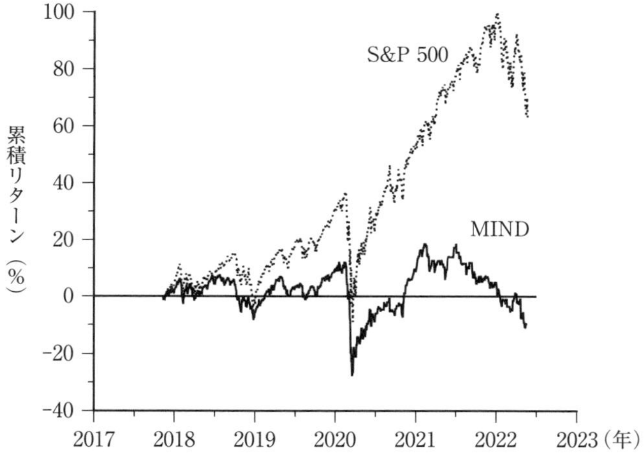

我々の意図は、この特定のファンドを非難することではない。その期待外れの歴史を利用して、手作業またはアルゴリズムによってヒストリカルデータからパターンを探すことがいかに人の気をそそるか、そして、いかに失望をもたらすことが多いかを説明することである。

再び、リスクの誤った測定と機会の創出

平均・分散分析、CAPM、ファクターモデル、ブラックボックス・アルゴリズムはいずれも短期の値動きに注目するため、投資家をバリュー投資から遠のかせる。バリュー投資家は株価の短期的な変化を予測しようとはしない。また、株価の小刻みな短期的変動の要因となり得るファクターを探すこともしない。また、株価のジグザグを予測するのに使えそうな統計的パターンを探すために、ブラックボックス化されたアルゴリズムの力を解き放とうともしない。焦点を当てるのは過去ではなく将来であり、舞い狂う株価ではなく、企業のキャッシュフローに注目する。バリュー投資家が自覚する真のリスクは、キャッシュフロー予測が過度に楽観的になってしまうことで

である。

買った直後に株価が急落することを心配する投資家は無数にいる。そのような不安のために萎縮すべきではない。価格の下落は長期的にはあまり重要ではないし、短期の値動きについて信頼できる予測を立てるのはほぼ不可能だ。

より重要なのは、株価がその本源的価値に比して高いか安いかを検討することだ。理論的にいえば、何かを売買するかどうかの判断は、その価格に依存する。同じリンゴでも、ある価格では高すぎるし、別の価格では安すぎるのである。同じことが株式についてもいえる。それがいくらかによって、同じ銘柄でも高すぎたりバーゲンだったりする。しかし、現代ポートフォリオ理論、インデックス投資、CAPM、ファクターモデル、アルゴリズム投資が実際に及ぼしている影響は、株価がその銘柄の本源的価値に対して高すぎるか、安すぎるか、あるいはちょうどよいくらいか、ということをまったく考慮していない。こうしたモデルは、実際に目の前にある株価水準よりも、将来起こり得る株価の変化に焦点を当てている。

平均・分散モデルは、現在の株価水準をまったく考慮することなく、ヒストリカルな株価変化の平均、分散、相関に注目する。インデックスファンドは、トラックしているインデックスに含まれる銘柄を機械的に購入するが、この場合も、銘柄全般または個別銘柄が割安か割高かを評価しようと試みることはない。CAPM、ファクター投資ファンド、アルゴリズム投資モデルは、市場価格と本源的価値を比較しようとはしない。それらはすべてバリュー不可知論的投資である。こうしたバリュー不可知論的投資戦略がバリュー投資家にとっての機会をもたらしてくれるのは、思いがけない幸運である。

加えて、これらのモデルはいずれもリスクを適切に測定していない。バリュー投資家は、投資先が生み出すインカムによって投資先を評価する。最も重要なリスクは、そのインカムが期待外れとなることである。バリュー投資家は、短期的な価格の不確実性にやきもきすることなく、長期的なインカムの不確実性に気を配る。次章では、そのリスクの測り方について説明する。

〈参考文献〉

Black, Fischer. 1972. Capital Market Equilibrium with Restricted Borrowing, *Journal of Business*, 45(3), 444-454.

Harvey, Campbell R., Liu, Yan, and Zhu, Heqing. 2016. ··· and the Cross-Section of Expected Returns, *Review of Financial Studies,* 29(10), 5-68.

Fama, Eugene F., and French, Kenneth R. 1993. Common Risk Factors in the Returns on Stocks and Bonds, *Journal of Financial Economics*, 33(1), 3-56.

Fama, Eugene F., and French, Kenneth R. 2004. The Capital Asset Pricing Model: Theory and Evidence, *Journal of Economic Perspectives*, 18(3), 25-46.

Fama, Eugene F., and French, Kenneth R. 2015. A Five-Factor Asset Pricing Model, *Journal of Financial Economics*, 116(1), 1-22.

Feng, Guanhao, Giglio, Stefano, and Xiu, Dacheng. 2020. Taming the Factor Zoo, *The Journal of Finance*, 75(3), 1327-1370.

Lintner, John. 1965. The Valuation of Risk Assets and the Selection of Risky Investments in Stock Portfolios and Capital Budgets, *Review of Economics and Statistics*, 47(1), 13-37.

Liu, Yukun, and Tsyvinski, Aleh. 2018. Risks and Returns of Cryptocurrency, NBER Working Paper No. 24877, August 13.

Merton, Robert C. 1973. An Intertemporal Capital Asset Pricing Model, *Econometrica*, 41(5), 867-887.

Sharpe, W. F. 1964. Capital Asset Prices: A Theory of Market Equilibrium Under Conditions of Risk, *The Journal of Finance*, 19(3), 425-442.

第 6 章

投資6.0
——現代バリュー投資

投資1.0は、株価が上がるのか下がるのかを投機的に推測する以上のものではなかった。相場操縦と投機的バブルの起こる余地が極めて大きく、実際、その両方に溢れていた。パンプ・アンド・ダンプ・スキームが横行し(しかも合法だった！)、カモや大馬鹿者が無限にいるかのようだった。

狂騒の1920年代と大暴落の後、ジョン・バー・ウィリアムズとベンジャミン・グレアムは、株価の騰落を予測するのをやめ、その代わりに企業の資産、利益、配当に焦点を当てるべきだという投資2.0（バリュー投資）の説得力ある主張によって、株式分析に革命を起こした。株式の本源的価値とは、例えば配当、フリーキャッシュフロー、経済的付加価値によって測定される、その企業のインカムの現在価値である。価格予測に惑わされないために、バリュー投資家は株式を永遠に保有すると仮定することができる。それによって、将来の価格は重要ではなくなる。しかし、こうしたオリジナルなバリュー投資アプローチは、株式から得られる将来のインカムは不確実であるため、株式はリスクが高いという現実にほとんど注意を払っていない。

投資3.0（平均・分散分析）は、株式投資のリスクを測るために短期リターンの標準偏差を使うことを提案するものである。短期リターンのボラティリティは主に株価のボラティリティに依存するため、平均・分散分析は、株式によるインカムから短期の価格変動へと関心を逸らせるという残念な結果をもたらすことになった。平均・分散分析においてリスクが高いと見なされるのは、株価が大きく変動する銘柄である。

投資4.0では効率的市場仮説が導入された。これによって様々な運用戦略のリスクを評価しようと、平均・分散分析に基づく分析がなされるようになったが、それによって再び、本源的価値から株価の短期のボラティリティへと関心が逸らされることになった。短期的な価格ボラティリティを考慮した上で、アクティブ運用のミューチュアルファンドが市場に勝てなかったことが、インデックスファンドの成長につながった。

投資5.0では、CAPM、ファクターモデル、アルゴリズム取引が追加されたが、これらもすべて株価の短期的変動に焦点を当てている。平均・分散分析、インデックス投資、CAPM、ファクターモデル、コンピュータ・アルゴリズムはすべて、バリュー不可知論的な戦略であり、バリュー投資の知見を無視し、台無しにしている。これらの戦略はいずれも、本源的価値と市場価格を比較することはおろか、本源的価値を推定しようともしない。

このような考え方の奇妙な点は、もしある企業が非公開で株式を上場していなければ、潜在的な買い手はその企業の市場価格の短期的な変動を考えようとはしないだろうことである。購入する際の提示価格が効率的市場の適正価格であると想定することもないだろう。CAPMやファクターモデル、コンピュータ・アルゴリズムを使って、その会社を買うかどうかを判断することもないだろう。潜在的な買い手が注目するのは、バリュー投資家が上場企業について注目するものと同じもの、つまり会社の資産と利益になるはずだ。

また、非公開企業の潜在的な買い手は、短期的な価格変動の標準偏差を使ってリスクを測ることもない。その代わりに、企業の長期的な収益性を予測し、その予測にどれだけの確信が持てるかを真剣に考えるのである。

我々は、株式投資の真の価値と真のリスクを評価する、これと似たアプローチが登場すべき好機が到来したと考えている。現代バリュー投資アプローチ、すなわち投資6.0は、バリュー投資の知見に立ち返り、株価の短期の変動ではなく、キャッシュフローの不確実性によってリスクを測定するものである。

平均・分散分析、CAPM、ファクターモデルはすべて、株価が上昇したり下落したりする理由、株価の変動が大きかったり小さかったりする理由、株価同士の相関が高かったり低かったりする理由を説明しようとはしない。このアプローチは、まさにミスター・マーケットが帽子から数字を取り出すようなものだ。

価格変動を説明する構造モデルがなければ、投資家は必然的にヒストリカルな平均値、標準偏差、相関係数に頼らざるを得なくなる。そして、過去の価格変動は将来の価格変動の信頼できる指針にはならないという現実によって、その努力の価値は大きく損なわれることになる。

バリュー投資家ならば、企業の売上、費用、利益、配当、およびその他の関連する財務データを予測するために、妥当性の高いフォワードルッキングなモデルを使用できる。その予測は絶対の信頼を置けるものではないが、不確実性を測るための構造的な枠組みを提供する。バリュー投資家は、例えば製品需要、市場シェア、コストなどについて、それらがとり得る値のレンジを想定するだろう。なぜなら、それらは非公開企業の買収を検討する投資家にとって重要な不確実性であり、したがって上場企業の株式購入を検討する投資家にとっても重要な不確実性だからである。

より望ましいリスク指標

バリュー投資のアプローチから示唆されるのは、資産価格の短期の不確実性ではなく、資産から得られるインカムの長期の不確実性こそが優れたリスク指標だということである。投資家は過去ではなく将来を指向して、投資からのインカムとその不確実性を推定すべきである。

簡単な例として、第2章で取り挙げたJBWの定率配当成長の式を用いて、長期の投資期間におけるリスクを評価する。

$$V=\frac{D}{R-g} \tag{6.1}$$

ジョン・バー・ウィリアムズは将来の配当を用いたので我々もそれに従うが、すでに述べた通り、配当に自社株買いを加えたものや、フリーキャッシュフロー、経済的付加価値を用いてもよい。

ここでは年次の数値を用いることとして、配当額を3ドル、要求リターンを8％、配当成長率を5％と仮定する。このとき、以下のように本源的価値は100ドルである。

$$V=\frac{\$3}{0.08-0.05}=\$100$$

この式のどの要素に不確実性があるのだろうか？　ここでの要求リターンRは、米国債の現在の金利に依存するが、これは我々がバリュエーション分析を行う時点で既知の値である。一般に、次回の配当についてはほとんど不確実性がないが、配当の成長率についてはかなりの不確実性がある。したがって、株式の本源的価値の不確実性は、そのほとんどが将来の配当（または、配当以外の定義によるキャッシュフロー）の不確実性である。JBWの定率配当成長モデルでは、将来の配当に関する不確実性は、配当成長率gの値に関する不確実性によって表現される。

例えば、最も可能性の高い長期平均配当成長率は５％だが、その値が４％（またはそれ未満）になる可能性が10％あると考えるとする。その場合、以下のように本源的価値は75ドル（またはそれ未満）に低下する。

$$V=\frac{\$3}{0.08-0.04}=\$75$$

この仮定では、75ドルで株式を購入した投資家は、100ドルでは払いすぎとなる確率が10％あると考えていることになる。

バリュー投資家にとっての不確実性は、購入した後の株価の変動とは無関係であることに注意しよう。ウォーレン・バフェットがかつて忠告したように、「次の日に市場が閉鎖され、５年間は再開されないかもしれないという前提で買う」のである。バリュー投資家にとって重要な不確実性は、将来のインカムが購入価格を正当化するのに十分かどうかということである。ある銘柄を見て、過去にその株価がどうだったかや、将来の株価がどうなるかを考えないのは至難の業だが、そうした至難の業こそ、バリュー投資家が挑戦すべきことである。第２章で述べたように、バリュー投資には規律が必要なのである。

図6.1　将来の配当に関する不確実性のモデル化

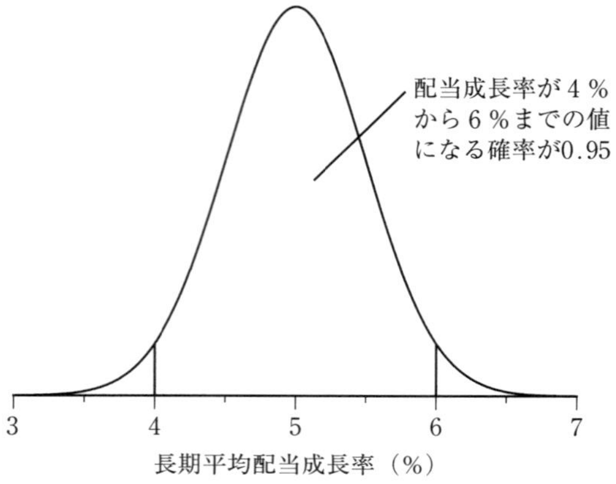

配当成長率の確率分布を使えば、不確実性をより洗練された形で記述することができる。これを説明するために、図6.1のような正規分布を考えてみよう。成長率の期待値は５％で、標準偏差は0.5％である。正規分布の２標準偏差ルールを用いると、投資家は長期成長率が95％の確率で４～６％のいずれかの値になると考えていることになる。さらに投資家は、長期成長率が３％以下または７％以上になる可能性はないとすることで、極端な値を除外してもよい。

繰り返しになるが、我々が記述しているのは将来に関する不確実性だということに注意しよう。予測のための情報として、ヒストリカルな配当データを使うことはあるかもしれないが、過去の配当の数字で埋め尽くされた帽子から無作為に取り出したものが将来の配当だと単純に仮定するわけではない。

図6.2は、このモデルから導かれる本源的価値Vの確率分布を示している（この分布はコンピュータ・シミュレーションを用いて得た）。この確率分布は、中央値が100ドル、平均値が103ドルと、やや右に歪んでいる。この価値が80ドル未満である確率は約７％であり、この投資家が80ドルで株式を購入できる場合、払いすぎている可能性は７％しかないと考えていると解釈できる。

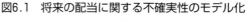

図6.2　株式の本源的価値に関する不確実性

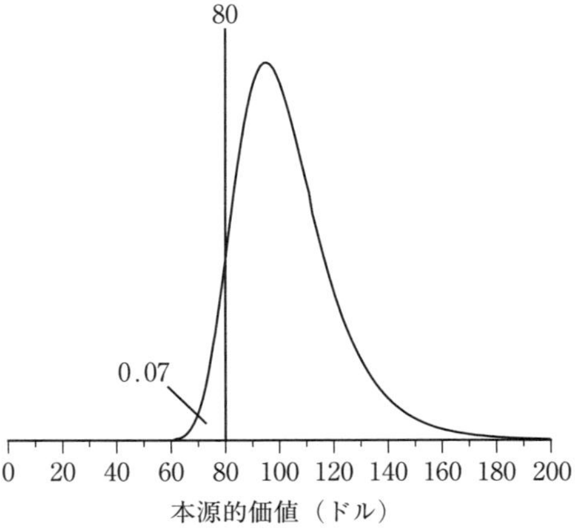

これは、グレアムの安全余裕度（第3章に既述）の簡単な数値化である。

この不確実性を記述するもう1つの方法は、次のように、本源的価値Vと市場価格Pの差の割合であるバリュー余剰（value surplus）VSを計算するというものである。

$$VS = 100\left(\frac{V-P}{P}\right) \tag{6.2}$$

バリュー投資家は、バリュー余剰がプラスで、大きければ大きいほどその銘柄に魅力を感じるはずである。本源的価値と市場価格の差の金額ではなく、バリュー余剰を使うことの利点は、それが比率で表されているところにある。本源的価値が30ドルで市場価格が20ドルの銘柄は、本源的価値が220ドルで市場価格が200ドルの銘柄より魅力的である。なぜなら、バリュー余剰は前者が50％、後者が10％だからである。

2023年春、我々がとても尊敬するあるバリュー投資家が、シスコの市場価格45ドルに対して本源的価値を55ドル、ハネウェルの市場価格180ドルに対して本源的価値を195ドルと見積もっていた。どちらの銘柄により大きなバリュー余剰があっただろうか？　ハネウェルの方が本源的価値と市場価格の差が大きかった（15ドル対10ドル）にもかかわらず、バリュー余剰はシスコの方が大きかった。

$$シスコのVS = 100\left(\frac{\$55 - \$45}{\$45}\right) = 22.2\%$$

$$ハネウェルのVS = 100\left(\frac{\$195 - \$180}{\$180}\right) = 8.3\%$$

前述の図6.2で示した例について、バリュー余剰の確率分布を図6.3に示した。ここで、横軸は、本源的価値の金額ではなくバリュー余剰を比率で示してある。市場価格が80ドルの場合、バリュー余剰がマイナスになる確率は0.07である。バリュー余剰の確率分布の平均は29%、中央値は24%である。

バリュー余剰は、本源的価値 V と市場価格 P の両方に依存する。典型的なことだが、投資家が株式を購入した後に市場価格が下落した場合、その株式は悪い投資であったと考え、価格がさらに下落する前に売却したくなるものである。しかし、本源的価値が下落していなければ（あるいは価格よりも下

図6.3　株式のバリュー余剰に関する不確実性

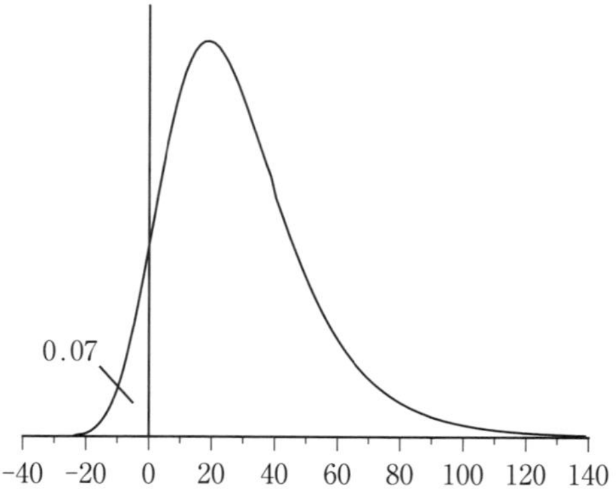

落幅が小さければ)、バリュー余剰は実際には増加し、その株式はより魅力的になる。もっと一般的にいえば、平均・分散分析は株価のボラティリティによってリスクを測定するが、バリュー投資家は、株価の変動が収益性の高い売買機会を生み出す可能性があるため、株価の変動を受け入れられるということである。

バリュー余剰モデルは、従来の投資アプローチとは大きく異なるため、この点を繰り返し説明する。バリュー余剰モデルは、ジョン・バー・ウィリアムズに倣って、短期的にも長期的にも将来の株価を予測しようとはしない。あなたが支払う価格以上の価値のある資産を買えるとしたら、それは金融取引として魅力のある条件が提示されているのだと考えるのである。

平均・分散モデルとCAPMでは、リスクは価格の短期的ボラティリティで測定し、株価がなぜ変動するのかを説明しようとはしない。バリュー余剰モデルでは、リスクは将来のキャッシュフローの予測不可能性から生じ、バリュー余剰の不確実性によって測定される。そして、このバリュー余剰の不確実性は見積もることが可能である。

最近の実例として、2021年末のメタ（旧フェイスブック）のケースを考えてみよう。当時の最も重要なリスクは、メタのベータが平均を上回り、株式市場が暴落する可能性があることではなく、メタの将来のキャッシュフローが競争や規制、その他の要因によって危険にさらされる可能性があることだった。結果的に、メタのインカムや１株当たり利益は2022年に急落し、将来の成長予測も崩れた。メタの本源的価値は暴落し、株価も下落した。

また、エクソンのような、経営のしっかりした大手の石油・天然ガス会社を考えてみよう。長期投資家にとっての最大のリスクは、日々の株価が乱高下することではなく、より効率的な技術の開発や代替エネルギーへのシフトにより、石油・天然ガス価格が長期的に下落することである。本質的な不確実性とは、投資家の気分が短期的に変動することではなく、その会社の製品が市場においてどのような長期的トレンドを持つかということである。同じことがほとんどの企業についていえる。アップル、グーグル、スターバックス、ホームデポ、ネットフリックスの購入を考えている投資家は、過去何年かの日々の株価変動の標準偏差ではなく、その会社の利益の源泉と、その利益に対する長期的な脅威の可能性について考えるべきなのである。

バリュー余剰アプローチによる分散投資

投資家は、銘柄を１つずつ評価し、バリュー余剰が最も大きい銘柄群を購入しようという誘惑に駆られるものである。しかし、払いすぎのリスクは、⑴魅力的なバリュー余剰を持ち、⑵配当成長率の相関が弱いか、相関のない銘柄をいくつか購入すれば、軽減できる。図6.4は、図6.3の銘柄のバリュー余剰の分布と、この銘柄と同条件だが配当成長率同士が無相関の銘柄に50対50で投資した場合のバリュー余剰の分布を比較したものである。分散投資はバリュー余剰の平均値には影響を与えないが、ポートフォリオのバリュー余剰がマイナスになる確率を0.07から0.01に低下させている。

また、リスク低減の度合いは２つの配当成長率の相関に依存することを示

図6.4　無相関の成長率を持つ２銘柄に50対50で投資するとリスクが低下する

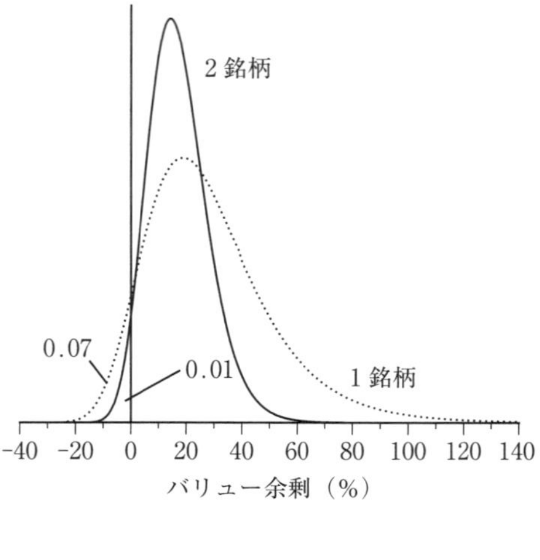

すこともできる（ここでは割愛）。相関が低ければそれだけ、ポートフォリオのバリュー余剰がマイナスになる可能性は低くなる。ここで、明確に理解すべき違いがある。それは、バリュー投資家が分散投資を考える場合に重要なのは、短期の価格変動に相関があるかどうかではなく、長期的なキャッシュフローに相関があるかどうかだということである。

また、第３章の図3.3のような平均・分散のグラフを、バリュー投資家向けに描くこともできる。第３章との決定的な違いは、標準的なポートフォリオ理論が短期リターンの平均と標準偏差を見るのに対して、バリュー投資家はバリュー余剰の平均と標準偏差を見る点である。図6.5は、表6.1にまとめた２銘柄の例である。

「１」および「２」と書かれた点は、どちらかの銘柄に100％投資した場合のバリュー余剰の平均と標準偏差である。曲線は、両方の銘柄に投資することで、バリュー余剰の標準偏差がどのように低下するかを示している。多くのポートフォリオは、どちらか一方の銘柄に集中して投資するよりもリスク

図6.5　ポートフォリオのバリュー余剰に関する平均と標準偏差のトレードオフ

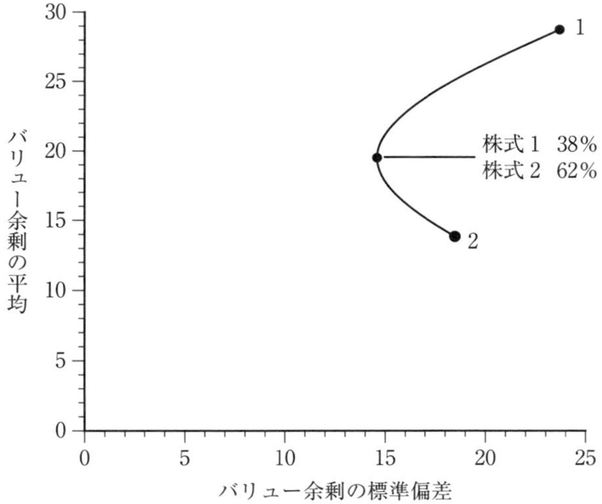

表6.1　図6.5で使用した想定株式パラメータ

	株式 1	株式 2
配当D	3	5
平均配当成長率g	0.05	0.03
gの標準偏差	0.005	0.008
gの最小値	0.03	0.01
gの最大値	0.07	0.05
２つの成長率の相関係数	0.00	0.00
要求リターンR	0.08	0.08
市場価格P	80	90
バリュー余剰VSの平均	28.79	13.87
VSの標準偏差	23.68	18.49

が小さいことは注目に値する。最も標準偏差の小さいポートフォリオは、株式１の比率が38%、株式２の比率が62%である。

図6.5は、リスクを測るために標準偏差を使うという点で、現代ポートフォリオ理論に従ったものだが、これとは別の合理的な方法によるものが図6.6である。これは、ポートフォリオのバリュー余剰がマイナスになる確率でリスクを測ったものである。株式１はバリュー余剰の標準偏差は大きいが、平均値が十分に高いため、バリュー余剰がマイナスになる確率が低いことに注目しよう。これは、投資家にとって重要なリスクの指標として、標準偏差がいかに誤解を招きやすいかを示す具体例である。バリュー余剰がその期待値を大きく上回る確率が高ければ、標準偏差は大きくなるが、好ましい結果をもたらす可能性も高くなる。

バリュー余剰がマイナスとなる確率をリスクとして用いると、最小リスク・ポートフォリオは株式１が64%、株式２が36%となる。最小標準偏差ポートフォリオが株式２に62%投資するのに対して、最小確率ポートフォリオは株式１に64%投資していることに注目しよう。これは、標準偏差がリス

図6.6　ポートフォリオのバリュー余剰に関する平均と確率のトレードオフ

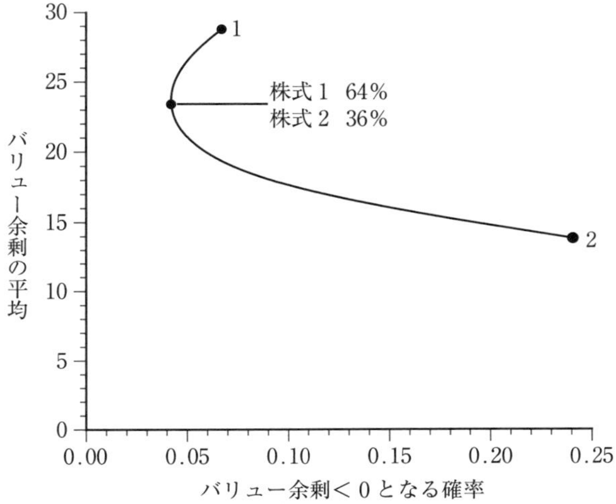

クの指標として一義的に優れているわけではないことを示す具体例である。

バリュー余剰アプローチの意味

バリュー投資家は、株価が上がるか下がるかを予測しようとはせず、本質的には無限の投資期間にわたる予測キャッシュフローを割り引くことによって株式の本源的価値を推定する。彼らの分析における不確実性は、目先の価格変動の予測不可能性ではなく、将来のキャッシュフローの予測が不完全であることから生じる。

将来のキャッシュフローの確率分布を事前に特定しておけば、それを用いて本源的価値やバリュー余剰の分布を決定できる。マイナスのバリュー余剰は、市場価格が本源的価値より高いことを意味する。したがって、バリュー余剰がマイナスになる確率が、有力なリスク指標となる。多変量確率分布（平均・分散分析における共分散に対応）を通じて、複数の投資から生じるキャッシュフローに関する不確実性が影響を受け合う場合、様々な代替的ポートフォリオ群のリスクは、ポートフォリオのバリュー余剰がマイナスになる確率によって評価できる。

バリュー投資家は、公益企業（NRGエナジーなど）、コングロマリット（ユニリーバなど）、支配力のあるブランド（コカ・コーラなど）のように、キャッシュフローの安定性が高い企業に惹かれるのが自然である。理想的な銘柄は、キャッシュフローが安定的で、市場価格が本源的価値を大幅に下回るものだ。バリュー投資家が価格ボラティリティを歓迎するのは、それによって損失の刈り取り（訳注：第３章参照）や自分に有利な取引ができる可能性が生じるからである。

平均・分散分析と資本資産価格モデルは、分散投資の価値や資産リターン間の相関関係の重要性など、そのエレガントな数学と説得力のある知見により、正当な評価を得ている。しかし、これらはバリュー不可知論的な戦略であり、バリュー投資の知見を無視し、反故にしている。さらに悪いことに、それらは短期的な市場価格の変動によってリスクを測っている。

この着眼点のズレは、株式の個別銘柄の選択をねじ曲げているばかりか、株式と債券のアロケーションにもひずみを生じさせている。

プリベントディフェンスが優れた投資戦略になることはめったにない

アメリカンフットボールのコーチは、試合終了間際にわずかなリードがあり、相手チームがフィールドゴールやタッチダウンを決めて逆転されるのを防ぎたいとき、チームを「プリベントディフェンス」（訳注：アメリカンフットボールで、ゲーム終盤にリードを守るために採用される保守的なディフェンス作戦）モードにすることで悪名高い。例えば、残り１分で６点リード、相手チームは自陣20ヤードライン上、決勝点のタッチダウンまで80ヤードの地点にいるとする。プリベントディフェンス戦略では、５人、６人、あるいは７

人のディフェンシブバックを使ってロングパスをガードする。

これがうまくいくこともあるが、うまくいかないことも多い。相手チームが短いパス（あるいはランニングプレー）を素早くつないで決め、試合に勝つことがあるのだ。皮肉屋に言わせれば、プリベントディフェンスで防げるのは試合に勝つことだけだという。

今日の投資戦略の多くは、このプリベントディフェンスを想起させる。つまり、短期では一見すると安全なようで、長期では割に合わない戦略が多いのである。例えば、60／40ポートフォリオは長い間、株式の潜在的な価格上昇と債券価格の相対的な安定のバランスをとる思慮深い戦略だと考えられてきた。この戦略は、多くの投資家が気にしないはずの短期の価格ボラティリティを抑えるために低リターンの債券に多額の資金を投資することで、実際には長期的なポートフォリオのリターンを毀損する可能性があることは第3章で示した。

ターゲット・デート戦略とエイジ・イン・ボンド戦略もこれと同様の考え方に基づいており、抱えている欠陥も同じである。ターゲット・デート戦略は、目標とする退職日を選択し、その日が近づくにつれて株式から債券にシフトする。例えば、ゲイリーの勤め先が提供する退職プランのデフォルトの投資オプションはバンガードのターゲット・ファンドで、投資家が40歳になるまで90％を株式に、10％を債券に投資する。その後は30年かけて株式30％、債券70％まで徐々にシフトし、それ以降は30／70にとどまる。エイジ・イン・ボンド戦略も同じようなもので、40歳ならば債券40％、60歳ならば債券60％とするものである。

図6.7は、バンガード・ターゲット・ファンドとエイジ・イン・ボンド・プランについて、様々な年齢における株式投資比率を示している。株式の構成割合の平均はターゲット戦略で66％、エイジ戦略で50％である。

60／40ルールと同様に、これらの戦略の動機は、短期のボラティリティを緩和するために債券に投資しつつ、株式から高いリターンを享受することである。しかし、短期的なボラティリティを抑えることは、アメリカンフット

図6.7　ターゲット戦略、エイジ戦略、60／40戦略

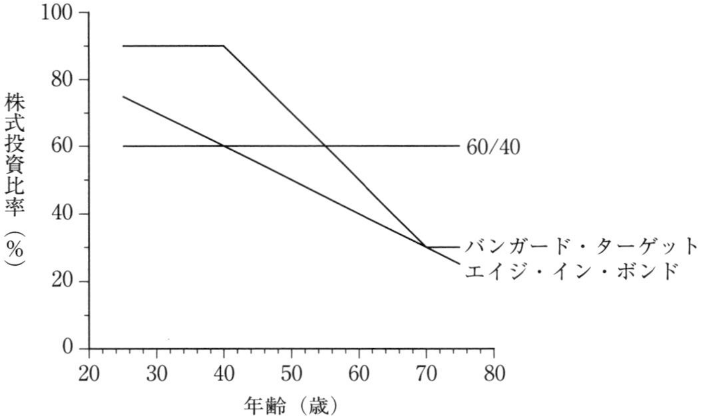

ボールのプリベントディフェンスのようなものである。それは、長期の成功を犠牲にして短期の安全性を追求することに他ならない。

選択肢を広げておく

プリベントディフェンスは、発展途上国の女性がなぜ多くの子どもを産むのかについて、かつて聞いた議論を思い起こさせる。マサチューセッツ工科大学（MIT）の博士号を持つある経済学者によれば、途上国のほとんどの家庭では、少なくとも１人の男の子を持つことが極めて重視されているという。もし女の子と男の子が、家族内の他の子どもたちの性別とは関係なく等しい確率で生まれるとすれば、女性が少なくとも１人の男の子を99%の確率でほぼ確実に得るためには、計算上、７人の子どもを産まなければならない。さて、あなたはこの議論に納得できるだろうか？

たしかに、もし第一子が生まれる前にあらかじめ子どもの数を決めておかなければならないとしたら、母親は、99%の確率で少なくとも１人の男の子が含まれるように、子どもを７人産もうとするだろう。しかし、７人の子ども全員が一度に生まれるわけではない。この家族はすでに生まれた子どもを

見てから、さらに子どもをつくるかどうかを決めればよい。最初の子どもが男の子だった場合、その家族はそれ以上はやめることができる。さらに6人の子どもをつくる必要などないのである。

仮に、どの親も息子を1人持つことにしか関心がなく、男の子が生まれるまでは子を産み続け、その後は産まないとしよう。そうすると、半数の家庭には息子1人がいることになる。4分の1は、女の子と男の子の2人の子どもがおり、8分の1は3人の子ども、つまり女の子2人と男の子1人がいる。平均的な家庭の子どもの数は7人ではなく、2人であることは数学的に証明できる。そればかりか、どの家庭にも男の子がちょうど1人いるので、女の子の総数は男の子の総数と等しくなる。女の子と男の子の生まれやすさが等しい限り、それは理にかなっている。

同じように、株式相場がいつかは下がるかもしれないという可能性に基づいて、残りの人生を極端に保守的な投資戦略にコミットするのは、理にかなっているとはいえない。優れたリターンを期待して投資し、株価下落が問題になったときにより保守的な戦略にシフトする方が、より合理性が高い。

もっともっと詳しく

ターゲット・リターン戦略や年齢分だけ債券に投資する戦略には、1つの戦略が誰にでも適合するという誤った想定がある。我々はそうは思わない。十分な情報を得た上で作られたプランが、個人ごとの状況を踏まえたものになるのは明らかだ。リタイアする予定のない人と50歳でリタイアする人では、状況が大きく異なる。住宅ローンを完済した人と、賃貸住宅に住んでいる人、あるいはまだ住宅ローンを支払い続けている人とでは、やはり状況が異なる。ニューヨークに住んでいる人もいれば、インディアナポリスに住んでいる人もいる。多額の配当収入を生み出す莫大な株式ポートフォリオを築き上げた人もいれば、事実上退職後の蓄えがない人もいる。

さらに、多くの人が親族、母校、礼拝所、あるいは希望する慈善団体にかなりの額の遺贈を計画している。遺贈を計画に入れておけば、支出と富のクッションが得られたことになる。もし投資がうまくいけば、遺贈は計画していたよりも大きくなるだろう。投資がうまくいかなければ、支出を減らすか、遺贈を削るという選択肢がある。「安全」とされる低リターンの投資を選択することが最良の選択であることはめったにない。

我々には50歳の親族がいるが、その給与は生活費を賄って余りあり、今後何年も働き続けるつもりがある。また、株式ポートフォリオからかなりのインカムを得ているほか、いずれは社会保障給付を受け取ることになる。債券が50％もあるポートフォリオでは、最終的な遺贈額が大きく減る可能性が高く、長生きしすぎて財産を使い果たしてしまう可能性も低くなるどころか、かえって高くなる。時間が経って60歳、70歳、80歳になり、債券を60％、70％、80％に切り替えていくにつれて、そのコストはさらに高くなる。株式を売却する差し迫った必要性がないのであれば、多額のキャッシュや低金利の債券を保有する必要はない。ましてや、年齢を重ねるにつれてそれを増やす必要もない。

もちろん、株式のみのポートフォリオでは純粋に高リスクな状況もある。例えば、60日後に住宅の頭金を支払うためのキャッシュが必要な場合などである。しかし、ありきたりな60／40やターゲット・リタイアメント（訳注：退職に向けたターゲット・デート戦略）、あるいはエイジ・イン・ボンド戦略は、ほとんどの人とは言わないまでも、多くの人にとって悪いアイデアであることは間違いない。

このような戦略が歴史的にどのような推移を辿ってきたのか確認しよう。退職年金から必要最低引き出し額（RMD）の引き出しを開始しなければならない年齢は現在、73歳である。この年齢は平均寿命が延びるにつれて、将来さらに引き上げられる可能性が高い。そこで、25歳からの50年間、75歳まで毎月、退職ファンドを通じて株式や債券に投資することを考える。毎月の投資額は当初100ドルで、毎年５％ずつ増加すると仮定したが、結果は容易に一般化できる。

大暴落の数年前の1926年１月までヒストリカルデータを遡って、すべての可能なスタート日についてその後の経過を調べた。株式の場合、最悪のスタート日は1929年９月だったが、それでも最初の100ドルは50年後には3190ドルに成長し、これは年率7.2％のリターンとなる。50年間の株式投資を開始するのに最適な月は1949年７月で、100ドルは６万8740ドルに成長し、これは年率14.0％のリターンである。50年間のリターンの平均は11.2％だった。一方、米国債の50年リターンは2.5～8.4％で、平均は5.9％だった（100ドルは1771ドルに成長する）。おわかりいただけると思うが、最悪の株式市場の結果（3190ドル）は、平均的な債券の結果（1771ドル）より80％も良かったのである。

債券のヒストリカルパフォーマンスが期待外れであったことが、プリベントディフェンス・ポートフォリオ戦略の足を引っ張ってきた。図6.8は、毎月貯蓄をする人にとって株式100％戦略がプリベントディフェンス戦略を上回った頻度を、１ヵ月から50年までのすべての投資期間について示したもの

図6.8　プリベントディフェンス投資戦略は普通は競争に負ける

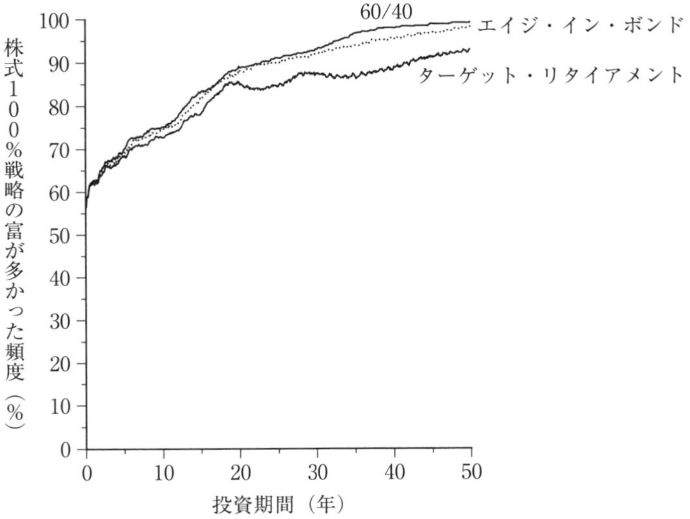

である。投資期間30年では、株式100％戦略は、ターゲット・リタイアメント戦略、エイジ・イン・ボンド戦略、60／40戦略にそれぞれ88％、92％、93％の確率で勝っていた。投資期間50年では、株式100％戦略が93％、98％、99％の確率で勝っている。投資期間が長ければ長いほど、全額株式が勝者の戦略であったことがより確実となる。

それがいかほど重要なのだろうか？　大いに重要なのだ。図6.9は、50年までの様々な期間についての貯蓄家の資産の平均額を示している。株式100％戦略では、50年後に平均413万ドルを手にしたのに対し、最も成功したプリベントディフェンス戦略では267万ドルであった。

過去は未来を保証するものではない。実際、バリュー投資の考え方の要点は、過去ではなく未来を考えることである。時間軸を後ろ向きではなく前向きで見ることによって株式と債券を比較すれば、株式が長期的な投資対象として優れているように見えることが多い。それは過去においても正しかったことである。

2023年２月、我々はまさにそれを実践した。30年物国債の利回りは3.75％、S&P 500の配当＋自社株買いの利回りは4.47％だった。配当＋自社株買いが長期的に増加するとすれば（増加するに違いないが）、株式からの長

図6.9　全額株式投資戦略はプリベントディフェンス戦略に打ち勝った

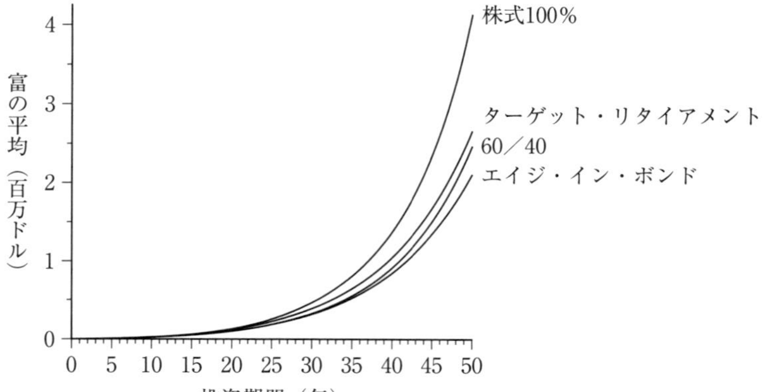

期リターンは4.47%よりも高くなる。おそらくその上昇幅はかなり大きいだろう。経済と企業の投資家への分配が５%成長すれば、株式からの長期リターンはこれまでと同様に２桁近くになるだろう。

短期的な価格ボラティリティをほとんど無視できる（あるいは損失の刈り取りや自分に有利な取引で利益を得ることさえできる）長期投資家にとって、プリベントディフェンス投資戦略で勝利以外の何かをなぜ避けられるのかは、理解不能である。

より説得力の強い戦略は、株式の魅力をバリュー余剰で測り、リスクを投資が生み出す将来のキャッシュフローの不確実性で測る、投資6.0のバリュー余剰アプローチである。

次章では、具体的なケーススタディの分析を行う。

第 7 章

ケーススタディ
——株式

この章では、投資6.0のバリュー余剰アプローチによる銘柄選択を説明する。具体的には、2023年1月17日におけるアップルとJPモルガン・チェースへの投資を詳しく検討していく。

アップルとはもちろん、iPhone、iPad、iMac、そしてアップル愛に溢れる忠実な顧客を膨大に持つ会社のことである。この原稿を書いている2023年現在、アップルはフォーチュン誌が毎年発表する「世界で最も賞賛される企業」ランキングで16年連続1位を獲得している。アップルが1位であることはほとんどニュースにならず、ニュースになるのは1位でなくなったときだろう。アップルはまさにキャッシュカウ（訳注：金を生む牛の意で収益性の高い企業を表す）の典型だ。過去3年間の平均総資産利益率は20％、平均株主資本利益率は93％だった。そのキャッシュの蓄えと収益性の強固さは、将来の配当と自社株買いにとって良い兆候である。

JPモルガン・チェースは、多角的な金融サービスを提供する大企業である（簡単のため、同社をJPMというティッカーシンボルで呼ぶことにする）。JPMは資産規模が米国最大の銀行であり、世界5位である。時価総額では世界最大の銀行である。JPMの利益は莫大だが、変動も大きい。他の銀行と同様、一方で借り入れをして、他方では融資をしているので、その結果レバレッジが高いからである。次に挙げるのは銀行のバランスシートの要約である。

資産（億ドル）		負債（億ドル）	
キャッシュ	40	預　金	900
貸出金	960	純資産	100
合　計	1000	合　計	1000

この仮想的な銀行は、総資産が純資産の10倍なので、10対1のレバレッジがかかっている。これは、資産価値が1％変動すると純資産が10％変動することを意味する。例えば、20億ドルの貸し倒れが発生したとしよう。資産価値は2％減少するが、銀行の純資産は100億ドルから80億ドルへと20％減少

する。

資産（億ドル）		負債（億ドル）	
キャッシュ	40	預　金	900
貸出金	940	純資産	80
合　計	980	合　計	980

純資産への影響を増幅させるのは、貸し倒れだけではない。銀行の収入や支出の変化、資産や負債の市場価値の変化も同様の影響を及ぼす。

JPMはこうしたリスクをうまく管理しているが、それでもリスクは大きく、アップルが直面するリスクともまったく異なる。フォーチュン誌が毎年発表する「最も賞賛される企業」ランキングで、JPMは過去５年間、毎年トップ10入りしている。我々がこの２社を選んだのは、まったく異なる業界で、それぞれ高いレピュテーションを持つ企業だからである。

投資1.0のアプローチ

投資1.0のアプローチは、この２つの株価が次にどちらに向かって動くかを予測することに重点を置く。テクニカルアナリストは、図7.1に示したようなJPMの株価チャートを検討するかもしれない。このチャートには、日次株価とともに、過去50日間の平均株価と過去200日間の平均株価の２つの移動平均線が表示されている。50日移動平均線がクロスして200日移動平均線を上回ると、ゴールデンクロスと呼ばれ、テクニカルアナリストにとって非常に強気なシグナルとなる。図7.1のように、50日平均線がクロスして200日平均線を下回ると、デスクロスと呼ばれ、非常に弱気なシグナルである。残念ながら、どちらの予測指標も信頼できるものではない。株価の短期的な変化を予測する他の予測指標も同様である。

バリュー投資のアプローチはまったく異なるが、バリュー投資家がアップルとJPMをどう評価するのかを見る前に、長らく用いられてきた他の代替的

図7.1　JPMの株価と２本の移動平均線

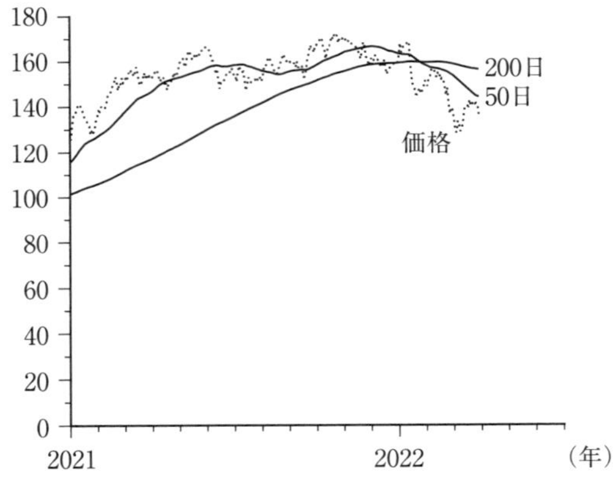

なアプローチを取り挙げておこう。

投資3.0のアプローチ

投資3.0のアプローチは、平均・分散分析（あるいは、現代ポートフォリオ理論）である。この２銘柄のみに注目した平均・分散投資家は、ヒストリカルデータを使ってリターンの平均と標準偏差、そして２銘柄のリターン同士の相関係数を推定するだろう。ペンシルベニア大学のウォートン・リサーチ・データ・サービシズ（WRDS）は、株式分析のための豊富なデータを提供しており、我々は正確なヒストリカルデータを見つけるために、WRDSを利用することがよくある。WRDSには「エフィシエント・フロンティア」と呼ばれる製品もあるが、これはヒストリカルな平均値、標準偏差、相関係数、および「対応する効率的フロンティア……（そして）最小分散ポートフォリオ」を計算するものである。2012年以降の月次データを使うと、このプログラムは図7.2のようなフロンティアを報告した。このとき、最小リスク・ポートフォリオはアップルが40％、JPMは60％である。リスクをもっと取りたいという投資家は、アップルを40％より多く保有するかもしれない。

図7.2　WRDSによる効率的フロンティア

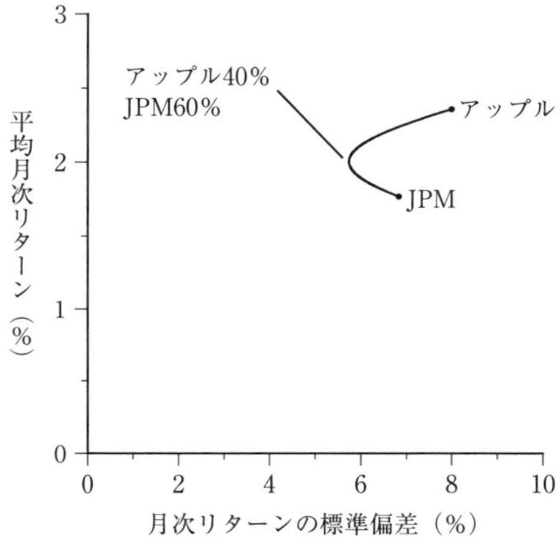

このアプローチの重大な問題点は、過去の平均、標準偏差、相関係数が将来のパフォーマンスの指針としては信頼性に欠けることである。バリュー投資家もこのアプローチを否定するが、それはこのアプローチが、バリュー分析とはまったく無関係な短期的な価格の振れでリスクを測っているからである。

SVBの破綻

2023年、全米16位の銀行だったシリコンバレー銀行（SVB）が破綻したことは、短期の株価変動と銀行が直面する本当のリスクの違いを示す良い例である。SVBは長い間シリコンバレーのスタートアップ界隈では不可欠な存在であり、ベンチャーキャピタルの支援を受けた企業に資金を貸し出し、その営業キャッシュを銀行預金として保有していた。明らかなリスクは、借り手が破綻して返済不能に陥ることである。

それほど明白ではないリスクもある。SVBが長期債への多額の投資を短期預金で賄ったことである。そして、金利が上昇すれば債券価格は下落する。つまり、SVBは金利がそれほど上昇しないというリスクの高い賭けをしていたのである。

SVBにとって不運なことに、インフレ率は2021年の1.4％から2022年には7.5％に上昇し、連邦準備制度理事会（FRB）はインフレを減速させるために2022年春から利上げを開始した。金利が上昇するにつれて、SVBの長期債の市場価値は下落していった。SVBはほとんどの債券を時価ではなく額面価額で評価することで、支払能力を維持できているかのような錯覚を抱かせようとしたが、勘の鋭いシリコンバレーの預金者はこの会計のトリックを見抜いた。預金は25万ドルまでしか保証されないため、数百億ドルもの預金が引き出されることになり、SVBは引き出しに対応するため債券の一部売却を強いられて18億ドルの損失を出した。次のドミノは、神経質な投資家がSVBの株式から逃げ出したことである。株価は2023年３月９日木曜日に60％下落し、金曜日の市場が開くまでにさらに65％下落した。その日のうちに米連邦預金保険公社（FDIC）はSVBを閉鎖した。

JPMのように経営のしっかりした銀行は、金利の変動からバランスシートを守ろうとする。SVBはそうしなかったが、それが傲慢からなのか無知からなのかは不明である。我々が言いたいのは、SVB株に投資した人々にとっての本当のリスクは、同行の株価の変動の標準偏差ではなく、SVBが融資したスタートアップ企業の多くが倒産する可能性と、金利が大幅に上昇する可能性によるものだったということである。

投資4.0のアプローチ

ヒストリカルデータを使って平均・分散ポートフォリオを構築する投資3.0のアプローチとは対照的に、投資4.0のアプローチは、株式市場が効率的であり、すべての銘柄が正しく値付けされていると仮定するため、過去を完全に無視する。我々がこの分析を行った2023年１月17日時点で、アップルは

１株当たり135ドル、JPMは143ドルであった。分散投資を求める効率的市場信奉者は、S&P 500インデックスファンドに投資し、アップルとJPMを少量ずつ保有するだろう。

S&P 500は時価総額で銘柄をウェイト付けしている。2023年１月17日、アップルはS&P 500で最も価値のある企業であり、時価総額はS&P 500の全銘柄の6.02％に相当していた。JPMは11番目の企業で、ウェイトは1.25％だった。インデックス投資家はアップルをJPMの５倍近く保有することになるが、両銘柄がポートフォリオに占める割合は極めて小さい。

対照的に、バリュー投資家は、ミスター・マーケットが本源的価値よりはるかに高い、あるいは低い株価を設定することが多いと考える。アップルの市場価値がJPMの５倍だからというだけで、アップルをJPMの５倍も保有することはないだろうし、S&P 500には他にもたくさんの銘柄が含まれているからというだけで、それぞれを少量ずつ保有することもないだろう。

投資5.0のアプローチ

投資5.0には、CAPM、マルチファクターモデル、アルゴリズム取引が含まれる。図7.3と図7.4は、WRDSデータベースの５年分の月次株式リターンを使って、アップルとJPMのベータ係数を推計したものである。アップルのベータは1.21、JPMのベータは1.13であるため、CAPM愛好家は、アップルはJPMよりも若干リスクが高いが、市場全体と比べれば両者とも高リスクだという結論を出すだろう。

２つのベータ係数は概ね等しいので、一方の銘柄を他方より多く保有する強い理由はない。S&P 500よりリスクの高いポートフォリオを望まない人は、どちらの銘柄にも投資する理由があまりないだろう。バリュー投資家がベータ係数を無視するのは、ベータ係数が短期的な値動きに関係する（さらにまずいのは、過去の値動きに基づく）ものだからである。

複数のファクターを持つモデルでは、アップルやJPMの株価と、まさにあ

図7.3　アップルのベータ係数

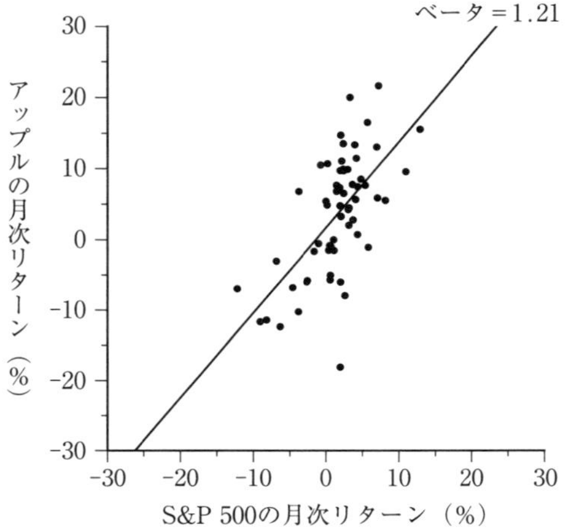

図7.4　JPMのベータ係数

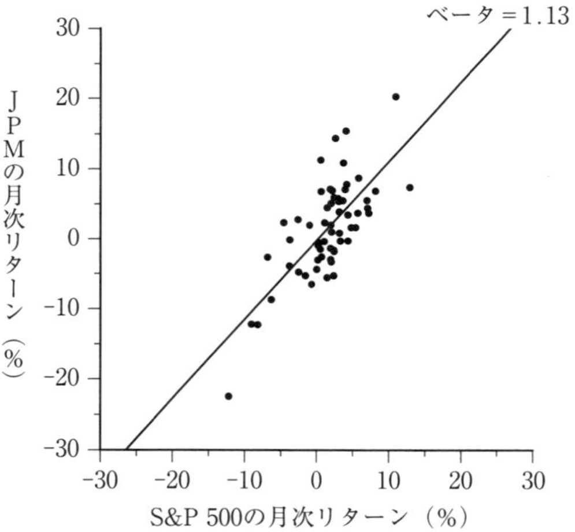

らゆる経済変数との相関を考慮できる。しかし、我々はわざわざそのようなことをするつもりはない。アルゴリズム型のモデルはさらに網を広げ、ソーシャルメディアのデータさえも調べて、「ネイマール（Neymar）」という単

語のグーグル検索が急増した後はアップル株が好調になり、「鳥（bird）」という単語を含むイーロン・マスクのツイートが増加した後はJPMが好調になるという結論を出すかもしれない（これらは仮説だが、よくある例でもある）。ここでさらに深追いするのはやめておこう。

現代バリュー投資のアプローチ

それよりも、バリュー投資家がアップルとJPMの株式をどのように評価するかの議論に進もう。株式の本源的価値とは、永遠に売却するつもりのない投資家が、その株式から生み出されるキャッシュをすべて受け取るために支払う金額である。ここでは、第２章で紹介したジョン・バー・ウィリアムズの定率成長式を用い、モデルの変数にはインフレ調整後の実質値を使用する。

$$V=\frac{D}{R-g}$$

当時、自社株買いはまれであったため、ウィリアムズは株主への配当を考慮しただけであった。しかし、株主へのキャッシュの還元には配当と自社株買いの両方が含まれる。最も簡単な見方として、アップルの全株式を保有する人が１人しかいない世界を想像してみよう。アップルが配当と自社株買いで支払うキャッシュはすべてこの人が受け取る。アップルの全株式の本源的価値は、明らかに配当と自社株買いの両方の価値である。１株の価値は、価値の総額を発行済み株式数で割ったものに等しく、そこには配当と自社株買いの両方が含まれる。

このロジックは、アップルを分析する上で重要である。なぜなら、図7.5が示すように、アップルは最近、配当よりもはるかに多くの価値を自社株買いによって株主に還元しているからである。第２章で説明したように、自社株買いは配当よりも税制面で有利なため、これは賢い行動といえる。2022年９月30日に終了する会計年度において、アップルは合計148億ドルの配当と

図7.5　アップルの自社株買いは配当よりはるかに多い

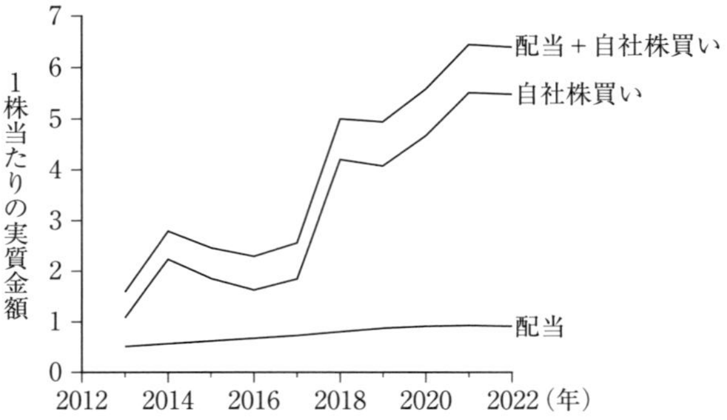

図7.6　アップルの株主インカム（2013〜2023年）

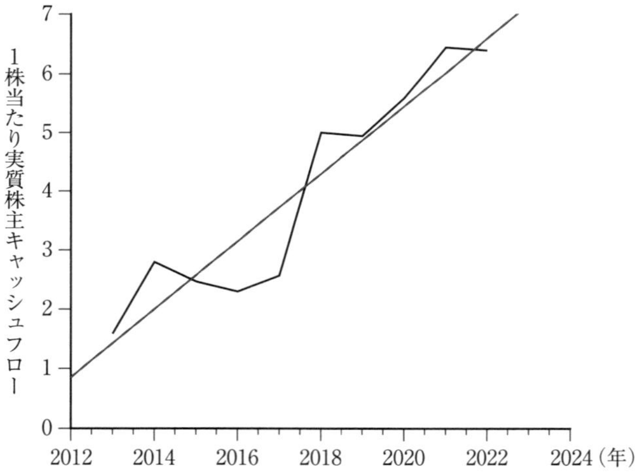

894億ドルの自社株買いを行った（1株当たりにすると、それぞれ0.91ドルと5.48ドルである）。

図7.6を見ると、過去10年間、アップルの配当と自社株買いのインフレ調整後の実質的な金額の合計は、年率17％で成長してきたことがわかる。これは明らかに持続可能ではないため、実質成長率を長期平均で２％と置いた定率成長モデルを用いて、極めて保守的にバリュエーションを行う。これは米

図7.7　JPMの株主インカム（2013〜2023年）

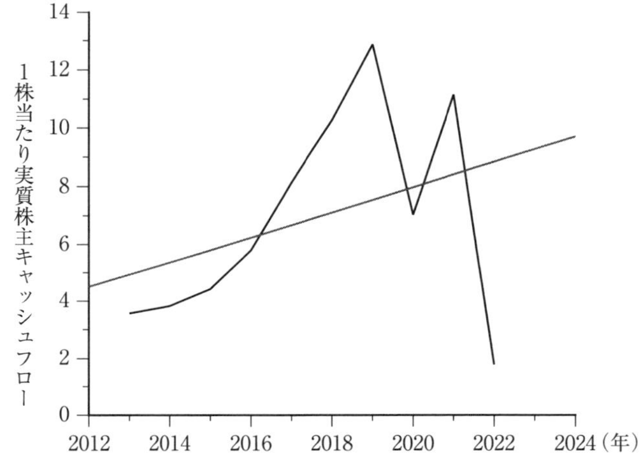

国の実質GDP成長率の1950年以降の年平均値である３％よりやや低く、米国経済の長期予測にほぼ等しい。アップルは平均的な企業ではないが、我々は保守的でありたいし、重要なのはとにかく長期の予測なのだ。

JPMの実質株主利益も過去10年間は年率17％で増加しているが、図7.7を見ると、アップルよりも年ごとの変動がかなり大きかったことがわかる。我々はここでも、JPMの実質成長率を長期平均で２％と仮定する。

図7.6と図7.7において当てはめた直線を使って、両社の2023年の株主インカムを予測したところ、アップルは7.00ドル、JPMは9.28ドルであった。

これで、定率成長率評価式におけるDとgの値は得られたが、これらに加えて実質の要求リターンRの値も必要である。本稿を執筆している2023年１月時点の30年物の物価連動国債（TIPS）の実質利回りは1.44％であった。両社のインカムの不確定さが増しているようなので、実質の要求リターンはアップルが６％、JPMは７％とする（これについては、自分自身の個人的なインフレ調整後の要求リターンを使うべきである）。この前提では、以下の通り、アップルとJPMの本源的価値は当時のそれぞれの市場価格、135ドルと143ドルを余裕で上回っている。

$$\text{アップル：}V=\frac{\$7.00}{0.06-0.02}=\$175$$

$$\text{JPM：}V=\frac{\$9.28}{0.07-0.02}=\$186$$

不思議なことに、両銘柄のバリュー余剰は30％で等しい。

$$\text{アップル：}VS=100\frac{\$175-\$135}{\$135}=30\%$$

$$\text{JPM：}VS=100\frac{\$186-\$143}{\$143}=30\%$$

不確実性の測定

以上のようなバリュエーションにおける不確実性に対処するために、ジョン・バー・ウィリアムズのモデルにおける要求リターンは現在の金利に依存しており、これはバリュエーションを行う時点で既知であるという事実を踏まえよう。すると、主な不確実性は、配当＋自社株買いの長期成長率にあることになる。2023年１月時点の我々の認識では、将来の株主インカムの不確実性はJPMの方がアップルよりも高い。

インフレ調整後の実質データを使って、投資家はアップルの配当＋自社株買いの成長率に関する自身の不確実性を、平均２％、標準偏差0.5％の正規分布を使って要約できるだろう。この仮定は、投資家がアップルのインフレ調整後の長期的な成長率が１～３％であることに95％の確信があることを意味する。この仮定を利用すると、アップルのバリュー余剰の確率分布を求められる。図7.8が示しているのは、我々の仮定の下では、アップルのバリュー

図7.8　アップルの本源的価値に関する不確実性

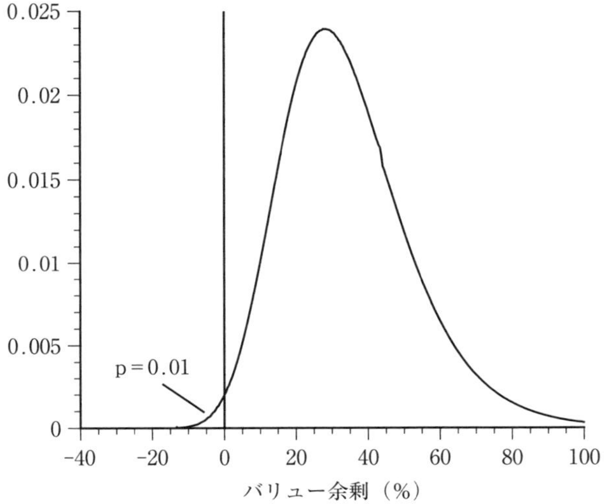

図7.9　JPMの本源的価値に関する不確実性

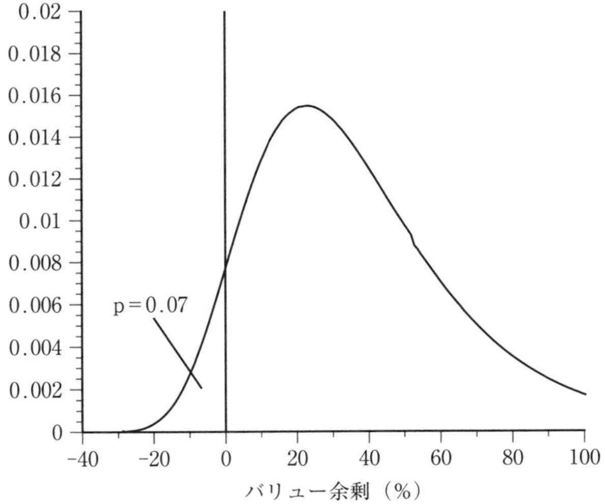

余剰がマイナスになる（つまり、本源的価値が135ドルを下回る）確率は１％にすぎないということである。

JPMについても同様に長期成長率に正規分布を用いるが、こちらは平均を２％、標準偏差を1.0％（アップルの標準偏差の２倍）とする。標準偏差が１％ということは、JPMのインフレ調整後の長期成長率が０～４％であることに95％の確信があることを意味する。図7.9は、この前提の下ではJPMのバリュー余剰がマイナスになる確率が７％あることを示している。

もう１つの効率的フロンティア

本源的価値アプローチによって、株式のポートフォリオを構築することもできる。ここでは、アップルとJPMという２つの銘柄だけを取り挙げるが、この分析は何銘柄にでも拡張可能である。

アップルとJPMの長期成長率には0.2の相関があると仮定しよう。アップルの成長率の推定値が高すぎた場合、JPMの成長率の推定値もおそらく高すぎるだろう。両者とも米国および世界経済の長期成長率に依存しているため、両社の成長率には正の相関があると考えられる。ただし、アップルとJPMは業種がかなり異なるため、相関関係は強くないとも考えられる。

この仮定に基づき、図7.10はアップルとJPMの様々な組み合わせを含むポートフォリオの平均と標準偏差を示している。「JPM」と表示された点は、JPMに100％投資した場合であり、「アップル」と表示された点は、アップルに100％投資した場合である。この両方の端点を結ぶ曲線は、JPMとアップルの様々な組み合わせの平均と標準偏差を示している。

このバリュー余剰フロンティアを、本章前半の図7.2に示した平均・分散フロンティアと比較すると興味深いことがわかる。伝統的な平均・分散フロンティアは、過去指向の価格変化に基づくもので、最小リスク・ポートフォリオはアップル40％、JPM60％である。図7.10のバリュー余剰フロンティアは、フォワードルッキングなインカム予測に基づく。最小リスク・ポート

図7.10　アップルとJPMのバリュー余剰の平均-標準偏差フロンティア

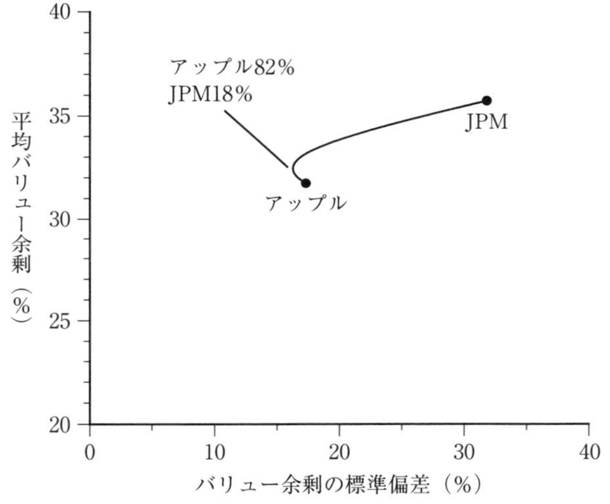

図7.11　アップルとJPMの平均-確率フロンティア

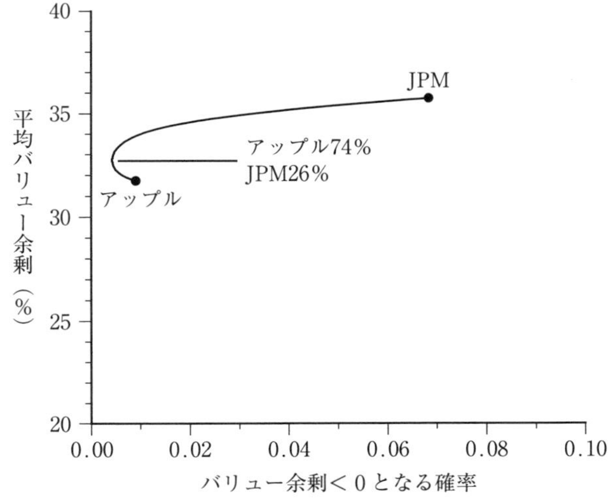

フォリオは大きく異なり、アップル82%、JPM18%である。

標準偏差は必ずしもリスクの最も適切な指標ではない。バリュー投資における魅力的なリスク指標の代替案は、ポートフォリオのバリュー余剰がマイナスになる確率である。図7.11は、平均バリュー余剰とバリュー余剰がマイナスになる確率のすべての組み合わせを示している。最小リスク・ポートフォリオは、アップル74%、JPM26%である。図7.10と図7.11の本源的価値分析では若干異なる結果が得られているが、これらの結果は株価のヒストリカルな変動を用いる標準的な平均・分散分析とはまったく異なるものである。

現代バリュー投資のアプローチは、投機、平均・分散分析、CAPM、ファクターモデル、アルゴなどその他のアプローチとは大きく異なる。現代バリュー投資は、短期的な価格変動を使ってリターンを予測したりリスクを測定したりするのではなく、本当にいちばん重要なものに投資家の関心を集中させる。それは、投資からの長期的なインカムとその予測に対する確信度である。

このアップルとJPMの例のように、結論がまったく異なることがあっても驚くには当たらない。過去の価格変動と将来のインカム予測は根本的に異なる情報であり、両者から得られるアドバイスはまったく異なったものになることが多い。

第 8 章

ケーススタディ
——住宅

この章では、投資6.0のバリュー余剰アプローチを、我々のお気に入りの投資対象である住宅への投資に適用する。2005年、ブルッキングス研究所は我々に対して、当時多くの人々が全国的な住宅バブルと見なしていたものについての調査を委託した。バブルの証拠として挙げられていたのは、主に次のような住宅価格の急激な上昇であった。

1．住宅価格が消費者物価指数を上回るスピードで上昇していた。
2．住宅価格がGDPを上回るスピードで上昇していた。
3．住宅価格が建設費を上回るペースで上昇していた。

多くの住宅価格指数は平均販売価格をトラック（追跡）している。このような指数の問題点は、住宅が比較可能でない可能性があることだ。2004年に販売された住宅は、たまたま2003年に販売された住宅より広かったり、立地が良かったりするかもしれない。もしそうであれば、比較可能な住宅の価格は実際には下落したにもかかわらず、平均販売価格は2004年に上昇することもあり得る。

連邦住宅金融局（FHFA）は、調査対象期間中に複数回販売された住宅の価格を比較することで、この問題を処理している。例えば、ある住宅が1990年に30万ドルで販売され、2000年に40万ドルで再び販売されたとすると、この10年間の上昇率は年率で2.92％となる。FHFAは、すべてのリピートセールス（訳注：複数回販売された物件）のデータを使って、調査期間中に観察された価格上昇のすべてを最もよく要約する住宅価格指数（HPI）を計算している。

図8.1を見ると、1986年頃からHPIが消費者物価指数（CPI）を上回るペースで上昇し始め、1999年以降このギャップが爆発的に拡大したことが確認できる。住宅バブルが形成されつつあることは明らかなように思われた。

一方、図8.2を見ると、消費者物価指数に対するS&P 500株価指数の上昇がHPIに比べても速いことがわかる。1990年代後半にドットコム・バブルが

図8.1　米国住宅価格指数（HPI）と消費者物価指数（CPI）の推移

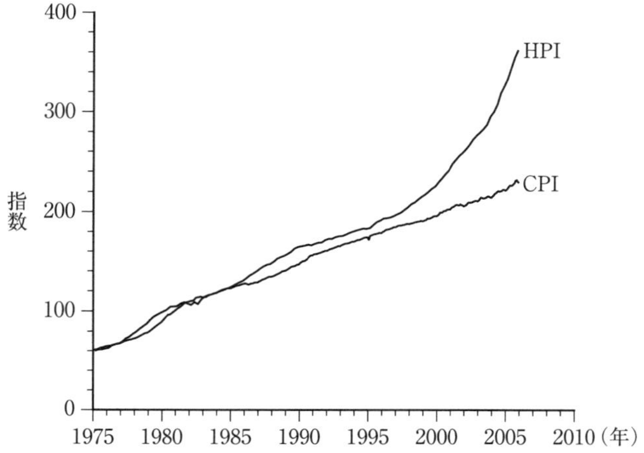

図8.2　株式市場バブル？

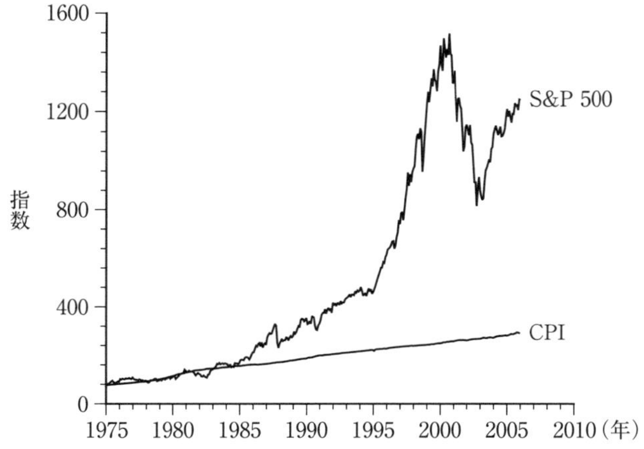

発生し、その後暴落したが、暴落後も株価は消費者物価をはるかに上回って上昇していたのである。我々は、1985年に始まった株式市場バブルの中にまだいたということだろうか？

住宅価格や株価が消費者物価と同じ割合で上昇する理由は特にないので、このような比較はバブルの兆候としては信頼できるものではない。これとは別の手がかりとして、住宅価格とGDPの比較がある。家計所得は人々が住宅に対して支払える金額に影響するからである。しかし、住宅の値ごろ感は金利にも左右される。住宅ローン金利が低下すれば、月々の住宅ローン返済額も減少し、同じ所得の人であってもより高価な住宅を購入する余裕が生まれる。しかし根本的に、値ごろ感がバブルの直接的な指標とはいえない。この原稿を書いている2023年６月現在、バークシャー・ハサウェイ株は１株50万ドル以上で取引されている。この株式はほとんどの人にとって手の届く価格ではないが、だからと言ってバークシャー・バブルが起きているわけではないのである。

もう１つ考え得る別の手がかりは、住宅価格と建設費の比較である。住宅価格は建設コストの影響を受けるが、それは住宅建設により多くのコストがかかれば建設業者は住宅価格をより高く設定するからである。一方、人々が住宅を購入しようとするとき、最も重要な３つの検討事項はまず立地、次に立地、さらに立地である。多くの場所では、住宅の価格は建設費よりも立地に左右され、立地の価値は建設費よりもかなり速く上昇する可能性がある。

バブルの認識

この推論に基づき、我々は、他の人々が大げさに宣伝するような単純なバブルのベンチマークには目を向けなかった。その代わりに用いたのが、本源的価値の原則である。株式市場にバブルが存在するかどうかを判断する方法は、例えばS&P 500に属する銘柄から予想されるインカムの現在価値を計算し、この本源的価値とS&P 500の市場価格を比較することである。これは、以前の章で行ったことと同じである。

2000年３月11日に起こったことはドラマチックな例だ。この日、ゲイリーは「ダウ36K」に関する会議で４人のスピーカーの１人として講演した。「ダウ36K」とは、ダウ・ジョーンズ工業株平均がそのときの12,000ドル前後の水準の３倍になるべきだという、当時はやっていた理論である。この会議で他の３人のスピーカーが36K説を熱狂的に支持した後、ゲイリーは逆張りの見解を述べ、最後に「これはバブルであり、最悪の結末を迎えるだろう」と警告した。

第３章では、2009年３月のツヴィ・ボディによる終末論的警告を紹介した。「いちかばちかに賭けるギャンブラーになるつもりがないなら、今すぐ株式から手を引け」と彼は述べた。その数ヵ月前、2008年12月のテレビ・インタビューでゲイリーは、「これは一生に数度しかない買い場だ」と正反対のことを言っていた。

図8.3は、ゲイリーの評価がどちらも正しかったことを示している。

なぜゲイリーは、2000年にはバブルのただ中にいると考え、2008年12月には抗しがたい買い場が到来したと考えたのだろうか。彼はS&P 500の水準と、この指数に組み入れられている銘柄の本源的価値の推定値を比較した。ブルッキングスの調査で行ったのもこれと同じことである。住宅価格とその本源的価値の推定値を比較したのである。

図8.3　本源的価値の推定値を株式市場の評価に利用する

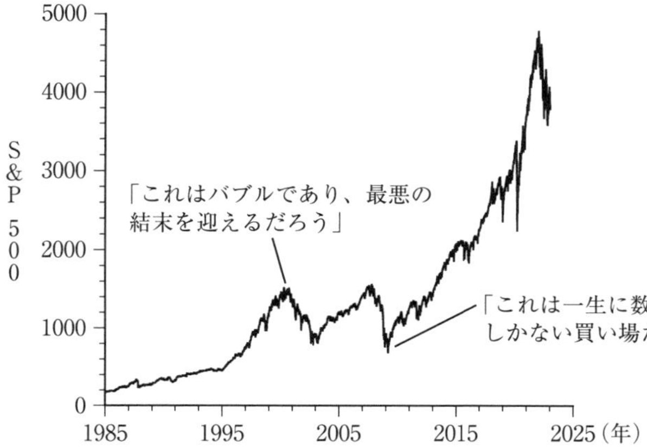

住宅の本源的価値

株式における配当に相当するインカムは、住宅においては何だろうか？あなたが住宅を購入し、他人に貸した場合、そのインカムはあなたが受け取る（経費控除後の）家賃である。購入した家に住んでいる場合、その家に住むために家賃を払わなくて済むことで節約できるお金が暗黙のインカムとなる。

したがって、持ち家の本源的価値は、住宅保険、固定資産税、住宅ローンの支払い、メインテナンスなどの他の経費を差し引いた上で節約できた家賃の現在価値である。株式との類似性を明確にするため、我々はこの経費控除後のインカムを「住宅配当」と呼んだ。

当時はまだジロウ（Zillow、訳注：不動産テックの新興企業）がなかったので（設立は2006年）、我々はマルチプル・リスティング・サービス（MLS）のデータベースから住宅データを収集した。我々はどちらもMLSデータにアクセスするために必要な不動産免許を持っていなかったが、MLSデータを共有してくれる10都市圏の不動産業者を見つけた。この10都市圏とは、アトランタ、ボストン、シカゴ、ダラス、インディアナポリス、ロサンゼルス郡、ニューオーリンズ、オレンジ郡、サンバーナーディーノ郡、サンマテオ郡である。

それぞれの地域で、MLSのデータベースを検索し、同等の一戸建ての家賃と価格を探した。賃貸されていた一戸建てが売却されたり、購入した一戸建てが賃貸されたりすることもあった。また、実質的に隣接する２つの一戸建てで、ベッドルーム数、バスルーム数、面積はまったく同じ、建てられた時期の違いも１年以内だが、１つは賃貸に出されており、もう１つは最近売りに出された、という事例を見つけることもあった。しかし、もっと多かったのは、完璧ではないとはいえ、よく似たものの組み合わせである。

似ているかどうかの判断基準は、広さの差が100平方フィート（訳注：約9.3㎡）以下、ベッドルームの数の差が１室以下、バスルームの差がハーフバス１つ分以下の賃貸物件および売買物件ということだった。その他に情報がある場合は、家の築年数、スタイル（例えば１階建て）、設備（プールやガレージの大きさなど）も比較した。ヤフー・マップを使って、物件間の車での走行距離を推定したり（１マイル以内）、ゴルフコース、公園、湖、主要幹線道路、その他家の価値に影響を与える可能性のある物理的な要素を特定したりした。地図を見ると、車での走行距離は家屋間の物理的な距離を誇張することが多いことがよくわかった。例えば、２つの家の裏庭が隣接していても、車での走行距離は0.1マイル、あるいは0.2マイルになることもある。

家賃の節約分に加え、頭金20％、30年ローン、住宅ローン金利5.7％（2005年７月中旬の30年ローン金利の平均）、購入者の取引費用（売買価格の0.5％）、年間メインテナンス費用（売買価格の１％）、固定資産税と住宅ローン金利を課税所得から差し引く場合の連邦所得税率28％を仮定した。固定資産税、州所得税、住宅保険については、州および大都市圏レベルのデータを使用した。ベースラインモデルでは、住宅家賃と諸経費が年率３％で上昇すると想定した（当時のCPIインフレ率のヒストリカルな値および予測値とほぼ同じ）。我々は、27人の公認ファイナンシャル・プランナー（CFP）の会合で予備的な計算を発表し、この住宅バリュエーションの方法論を採用した場合の税引き後要求リターンを尋ねた。それに対して、すべての参加者が５％または６％と答えたので、我々は保守的に６％を採用した。

その結果、「不動産はすべてローカルなものである」という格言の叡智が確認された。一般的に住宅が安いとか高いとか、全国的な住宅バブルであるとか言うのは誤解を生む表現である。本当に重要なのは立地、立地、立地なのだ。我々が調査した住宅のバリュー余剰の中央値は、サンマテオのマイナス35％（バブル的）からインディアナポリスの186％（垂涎の条件）まで幅があった。

インディアナ州フィッシャーズの家

我々が調べた中に、インディアナ州インディアナポリス郊外のフィッシャーズにある３ベッドルーム、３バスルーム、1917平方フィート（約178㎡）の住宅がある。調査当時、フィッシャーズの人口は約５万人、世帯収入の中央値は約10万ドルだった。フィッシャーズは2005年に『マネー』誌の全米で住むべき街トップ50にランクインし、その後も何度もトップ50に名を連ねている。2017年にフィッシャーズは全米１位、2019年には３位とランク付けされている。

フィッシャーズのこの住宅は、2005年４月27日に13万5000ドルで購入され、2005年６月１日に月額1250ドルで賃貸された。表8.1に、我々が行った年間住宅配当の計算の詳細を示した。典型的な見積もりを示すと、住宅購入者がこの住宅に住むことを選択し、家賃を１万5000ドル節約していた場合、２万7000ドルの頭金で5622ドルの初年度住宅配当を得ていたことになる。なんとすばらしいリターンだろう！　２万7000ドルを株式市場に投資し、初年度に5622ドルの配当が得られることを想像してみてほしい。これは21％の配当である。

また、時間の経過とともに家賃の節約分が増加するにつれて、住宅配当は増加していく一方、住宅ローンの支払いは一定で、30年後に終了する。家賃の節約と住宅ローン以外の支出が毎年３％ずつ増加すると仮定すると、この

表8.1　インディアナ州フィッシャーズの住宅における初年度の税引き後住宅配当

	住宅ローンあり	住宅ローンなし
家賃の節約	15,000	15,000
住宅ローン支払い	−7,522	0
固定資産税	−2,619	−2,619
節税額	2,447	733
保険料	−334	−334
メインテナンス費用	−1,350	−1,350
住宅配当	5,622ドル	11,430ドル
本源的価値	403,574ドル	381,011ドル

フィッシャーズの住宅の本源的価値は40万3574ドルになる。市場価格13万5000ドルに対して、バリュー余剰は199％という驚異的な数字である。

$$VS = 100\frac{V-P}{P} = 100\frac{\$403,574 - \$135,000}{\$135,000} = 199\%$$

これは異常なことではない。インディアナポリス地区で調べた住宅のバリュー余剰の中央値は186％であったからだ。

典型的には、住宅購入は一部資金を住宅ローンで調達して行うので、借り入れを伴うことがほとんどない株式の購入とは異なる。表8.1によると、このフィッシャーズの住宅を住宅ローンなしで購入した場合、初年度の住宅配当は１万1430ドルに増加したが、これは２万7000ドルの頭金に対する初年度リターン5622ドルとは異なり、13万5000ドルのキャッシュ支出に対する初年度リターンである。5.7％の借り入れでこのような魅力ある投資を行うことは経済的に有利なため、バリュー余剰は住宅ローンを使ったときの方が高くなる。

フィッシャーズのこの住宅が実際にそうだったように、住宅購入者がその住宅を他人に賃貸した場合のバリュー余剰を計算することもできる。持ち家に住んでいる場合、賃貸住宅の家主にはない税制上の優遇措置がたくさんある。最も重要なのは、家主にとっての家賃は課税所得になるが、持ち家所有者は、自分の家に住むことで節約できた家賃に税金を払わないということだ。また、多くの経費の扱いも異なる。要するに、賃貸のために購入した場合の税引き後所得見込み額は、同じ住宅を住むために購入した場合よりも一般的にはるかに低いということだ。ここには示さなかったが、込み入った計算をした結果、この場合の初年度の住宅配当は1952ドルに下がる。それでも頭金２万7000ドルに対する利回りは7.2％である。また、家主にとっての本源的価値は27万9291ドルであり、これは107％のバリュー余剰に対応する。

$$VS = 100\frac{V-P}{P} = 100\frac{\$279{,}291 - \$135{,}000}{\$135{,}000} = 107\%$$

我々は、フィッシャーズに住宅バブルは存在しないという結論を出した。実際、住宅価格は見込まれるインカムに比べて著しく低かったのである。

このフィッシャーズの住宅物件は2005年に購入されて以来売却はされていないが、ジロウ（Zillow）は現在の賃貸価値と市場価値の推定値を提供している。2023年６月、ジロウはこの住宅の賃料を月2100ドル（2005年からの上昇率は年率2.9％）、売却価格を33万2500ドル（上昇率は年率5.2％）と推定している。

図8.4はインディアナポリスとサンマテオのFHFA住宅価格指数の2005年以降の上昇を比較したものである。いずれも、我々がブルッキングスの論文を書き上げた2005年末を100として基準化している。インディアナポリスの住宅価格は少し下落したが、バブル崩壊の兆候は見られなかった。これに対し、サンマテオでの住宅価格の下落は大幅なものだった。2012年までのインディアナポリスの住宅価格の下落は５％だったのに対し、サンマテオでは22％も下落したのである。その後、サンマテオの価格は再び上昇し、また低

図8.4　2005年以降のインディアナポリスとサンマテオの住宅価格

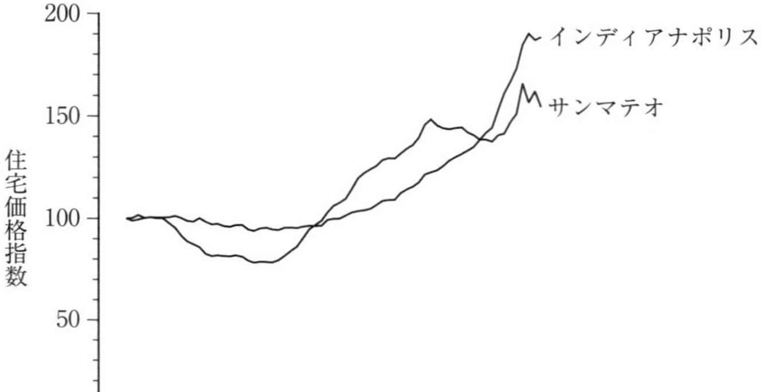

迷した。2005年から2023年までの全期間を通して見ると、インディアナポリスの価格は年率3.74％上昇し、サンマテオの価格は2.55％上昇した。

しかし、価格上昇は喜ばしいこととはいえ、バリュー投資家にとっての投資の魅力の源泉はインカムであることを忘れてはならない。インディアナポリスの住宅が2005年にすばらしい投資対象だったのは、価格に比べて非常に多くのインカムを生んでいたからである。

中国の住宅バブル

中国の土地はすべて国家に帰属しているが、1998年以降、地方政府に土地使用権（通常70年間）を不動産開発業者へ売却することが認められ、開発業者は民間住宅を建設・販売できるようになった。この新しい政策は、中国、特に第一級都市である北京、上海、広州、深圳に不動産ブームを巻き起こした。

図8.5は2005年から2019年までの中国70都市のインフレ調整後HPIを示している。この14年間、消費者物価は44％上昇し、住宅価格は81％上昇した。

図8.5　中国70都市のインフレ調整後HPI（2005〜2019年）

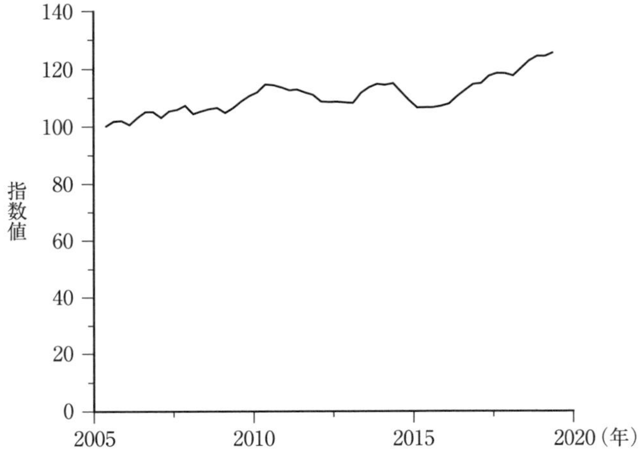

これによって多くの人々が、中国は住宅バブルの渦中にあると主張するようになった。また、2000年代半ばの米国の住宅ブームは怪しい住宅ローンの氾濫によって煽られたものであり、このときの中国の住宅ブームはそれとはまったく違うのだと主張する者もいた。2008年、米国の住宅ローンの半分以上はサブプライム（訳注：信用力の低い借り手層に対するローン）で、頭金も０％に近かった。中国では融資要件がはるかに厳しく、頭金は最初の住宅購入で30％、２度目以降の住宅購入では60～80％とはるかに高い。その他のバブル懐疑論者は、住宅価格の上昇は中国の急速な所得増加と第一級都市へ数千万人が移住することによって正当化されると主張した。

2019年の夏、ゲイリーと学生のウェスリー・リャンは中国のバブル問題に取り組んだ。２人はもちろん、マーガレットとゲイリーがブルッキングスの研究で用いたのと同じアプローチを採用した。つまり、住宅の本源的価値を市場価格と比較するために、住宅配当の推定値を用いたのである。

ゲイリーとウェスリーは、2018年６月から2019年２月までの９ヵ月間、中国の２大都市である北京と上海の住居用アパート物件を調査した。彼らは北京と上海の両方で400組以上のよく似た住宅を特定できた。表8.2によると、これらの住宅は一般に小規模で高価だった。

ゲイリーとウェスリーが標準として用いた前提は、初期取引費用が売却価格の２％、30年ローンで頭金30％、年間メインテナンス費用1.5％、売買取引費用２％、キャピタルゲイン税率20％、固定資産税なし、である。調査期間中、住宅ローン金利は北京で5.5％、上海で5.0％だった。

税引き後の要求リターンを６％とすると、バリュー余剰の中央値は北京で

表8.2　中国の住宅データ

	平均部屋数	広さの中央値（平方フィート）	月額家賃の中央値	価格の中央値	１平方フィート単価の中央値
北京	1.75	662	954ドル	707,750ドル	1069ドル
上海	1.64	598	611ドル	409,750ドル	685ドル

マイナス74%、上海でマイナス51%だった。彼らが分析した住宅の本源的価値は市場価格をはるかに下回っていたのである。

また、住宅価格がその本源的価値にちょうど等しくなるような住宅購入者の要求リターンを計算したところ、北京は2.5%、上海は3.2%であった。利回りが3%を超え、リスクもかなり低い中国の10年国債と比較すると、これらのブレークイーブン要求リターンは明らかに魅力的とはいえなかった。2018年と2019年に投資目的で北京や上海の住宅を購入した人々は、住宅価格が今後も急上昇すると予想していたことが明らかになったわけだ。

ゲイリーとウェスリーはまた、土地使用契約が切れたときに何が起こるかについてはかなりの不確実性があると指摘した。妥当性が高いと思われる結果の1つは、地方政府が固定資産税のように年賦で支払う更新料を請求するというものである。もしそうなれば、すでに低い住宅所有からのインカムはさらに減少することになる。

ゲイリーとウェスリーは次のような結論を出した。

> 北京と上海の住宅市場はバブル状態にあり、市場価格は本源的価値を大幅に上回っている。不動産価格が毎年2桁の上昇を続けるとは想定すべきではない。もしそれが続くのならば、中国の不動産バブルはさらに大きく不吉なものになるだろう。

しかし、2人はこうも推測している。

> 中国における住宅暴落の可能性は非常に恐ろしいものであり、中国政府がそれが起こることを黙って見過ごすことはないだろう。不動産市場は大きすぎてつぶせないのである……。もしバブルから空気が漏れ出したら、政府は崩壊を防ぐために法律や規制、あるいは買い取りによって介入する可能性が高い。中国の不動産バブルは、おそらく破裂はせず、ゆっくり萎むだろう。

図8.6　中国70都市のインフレ調整後HPI（2005～2023年）

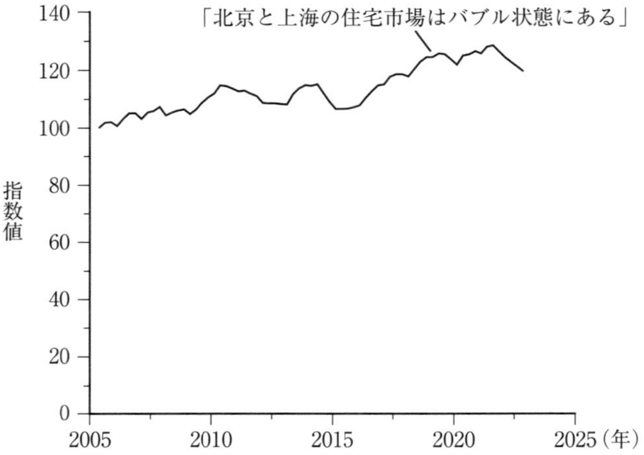

図8.6は70都市のHPIデータを更新したものであるが、これから、ゲイリーとウェスリーの分析以降、中国の不動産市場が収縮していることがわかる。北京と上海の低迷はさらに大きいと言われているが、個別の都市のHPIデータはない。

フィッシャーズ、北京、上海の住宅市場に関する以上の分析は、まったく異なる結論に達している。しかしすべての分析に共通するのは、不動産価格を評価するバリュー投資アプローチの力である。

グラニーフラット

バリュー投資の原則は、住宅改造の問題にも適用できる。例えば、多くの住宅には「グラニーフラット」と呼ばれる、１人用、２人用、あるいは３人用の専用キッチンとバスルームを備えた独立した居住スペースがある。グラニーフラットは、母屋から独立した裏庭のコテージの場合もあれば、母屋に付属しているが専用の入り口がある場合もある。これらは一般に、付属住戸（Accessory Dwelling Unit：ADU）と呼ばれている。

多くの都市や州では、手頃な価格の住宅を提供するためにADUの建設を奨励している。ADUは、土地の追加購入が不要で、ガレージや既存の建物を改装することが多いため、比較的安価に建設できる。個人、カップル、または小さな家族は、手頃な家賃で住める住居があることをありがたがり、オーナーにとっては家賃収入が得られることがありがたい。

我々は、2023年５月にカリフォルニア州でADUを建設すべきかどうか評価したことがある。この住宅所有者は離れに大きなガレージを持っており、それを２ベッドルーム、１バスルームのADUに改造することを検討していた。資材費、人件費、許認可などを含めた総費用は18万ドルと見積もられた。彼らは最近株式を売却したため、キャッシュで改装費用を支払う予定だった。

利益を見積もろうと、彼らは固定資産税、住宅保険、メインテナンスの増加分を差し引いた賃貸収入の見込みを考慮した。彼らは、収入と支出の限界的な変化がどの程度かを慎重に検討した。

ADUへの改装には４ヵ月かかると見積もり、９月から始まる月3000ドルの12ヵ月リース契約をテナント候補と結んだ。1978年に成立したカリフォルニア州の「プロポジション13」（提案13号）は、不動産を購入時の時価で評価し、毎年の評価額の上昇を年２％以内に制限するものである。彼らは、18万ドルの建築費によって評価額が上昇し、１％の税率で課される固定資産税は年率２％上昇すると仮定した。

住宅保険は初年度に250ドル、メインテナンス費用は1800ドル増加し、いずれも年率３％増加すると見積もった。家賃収入から経費を差し引いた額に対して税金を支払わなければならないが、経費には27.5年間で18万ドルの減価償却費が含まれる。連邦税とカリフォルニア州の限界税率を合わせて41％とすると、初年度の賃貸収入にかかる税金は１万0498ドルとなった。

表8.3は、彼らの18万ドルの投資に対する初年度の予想住宅配当が２万1652ドルであることを示しており、これは12.1％の初年度リターンに相当する。時間の経過とともに家賃その他の経費が年３％増加する一方、固定資産

表8.3　あるADUの初年度住宅配当

家賃	36,000
固定資産税	−1,800
家賃収入に対する税	−10,498
保険料	−250
メインテナンス費用	−1,800
住宅配当	21,652ドル
本源的価値	431,989ドル

税の増加が年２％にとどまるため、リターンは改善する。税引き後要求リターン８％を使用すると、ADUの本源的価値は43万1989ドルと推定される。

このプロジェクトのバリュー余剰は、ADUの本源的価値とそのコストを比較することによって算出できる。その結果、バリュー余剰は、140％と健全であることがわかった。

$$VS = 100\frac{V-P}{P} = 100\frac{\$431,989 - \$180,000}{\$180,000} = 140\%$$

このADUプロジェクトの本源的価値とバリュー余剰の値は、税引き後の要求リターンを８％と仮定したものである。他のもっともらしい要求リターンの値を用いて、これらを計算し、その結果をグラフに表示してもよい。６％から25％までの範囲に税引き後要求リターンがあるときの、このADUの本源的価値を示したのが図8.7である。図に示されているように、15.7％以下の要求リターンであれば、本源的価値は改装コストを上回る（つまり、バリュー余剰がプラスになる）。彼らはADUプロジェクトの実施を決定した。

〈参考文献〉

Glassman, James K., and Hassett, Kevin A. 2000. *Dow 36,000: The New Strategy for Profiting from the Coming Rise in the Stock Market.* New York: Three Rivers

図8.7　あるADUの本源的価値

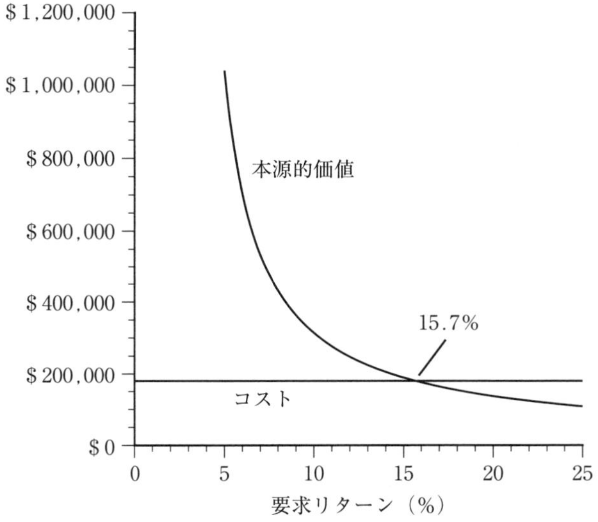

Press.

Liang, Wesley, and Smith, Gary. 2020. The Chinese Real Estate Bubble. *Real Estate Finance* 36(4): 239–247.

Smith, Gary, 2008. Money Talks interview, http://economics-files.pomona.edu/GarySmith/Econ156/Lectures/MoneyTalks/MoneyTalks.html

Smith, Gary, and Smith, Margaret. 2008. *Houseonomics*. Upper Saddle River, New Jersey: Financial Times/Prentice Hall Books.

Smith, Margaret Hwang, and Smith, Gary. 2006. Bubble, Bubble, Where's the Housing Bubble? *Brookings Papers on Economic Activity* 2006(1): 1–67.

第9章

投資の落とし穴9選

マーガレットは産業組織論、ゲイリーはマクロ経済学と、我々２人は経済学の異なる分野でキャリアをスタートしたが、ともに株式市場に惹かれることになった。我々は、強力な理論、巧妙な数学、そして豊富なデータがあることを好む。また、株式市場の良いところは、その中核に人間の行動という永遠の魅力を持つものがあることだ。しかも、大金持ちになれるかもしれない。これ以上のものを誰が望むだろうか！

本書は、株式投資の進化を記述してきた。それは、根拠のほとんどない推測から始まり、バリュー投資、平均・分散分析、効率的市場仮説、ファクターモデル、AIアルゴリズムへと進化してきた。皮肉なことに、この最後のAIアルゴリズムは本質的には無知な推測と変わらない。コンピュータが発見したパターンが理にかなったものかどうかを知る術はなく、ただパターンを探すだけなのだから。我々は、最良のアプローチはバリュー投資であると確信している。これは、投資家が非公開企業を評価するのと同じ方法で、その企業が生み出すキャッシュによって株式を評価するものである。しかし、今日の理論モデルや投資判断のほとんどは、落ち着きのない短期の株価変動に依拠したものだ。さらに悪いことに、理論モデルは、株価の変化が本源的価値とは無関係な確率分布から取り出され、その確率分布は、経済、政治、社会情勢が荒々しく変化した過去数十年分のヒストリカルデータから推定できると仮定している。それもまた、根拠を欠く推測にすぎないと我々は考えている。

本書は、バリュー投資のアプローチを提唱し、投資家がバリュー投資の原則に基づいて株式ポートフォリオを選択する方法を説明するために執筆した。最終章では、避けるべき落とし穴を挙げた「やってはいけないことリスト」を提示しながら、本書を通じて議論したことのいくつかに立ち返る。

やってはいけないことリスト

１．群れに従うな、価格を追うな

2．一時の流行、愚行、耳寄り情報に誘惑されるな
3．相場の上げ下げのタイミングを計ろうとするな
4．価格変動でリスクを測るな
5．数学に惑わされるな
6．AIに担がされるな
7．バックテストに納得するな
8．データを拷問にかけるな
9．うますぎる話に騙されるな

群れに従うな、価格を追うな

今朝サイクリングをしていたら、浅くて流れの緩やかな小川を20匹ほどのカモが泳いでいるのを見かけてペダルを止めた。カモは群れをなして泳いでいたが、先頭のカモが泳ぎを止めて泥水をくちばしでつつき始めると、群れはその動きを止めた。先頭のカモはエサを探そうとしたのだろう。すると、他のカモも近くをつつき始めた。30秒か40秒ほどして、先頭のカモがエサのありそうな場所を求めて再び泳ぎ始めると、他のカモもそれについていった。

我々は乳幼児期から、他人の真似をするように仕組まれている。赤ん坊は人真似を通して、話すこと、歩くこと、その他無数のスキルを学ぶ。大人もまた、程度の差こそあれ、人真似をする傾向がある。古典的な心理学の実験に、俳優のグループに空を見つめてもらい、同じように立ち止まって空を見た通行人の数を研究者が数えるというものがある。役者のグループの人数が多ければ多いほど、通行人が空を眺めることに加わる可能性は高くなる。

羊の群れ、鳥の群れ、魚の群れは、集団を形成して行動をともにする。レミングは極端な例で、神話によると、体を揺らしながら平然と崖の縁まで歩み寄り、そのまま海に飛び込んで溺れ死ぬという。「神話」と書いたのは、真実ではないからである。レミングは交尾のために接触するが、そうでなけ

れば単独行動を好み、水を好まず、必要になれば泳ぐこともできる。

投資家も、文字通り断崖まで行進して縁を越えてしまうことはないにせよ、自身の富を危険にさらす群衆行動に参加してしまう。その一例が、株式市場が良いニュースにも悪いニュースにも過剰に反応しやすいことだ。ある企業が予想外の好業績を発表したり、画期的な新製品や間近に迫った買収の噂が流れたりすると、株価は急騰する。それは、ポジティブなニュースだからということもあるが、株価の急騰を見て他の人が買い時だと考えるからでもある。どちらかといえばそのときは、その過剰反応は売りのチャンスを生んでいた可能性が高い。

株価や株式市場全体が大きく上昇したり下落したりすると、多くの人が群れに加わり、その上昇や下落を追いかける。図9.1は1990年から2023年までのS&P 500のインフレ調整後の実質価値と、インフレ調整後の配当の10年平均値を示している。株式の本源的価値は、配当その他のキャッシュフローをかなり長い期間にわたって平準化した平均値によって決まると考えられるのに対し、株価はあまりにも不安定である。配当の相対的な安定性を踏まえれば、ジェットコースターは正当化されるものではないのである。

図9.1　インフレ調整後S&P 500と10年平均配当の推移

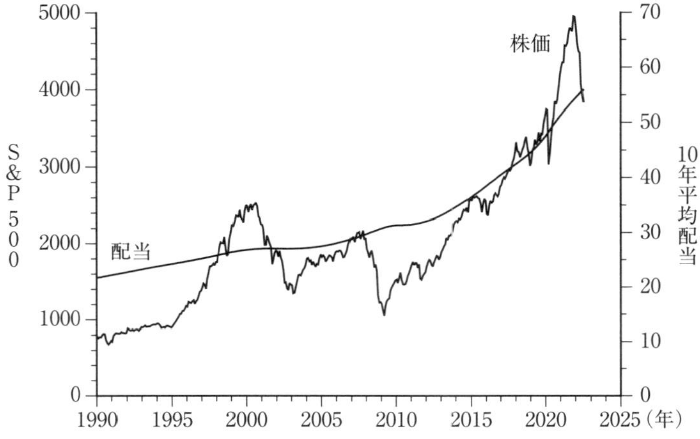

図9.2　インフレ調整後S&P 500と10年平均利益

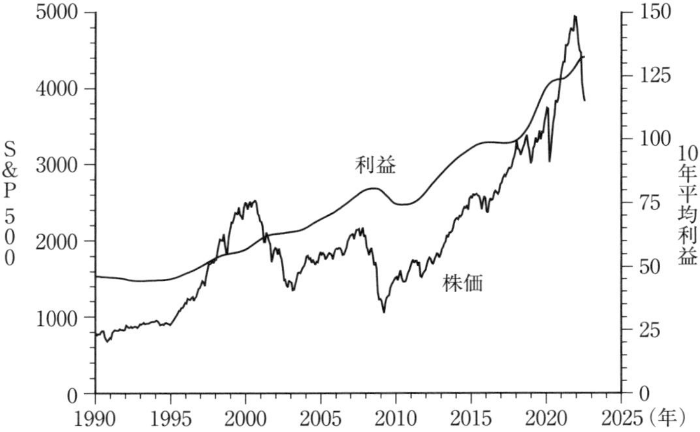

図9.2によれば、配当ではなくインフレ調整後の利益の平均を用いても同じことがいえる。配当や利益は、経済に連動して時間が経つにつれて成長していく。株価も同様に上昇するのだが、その過程で過度な乱高下を示す。

個別銘柄の場合、その不規則な変動はさらに激しい。図9.3は、一流企業4社の2018年の日次株価を示している。具体的には、JPモルガン・チェース、マイクロソフト、ディズニー、アップルである（2018年を選んだのは、この時期がCOVID-19パンデミックの前だからである）。2018年のダウ・ジョーンズ工業株平均とフォーチュン誌の2018年「最も賞賛される企業10社」リストの両方に名を連ねたのはこの4社だけで、いずれもよく名を知られた、経営状態も良い企業だ。しかし、株価は1年を通して10%、20%、あるいはそれ以上の急騰と急落を繰り返した。まるで、最高のニュースと最悪のニュースの波にいつまでも揉まれ続ける脆弱な企業のようだ。株価を乱高下させたり、その乱高下に投資家を便乗させたりするのは、ちょっとしたニュースにすぎないことがほとんどである。

これら4社の本源的価値が日々10%、20%、あるいはそれ以上変化することはないが、株価はそのくらい変化する。株価が本源的価値よりも変動しや

図9.3　2018年の優良４銘柄の日次株価

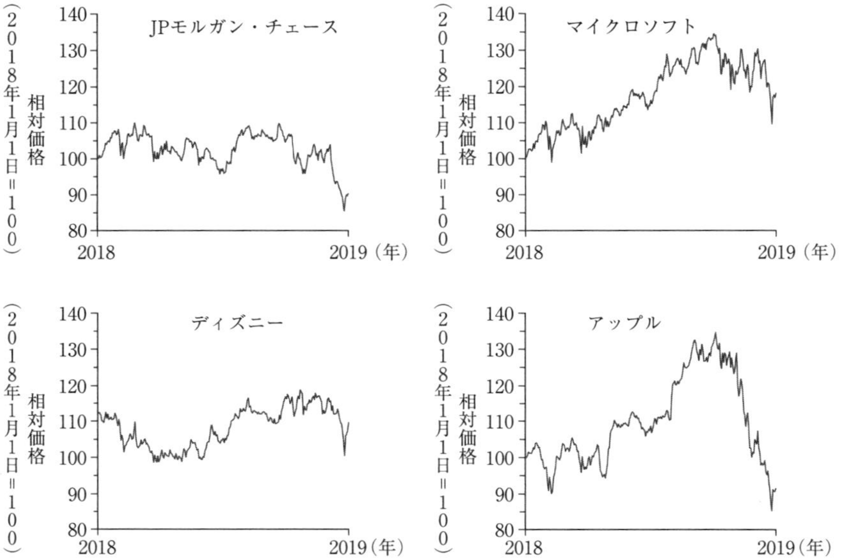

すい重要な理由の１つは、短絡的な投資家が群衆に追随し、強気に向かう波や弱気に向かう波を捉えようと価格を追いかけているためであり、おそらくそれが最も重要な理由だろう。株式市場で長期的に成功する鍵の１つは、欲や恐怖に基づく判断をしないことである。価格を追ってはならない。

我々はまた、ファイナンシャル・アドバイザーによるアドバイスの多くが、群衆に従っただけの筋の通らないものだと考えている。なぜ多くの投資専門家が平均・分散分析とCAPMを使うのか？　それは、多くの投資のプロが平均・分散分析とCAPMを使っているからである。これでは完全に堂々巡りだが、一部の人はこれに抗しがたいようだ。あまりにも多くの投資家やアドバイザーが、自律的な思考よりも順応性を重んじる集団思考の人質になっているのだ。ケインズが観察したように、「世間一般の知恵は、型破りに成功するよりも、型通りに失敗する方が評判は良いと教えている」のである。みんなが失敗しているときに失敗した人を誰が非難できるだろうか？

これは今ではCYA（訳注：言い逃れをするという意のスラング、第４章参照）と呼ばれている。

投資であれ何であれ、他の人がやっているからという理由だけで何かをしてはいけない。自分で決断するのは難しいが、その見返りはある。

一時の流行、愚行、耳寄り情報に誘惑されるな

株式市場でチャンスを逃したことを後悔するのは簡単だ。

あのときマイクロソフトに投資していれば……。
20年前にアップルに投資していれば……。
昨年、○○（○○は任意）に投資していれば……。

このような後悔は、先見の明を持って銘柄を選べばすぐに金持ちになれるという投資家の期待を煽る。投資家は、例えば画期的な製品やサービスなど、興奮するようなストーリーのある銘柄に特に惹かれる。チューリップ・バブルは、西欧へのチューリップの伝来から始まった。南海バブルは、南米における独占貿易権の付与から始まった。自転車バブルは安全自転車の発明から始まった。さらに最近では、インターネット、暗号通貨、人工知能に関するストーリーが急にもてはやされるようになった。

話題性のある銘柄で一攫千金した人たちが、過去の成功体験を自慢げに語りながら、ホットな情報を売り込むこともある。真偽不明の情報を売る方が、実際の投資をするよりも確実に儲かるからだ。

最も華々しい株式相場の達人の１人がジョセフ・グランビルで、彼はときに腹話術の人形に話しかけたり、棺桶から顔を出したり、預言者の衣を着て説教したりして自分のスピーチを盛り上げた。「市場は嫉妬深い神であり、勝者には報いを与え、敗者には懲らしめを与える」と。

最初のささやかな成功で脚光を浴びたグランビルは、1970年代前半に予想

があまりにひどかったため（ゴルフ中毒が原因だと彼は言っていた）、株式相場を完全に捨てた。その後、「匿名のゴルファーたち」のおかげで彼の中毒が完治すると、1970年代後半に４年間も驚異的な相場予測を続けた。その後、彼は「相場の秘密を解明した」と自慢して二度と重大なミスを犯さないことを誓い、自らをノーベル賞に推薦した。おまけに彼は、1981年５月にロサンゼルスがマグニチュード8.3の地震で壊滅的な打撃を受けると予言した（ネタバレ注意：実際には起こらなかった）。1980年から2005年までの投資ニュースレターを比較したある調査はグランビルを最下位にランク付けした。S&P 500の平均リターンが年率14％だったのに対し、グランビルは年率マイナス20％だった。

グランビルが特別であるとはいえない。興味深いのは、人々がカリスマ的な人物に簡単に騙されることだ。アドバイスを売り歩く者もいれば、会社をいくつか経営する者もいる。

最近の例では、アリババへの初期投資で数十億ドルを稼いだ日本のソフトバンクグループ創業者、孫正義がいる。孫が、ソフトバンクには最高のスタートアップ企業に投資することを基本とする300年計画があると発表したとき、彼の水晶玉には一点の曇りもないと誰もが考えた。彼はアリババを買ったのだ！　きっと次のアリババ、そして何十個ものアリババを見つけられるはずだと。

しかし、孫のアリババへの投資は、千里眼というよりもむしろ幸運だったのかもしれない。図9.4は、S&P 500への投資が４倍以上になった一方で、ソフトバンクの株価が苦労して回復し、なんとか2000年の水準に戻ったことを示している。

皮肉なことに、孫自身、カリスマ的なリーダー、一風変わった社名、そして間違いなく危なっかしい事業計画を持つ企業に惹かれてきた。ウーバー・テクノロジーズ、ウィワーク、ドアダッシュ、クーパン、ディディ・グローバルなどだ。

孫の成功と失敗は、スタートアップ企業、つまりすばらしいストーリーを

図9.4　ソフトバンクの失望

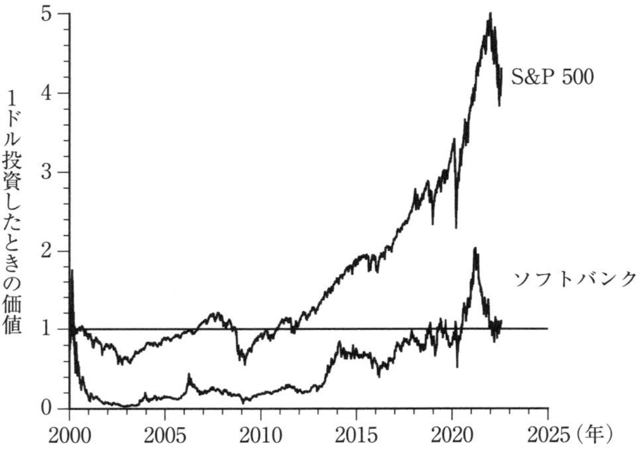

持つ新しい企業が放ち続ける誘惑のほんの一例にすぎない。ある投資銀行家は、「我々は基本的に希望を売っている。そして、希望は我々にとって現実にいいものだ」と言う。

ここ数年、シリコンバレーと著名な創業者たちの風変わりなライフスタイルは、人々の夢と興味の中心を占めてきた。アップルのスティーブ・ジョブズ、ツイッターのジャック・ドーシー、エバーノートのフィル・リビン、Yコンビネーターのダニエル・グロス、セラノスのエリザベス・ホームズなどのことだ。人類学者のマンヴィール・シンは、この魅惑を「テック系CEOのシャーマン化」と命名した（訳注：シャーマンは特別な能力を持つ呪術者を指す）。

『ニューヨーカー』誌は、ケール、セロリ、ほうれん草、パセリ、キュウリ、ロメインレタスを調合したエリザベス・ホームズの質素な飲み物に魅了され、彼女を人の姿をしたエイリアンか、人間と幽霊の間の子孫のようだと評した。彼女は「こちらが不安になるほど物静か」で「ささやくよう」な話し方をする。ヘンリー・キッシンジャーは、彼女は「ある種のこの世のものとは思えない品性」を持っていると述べた。

悲しいかな、セラノスはハッタリをかましていた詐欺の一例にすぎなかった。顧客や投資家に対して、完成品がないにもかかわらず、完成品があるかのように信じ込ませていたのである。顧客が製品やサービスを注文して契約を交わすと、その欺瞞に満ちた企業は開発できたと言ったはずのものを開発するために奔走する。投資家が会社に資金を投じる契約をすると、会社は開発できたと言ったはずのものを開発するためにその資金を費やす。いずれにせよ、会社は必要な限り、あるいは偽装がばれるまで嘘をつき続ける。

セラノスは、1滴の血液で何百もの検査を迅速かつ安価に行える血液検査装置を開発したと主張した。人々はスーパーマーケットや薬局で買い物をしながら血液検査を受けられるのである。すごいことだ！

かつて90億ドルと評価されていたセラノスには、9ドルの価値もなかった。セラノスは明らかに、血液検査機のデモを偽造していた。製薬会社のロゴを使って、持ってもいない技術が承認されたかのように検証報告書を偽造した。2014年後半には、実際にはゼロだったその年の売上高を1億4000万ドルと予測した。2022年1月、ホームズは投資家に対して虚偽の主張を行ったとして、4件の詐欺罪で有罪判決を受けた。7月、最高執行責任者（COO）のラメッシュ・"サニー"・バルワニは、セラノスの投資家と患者を騙したとして、12件の重罪で有罪判決を受けた。ホームズには懲役11年3ヵ月、バルワニには懲役12年11ヵ月が言い渡された。

刑事訴追にまで発展することはまれだが、セラノスが特別だとはいえない。セールスマンの真言いわく「我々は製品を売っているのではない、夢を売っているのだ」。

リスクの高いベンチャー企業の立ち上げは、無限の楽観主義に依存していることが多い。アマゾンのジェフ・ベゾス、マイクロソフトのビル・ゲイツ、オラクルのラリー・エリソン、アルファベットのラリー・ペイジとセルゲイ・ブリンなどを思い浮かべてほしい。これらの企業の創業者たちは誰も、自分たちの未熟なアイデアが彼らを世界一の富豪に仲間入りさせることになるとは知らなかった。また、我々が名前を聞いたこともない何十万人もの人々は、自分らの未熟なアイデアが失敗に終わることを知らなかった。

アップルのスティーブ・ジョブズとスティーブ・ウォズニアックのことを考えてみよう。実は３人目の共同創業者としてロン・ウェインがおり、彼はアップルの株式を10％（ジョブズとウォズニアックはそれぞれ45％）与えられ、意見の相違があった場合にタイブレークの票を投じる「部屋の中の大人(adult in the room)」となっていた（訳注：仲裁役。2015年のギリシャ財政危機の際、当時のラガルドIMF総裁が「事態の打開に今すぐ必要なのは部屋の中の大人たちと対話することだ」と述べたことによる）。ウェインは、創業から12日後、持分をジョブズとウォズニアックに800ドル（2023年の金額に換算して4000ドル弱）で売却し、１年後には1500ドルを受け取って将来の請求権を放棄したと伝えられている。彼は明らかにアップルの事業計画を楽観視していなかったのである。

ほとんどの新規事業は失敗する。例えば、新しいレストランのほとんどは１周年を迎える前に倒産し、80％近くが５年以内に閉店する。それでも人々はレストランを開店し続ける。フロリダ大学のジェイ・リッター教授（「ミスターIPO」）が2022年に収集したデータによると、1975年から2018年の間に行われた8603件のIPOのうち58.5％は３年間のリターンがマイナスで、36.9％は価値の半分以上を失った。投資家の夢である1000％を超えるリターンを実現したIPOはわずか39件だった。IPOの３年リターンの平均は、米国市場全体よりも17.1％ポイントも悪かった。

一時的な流行や愚行、その他の一攫千金の夢に誘惑されてはならない。適正な価格で優良企業の株式を買うことは、これまでも、そしてこれからも、長期的な成功のための最良の戦略である。

相場の上げ下げのタイミングを計ろうとするな

ニューヨーク・タイムズ紙で長年金融記事を書いてきたバートン・クレーンは、株式市場で大儲けする方法について、こんな魅惑的なアドバイスをしている。

株価は上昇するだけでなく下落することもわかっているのだから、小さな往復をとるのがいいだろう。ある銘柄を10で買って20で売れば100％の儲けだ。しかし、10で買って14.5で売り、12で買い戻して18で売り、15で買い戻して20で売る人は188％の儲けになる。

そう、値動きの激しい株式に飛び乗り、値上がりの前に素早く買い、値下がりの前に素早く売れば、莫大な利益になる。しかし、家を買うため、老後のため、あるいは投資家がお金を貯めて買おうとしている他の何かのためにキャッシュが必要になるまで、買った株式を持ち続けるという単純なバイ・アンド・ホールド戦略に比べれば、株式の購入と売却のタイミングを計ることがいかに難しいかは、これまで幾多の研究で明らかになっている。

株式は平均すれば儲かるため、株式の売買を繰り返して半分しか当たらない投資家は、ずっと株式を持ち続けた場合よりも普通はリターンが低くなる。相場が次にどちらに動くかを当てようとして、飛びついたり離れたりする投資家が、バイ・アンド・ホールドと同じようにうまくやるには、４回のうち３回は当たらなければならないと推定されている。そんな幸運な人はほとんどいない。

このような悲惨な結果にもかかわらず、人々は挑戦することをやめない。とりわけ熱心なのは、過去の株式市場のデータから株価の動きを予測しようとするテクニカルアナリストである。彼らは株価と出来高を注意深く調べるのが伝統だったが、今ではコンピュータに取り込めるデータであれば何でも相手にする。

図9.5は、ある銘柄の100日間の日次終値を示したものである。テクニカルチャートでは、始値、終値、安値、高値が表示されることが多いが、ここではトレンドを際立たせるために終値以外は捨象した。このグラフに追加した２本の線は、上昇チャネル（訳注：短期での高値と安値がそれぞれ切り上がっ

図9.5　上昇チャネル

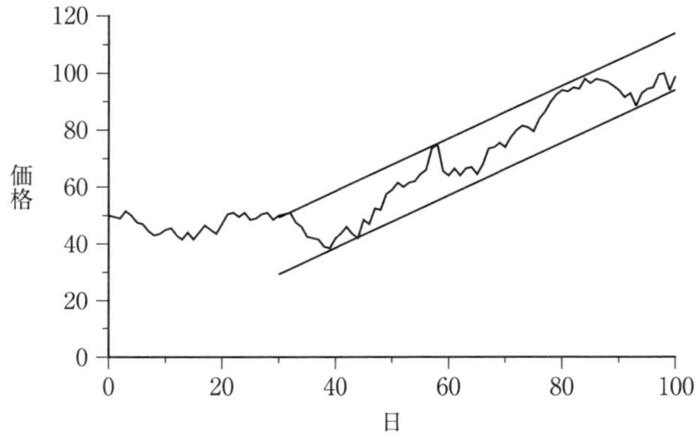

ている期間について、価格変動の上下限を示唆するもの）を示している。この期間のほとんどで、終値は上昇トレンドにあり、チャネルの境界線を上回ったり下回ったりすることはなかった。長期トレンドは強気だが、短期で十分な利益を上げることは不可能ではなさそうだ。この銘柄がチャネル下限線に接近して反発しそうなときに買い、上限線に接近して反落しそうなときに売ればよいのである。値動きがチャネルの境界を突破するほど強ければ、おそらくその勢いによってチャネルからさらに遠ざかるだろう。

図9.6はこれとは別の種類のパターンを示している。明確な上昇トレンドも下落トレンドもないが、価格は28ドルまで３回下落して、その後上昇に転じている。28ドルという価格は、この価格まで下落したときにその銘柄に対する強い需要があるように見えるという点で、支持水準と考えられる。図9.6のように、真ん中に頭（ヘッド）があって両側に肩（ショルダー）がある価格パターンが現れることもある。チャーチストたちは、このヘッド・アンド・ショルダーの支持水準は特に強いと考える。つまり、価格が28ドルに下落すると、この支持水準から跳ね返される可能性が高いということである。しかし、価格暴落の勢いが十分に強く、強固に確立された支持水準を突き破る場合（図9.6の100日目付近に相当）、これは不吉なことだと見なされる。そ

図9.6　ヘッド・アンド・ショルダーの支持水準

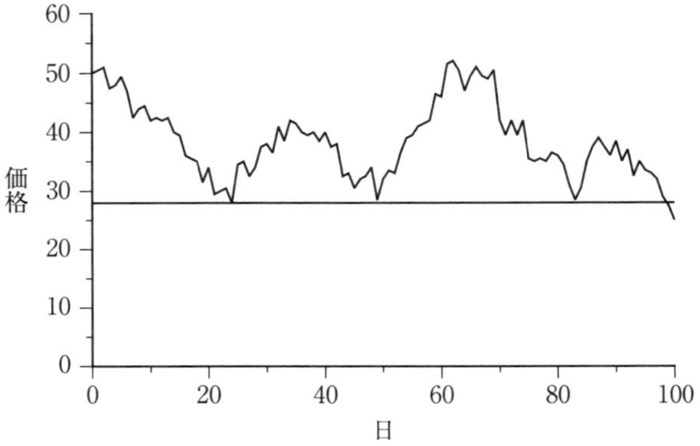

こで、チャーチストたちは、価格が28ドルに近づくにつれて、支持水準が突破されるのか、それとも再確認されるのかを心配しながら見守ることになる。

図9.5と図9.6の明確なパターンは、テクニカル分析の価値を裏付けているように見える。実際、ゲイリーはこれらを含むいくつかのチャートを、直線または銘柄や期間を特定する情報を加えずに、有名なテクニカルアナリスト(「エド」)に送ったことがある。

しかし、これは手の込んだいたずらだった。ゲイリーはイェール大学で120人ほどの学生を集めて投資の授業をしており、学生たちに大量のコイン投げの記録をとるように頼んでいた。それぞれの架空の銘柄の価格は50ドルから始まり、25回のコイン投げの結果によって、架空の1日ごとに上下させた。表が出れば50セント上がり、裏が出れば50セント下がる。例えば、ある日に表が14回、裏が11回出ると、その日の価格は1.5ドル上昇するという具合だ。ゲイリーは10枚の良くできたチャートをエドに送り、エドにもゲイリーに見えたのと同じパターンが見えるだろうと期待した。

エドは期待を裏切らなかった。彼は定規とペンでここに示したような線を書き加え(それを清書したのは我々である)、ゲイリーに銘柄と期間を教えてくれと言ってきた。最近のものがあれば、それで儲かる取引ができると期待していたのだろう。エドは悪ふざけだと知ったが、事実が暴露されてもテクニカル分析への熱意は冷めなかった。彼は、テクニカル分析でコイン投げの予測ができることをこの実験が証明したと解釈したのである！

実際のデータを使った例を挙げよう。2013年、ある研究者グループがグーグルの検索データから株価を予測できると報告した。彼らは、ユーザーが98種類のキーワードを検索した頻度に関する週次データを検討した。とても奇妙なことに、報告の中で彼らは、株式市場に関連するキーワードに限定した分析であることを謝罪していた！　これは、相関関係は因果関係よりも強力だという誤った考え方の反映である。すなわち、株式とは無関係の単語と株価との間に相関関係を見出せるのなら、その方が意味があるかもしれないというわけだ。

研究者たちは、98のキーワードそれぞれについて１～６週間の移動平均を検討し、最も成功した株式取引戦略は、「debt（債務）」というキーワードを用いる３週間移動平均に基づくもので、次の判断ルールに従うものだったと報告している。

このモメンタム指標がマイナスならダウを買う。
このモメンタム指標がプラスならダウを売る。

2004年１月１日から2011年２月22日までの７年間のデータを用いると、この戦略の年率リターンは23.0%となり、バイ・アンド・ホールド戦略の2.2%に比べて驚異的に高かったと報告している。結論はこうだ。

我々の結果によれば、検索件数データにおけるこれらの警告サインは、収益性の高い取引戦略の構築に利用できた可能性があったといえる。

この研究者たちは、98種類のキーワードと６種類の移動平均（合計588の戦略）を検討した。２つの取引ルール（モメンタム指標がプラスならば必ず買う、または必ず売る）も考慮すると、計1176の戦略が検討されたことになる。これだけ多くの可能性があれば、いくつかの偶然のパターンが発見されるに違いない。このことは、報告された内容の信頼性を損なう。

ゲイリーは、2011年２月22日から2018年12月31日までの７年間にわたり、ダウを予測するための「debt」戦略を検証した。図9.7はその結果を示している。「debt」戦略のリターンが年率2.81％であったのに対し、バイ・アンド・ホールドは8.60％であった。

ときとして、完璧は善の敵である。売買のタイミングを完璧に計ることは不可能に近く、不可能を可能にしようとすれば、優柔不断になり、チャンスを逃すことになる。株価が底を打つのを待っているつもりが、株価が大幅に上昇して躊躇したツケを払わされることになるかもしれない。

さらに悪いのは過信、つまり自分には相場のタイミングを計れると思い込んでしまうことだ。その最も極端な形がデイトレードで、株式の売買に夢中になって貴重な時間を浪費する。その熱狂者は、毎日コイン投げをして、当

図9.7　ぎこちなくよろめきながら相場に出入りする

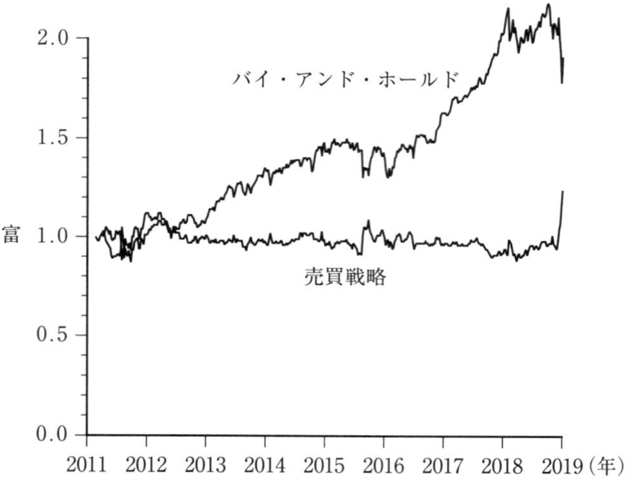

たったか外れたかを記録しているに等しい。

価格変動でリスクを測るな

短期的な価格変動を心配するのには、正当な理由もある。ゲイリーは、大学院生だった頃に半年おきの奨学金をもらっており、その奨学金でかろうじて授業料、安く抑えた食費、そして週25ドルのワンルーム・アパートの家賃を賄っていた。アパートには、小さな冷蔵庫があったがコンロはなく、バスルームがあったのは廊下の端だった。彼は、教育も食事も住居も失うリスクを冒してまで、値下がりするかもしれない株式を買う気にはなれなかった。

同様に、子どもが大学生であるとか、あるいはこれから大学生になるという場合には、授業料その他の費用を支払うのに十分なキャッシュを確保しておきたいと考えるだろう。家を買うと決めたのなら、決済時に十分なキャッシュが確実に手元にあるようにしたいと考えるだろう。

一方、人々がキャリアをスタートさせ、退職や遺贈に備えて貯蓄をする場合、短期的な価格ボラティリティは長期的なリターンよりもはるかに重要性が低い。ゲイリーが大学院を卒業して教授の職に就いたとき、彼の所得で生活費を賄うことができたので、株式相場が下落して空腹やホームレスになる心配をすることなく、貯蓄（当時はわずかだったが）を株式投資に回すことができた。マーガレットも似たような経験をしているが、彼女は大学院で高給の仕事に就いたため、貯蓄や株式の購入をもっと早く始めることができた。我々は２人とも、株式市場のボラティリティを心配したことはない。

それどころか、直感に反するようだが、若くて貯蓄をしている人は株価の急落を歓迎すべきなのだ。なぜなら、彼らは株式を売っているのではなく、買っているからである。投資家が貯蓄に励み、富を蓄えているときは、できるだけ安く株式を買いたいものだ。

若いうちは短期的な価格ボラティリティが長期的なリターンよりも重要ではないとすれば、高齢になったとき、特に生活水準を維持するために株式を売却するかもしれない退職後には、その逆が正しくなるようにも思える。しかし、多くの場合、そうはならない。高齢者は住宅ローンを完済しているだろうから、毎月の返済を心配する必要はない。また、社会保障年金を受給している可能性もある。2022年、社会保障年金制度による給付の上限は年間４万0140ドルであり、インフレに応じて支給額も上昇する。

また、退職した人なら、何十年も投資を継続しており、複利の奇跡を利用して多額の貯蓄を積み上げている可能性もある。実際、貯蓄や投資によって、退職者が十分な富を蓄積し、その富から仕事で得た所得よりも多くの所得を得るような状況を作り出すことが可能になる。例えば、働いて10万ドルの所得を得ていた人が、今では株式ポートフォリオから10万ドル以上の所得を得ているかもしれない。株式からの所得は、それを得るために毎日仕事に行く必要がないという点で、パッシブな所得である。それは勝手に天から降ってくるお金のようだが、実はあることによってもたらされたお金なのである。それをもたらしたのは、豊潤の泉を築くために貯蓄に費やした年月である。そのためには何年かかるのだろうか？　それは意外に短い。我々はそれをクロスオーバー・ポイント（交差点）と呼んでいる。

例えば、あなたが現在年収10万ドルの仕事に就いていて、いかなる財産も持っていないと仮定しよう。これは悲惨な仮定だが、貯蓄を始めればもはやそうではなくなる。ここで以下のような仮定を置こう。⑴あなたの勤労所得が年間３％増加する。⑵勤労所得の25％を貯蓄する。そして、⑶貯蓄から10％のリターンを得る。ここで、所得の伸びが３％というのは妥当だと思うが、合理的と思われる仮定であればどのようなものでもかまわない。10％のリターンは株式の過去の長期平均リターンであるが、ここでも他の仮定が可能である。

貯蓄率は自由に選んだ数値でよく、その貯蓄率の選択がクロスオーバー・ポイントにどう影響するかを確認できる。貯蓄率25％は高いように見えるかもしれないが、貯蓄には、あなたの他に、あなたの雇用主が退職年金制度に拠出する分も含まれていることをお忘れなく。

このような仮定を置いたとき、図9.8に示すように、クロスオーバー・ポイントは資産形成計画を開始した時点から21年後となる。信じられないかもしれないが、21年間忠実に貯蓄を続ければ、あなたは191万ドルの資産を持つことになる。これは年間19万1000ドルのパッシブ所得を生み、勤労所得18万6000ドルを上回る。さらにすばらしい朗報がある。ライフスタイルを維持するためには、パッシブ所得で勤労所得のすべてを代替する必要はなく、ライフスタイルを支えるために支出する金額だけでよいのだ。勤労所得の25%を貯蓄し、75%を支出しているのであれば、勤労所得の75%分だけのパッシブ所得が得られれば十分である。図9.8は、このクロスオーバーが18年後であることを示している。

ここでの重要な結論は、働いている間にコンスタントに貯蓄を続けてきた人は、退職したときに、仕事から得ていた所得よりも、投資からの所得の方がはるかに多くなっている可能性があるということである。そのような人はライフスタイルを維持するために財産を使い果たす必要はなく、株価のジグザグした動きにストレスを感じる必要もない。

複利の奇跡は、貯蓄者が投資で良いリターンを得ることが非常に重要であることを意味する。我々が、短期的な価格変動を抑えるために長期的なリ

図9.8　パッシブ所得はすぐに勤労所得と支出を上回る

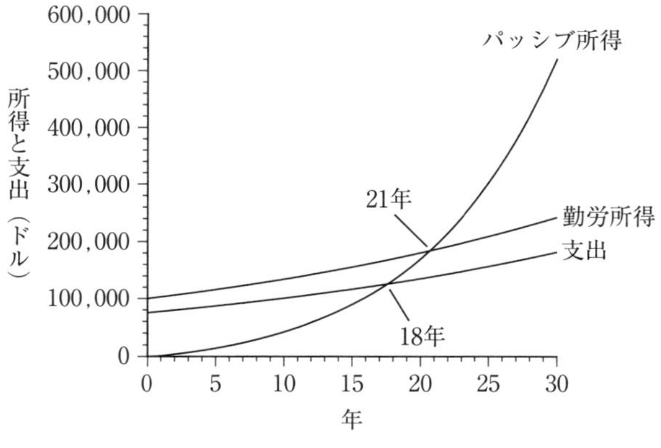

ターンを犠牲にするような投資戦略に従おうとはとても思えないのは、そのためである。

例えば、債券偏重の戦略を推奨しているファイナンシャル・アドバイザーやポートフォリオ・マネージャーは多い。表9.1は、投資期間が長ければ、全額株式のポートフォリオの方が、全額債券や60／40戦略よりも必ず、あるいはほぼ必ず良い結果を出すことを示している。

我々の主張は、株式相場の騰落を避けることを目的としたエイジ・イン・ボンド戦略やそれと類似のターゲット・エイジ戦略に対する反論でもある。貯蓄をし、相当な富を蓄積している人は、歳をとるにつれて保守的になる必要はない。それは、債券の相対的な価格安定性のために株式の高いリターンをあきらめることになるからである。

例えば、ある人が80歳で、社会保障年金の受給額を上回る年間５万ドルを支出しているとしよう。インフレに合わせて支出が年３％増えるとすると、100歳まで生きれば合計136万ドルを費やすことになる。このとき、136万ドルを大幅に超える資金があれば、80％を債券にする理由はほとんどない。90歳なら78万1000ドルで100歳まで十分生きられるし、株式の形で数百万ドルあれば債券を90％にする理由はほとんどない。株価が急落し、資産額がこれらの最低水準に危険なほど近づいた場合には、株式を一部売却すればよい。一般的には、危険が迫ってから売却する方が、危険が実現するかもしれないというわずかな可能性を懸念して売却するよりも賢明である。

表9.1　株式100％の方が多くの富を得られた頻度（％）

投資期間	対債券100％	対株式60％・債券40％
１ヵ月	63.89	62.05
10年	83.74	73.18
25年	99.06	95.31
50年	100.00	100.00

数学に惑わされるな

我々が株式市場を研究するようになったのは、強力な理論とすばらしい数学に惹かれたからである。しかし残念なことに、我々も多くの人と同じように、その基礎となる仮定が納得できるものなのかどうかをあまり深く考えなかった。例えば、平均・分散分析で使われるグラフは巧妙だし、マーコウィッツ・フロンティアの数学的導出は驚くほど美しい。また、平均・分散分析によっていくつかの魅力的な知見、例えば、分散投資によってリスクがどの程度低減するかは資産リターン間の相関関係に依存するといったことが裏付けられることも、高い知的満足度を与えてくれる。

我々は数十年前に平均・分散分析を学んだが、実は実務で使ったことは一度もない！　その代わりに、予想キャッシュフローと現在の市場価格を踏まえ、購入する銘柄の長期的な魅力を検討しており、我々のアプローチはすばらしくうまくいっている。バリュー投資家にとって、平均・分散分析は光り輝くだけで役には立たないお飾りだ。

視野を広げると、ファイナンスの多くのモデルは、ノーベル賞を受賞したブラック・ショールズ・オプション価格決定モデルを含め、株式リターンを正規分布からの反復抽出としてモデル化できると仮定している。この仮定が広く普及しているのは数学的に便利だからであって、十分な理論的・経験的裏付けがあるからではない。残念ながら、この便利な仮定は、非常に多くの理論的ファイナンスモデルにとって決定的に重要なものである。もしこの仮定が間違っていれば（その通りだ）、モデルとその結論も間違っていることになる（その通りである）。

数学を都合よく用いたことで常識では考えられない事態に陥った好例が、住宅ローンのメルトダウンである。これは2007年に始まったもので、当時の銀行員には理解できず、疑問も持たれなかった複雑な数学モデルに依拠して、銀行がひどい意思決定を行ったことで、問題が拡大した。

銀行は伝統的に、融資した住宅ローンを返済されるまで持ち続けてきたが、1970年代以降はそれを住宅ローン証券に投資するミューチュアルファンドに売却し始めた。理論上、これは両者にとってプラスだった。投資家は株式や債券だけでなく住宅ローンにも投資できるようになり、住宅ローンを売却した銀行は、より多くの融資を行うためのキャッシュを手にすることができたからである。しかし現実には、逆インセンティブが生まれることになった。銀行が住宅ローンを売却するのなら、銀行にとって住宅ローンの審査に慎重になる理由はほとんどなくなる。なぜなら、銀行の利益は、住宅ローンの支払いが期日通りに行われるかどうかではなく、融資を承認した件数によって決まるようになったからだ。

この利益相反は、全国的に住宅ローンブローカーが増加したことによって悪化した。彼らはサブプライムの「NINJA」ローンなどの住宅ローンを住宅購入者に承認することで金儲けをした。「NINJA」ローンは、無収入（No Income）、無職（No Job）、無資産（No Assets）の住宅購入者に対するものだが、その借り手は困ったことが起きそうになると忍者のように夜逃げすると言われた。あるモーゲージ・ブローカーのウェブサイトには、「我々はイエスと言わない限り、報酬はもらえません」と自慢げに書かれていた。ノーと言うインセンティブがないのだから、疑わしいローンが大量に承認されたとしても何の不思議もない。

さらに、数学に長けたファイナンシャル・エンジニアたちは、住宅ローンのプールをデフォルト・リスクに基づいてトランシェと呼ばれるサブプールに分割することで、とんでもない手数料が稼げることを発見した。やがて、サブプールのパフォーマンスに連動する「デリバティブ」証券が登場した。

名門ビジネススクールの教授や高度な学位を持つファイナンシャル・エンジニアたちは、リスクを評価するための数学的モデルを構築した。しかし、そのモデルは平均・分散分析と同じ前提を置いていた。その正当性はより低いものであり、より悲惨な結果を招くこととなった。

第一に、モデルの重要な変数は住宅ローンのデフォルトによってプールが無価値になる可能性ではなく、日々の価格変動だった。第二に、数学的に便利な正規分布を使う方が簡単だったため、モデルは極端なイベントが起こる可能性を過小評価していた。第三に、景気後退期には多くの人が職を失い、特に仕事が不安定なサブプライムローンの借り手は職を失いがちであるにもかかわらず、モデルはリターンが独立であると仮定した。第四に、デフォルト確率はヒストリカルなデフォルトデータから推定されたが、歴史的にサブプライム層は住宅ローンを借りなかったため、その推定値はかなり低かった。

多くの間違いの根底にあったのは、信じられないような傲慢さである。自分たちは大金を稼いでいるのだから、とても賢くてミスなど犯すはずがないと考える人が、なんと多かったことか。サブプライム住宅ローン危機が2007年に盛り上がりを見せ始めた頃、AIGのある幹部は、「軽はずみなことを言うつもりはないが、あらゆる合理的な範囲のシナリオにおいて、これらの取引が当社に1ドルでも損をさせることを想定するのは難しい」と豪語していた。

彼は愚かで間違っていた。サブプライムの借り手の多くは返済ができなくなったばかりか、残債をすべて返済できる価格で家を売ることもできなくなった。そして、投げ売り価格で家を売るか、借金から逃げ出すことにした。このことで住宅価格の下落に拍車がかかり、さらに多くのサブプライムの借り手が借金から逃げ出すこととなった。住宅ローンのデフォルトは住宅ローンファンド破綻の引き金を引き、デリバティブのデフォルトも誘発したのである。

業者は住宅の建設を中止し、失業した建設労働者の波紋が経済全体に広がって消費、所得、株価が暴落した。家計資産は12兆ドル減少したほか、失業率は2008年4月の5%から2009年10月には10%へと18ヵ月間で倍増し、大恐慌以来の高水準となった。米国経済は第二の世界恐慌の瀬戸際に立たされたのである。FRBは経済への資金注入を迫られ、議会は7000億ドルの救済基金の創設を余儀なくされた。

我々は数学を愛しているが、愛に盲目になってはいけない。数学は道具であり、それ以上のものではない。ウォーレン・バフェットがかつて警告したように、「数式を操るオタクには気をつけろ」ということだ。

AIに担がされるな

アルファベットのCEO、スンダー・ピチャイは、人工知能（AI）を人類による火や電気の利用に喩えている。チューリング賞（「コンピュータのノーベル賞」）を受賞したジェフ・ヒントンは、現在のAIの発展を車輪の発明になぞらえている。我々はコンピュータを愛しているが、このような主張は馬鹿げている。

何十年もの間、コンピュータの力に科学者は舞い上がり、一般市民は恐怖を感じてきた。ノーベル経済学賞とチューリング賞を受賞したハーバート・サイモンは1965年、「機械は20年以内に、人間ができるどんな仕事でもできるようになるだろう」と予言した。彼のコンピュータに対する誤った信頼は、決して特別なものではない。それから67年以上経った今でも、我々はコンピュータが人間の奴隷になるのか主人になるのかわからない。

コンピュータは驚異的な記憶力を持ち、電光石火の速さでミスのない計算をし、そして疲れを知らない。しかし、人間にはコンピュータに欠けている実社会での経験、常識、知恵、そして、批判的思考力がある。

例えば、グーグルやオープンAIなどの企業は、公開されている膨大なテキストの統計的分析に基づいて単語をつなぎ合わせる大規模言語モデル（LLM）を開発した。LLMは驚くほど意味のはっきり伝わる会話ができ、説得力のあるエッセイや物語、さらには研究論文を書くことができる。しかし、「知性がある（intelligent）」という言葉のあらゆる意味において、それは人間のふりをすることとはまったく違う。LLMは、入出力される言葉を何ら理解することなく、文法的に正しい返答を作り上げるのである。

LLMは錯覚である。強力な錯覚ではあるが、1960年代にジョセフ・ワイゼンバウムが作成したコンピュータ・プログラムのイライザを彷彿とさせる錯覚である。イライザは精神科医の下手な真似事みたいな動作をするようにプログラムされていた。「患者」が入力をタイプすると、イライザはその言葉を繰り返したり、フォローアップの質問をしたりした（「あなたは子どもの頃不幸せだったのですね？　それについて詳しく教えてください」）。

利用者は、自分がコンピュータ・プログラムとやりとりしていることを知っていたにもかかわらず、そのプログラムが人間のような知性と感情を持っていると確信し、自分の胸の奥にあった感情やずっと隠してきた秘密を喜んで共有した。科学者たちはこれをイライザ効果と呼んでいる。こうした錯覚に陥りやすいのは、人間に擬人化する傾向があるからである。つまり、人間ではない、たとえコンピュータのような無生物であっても、人間に近い特性を持つと思い込んでしまうのである。

2022年11月、オープンAIはChatGPTというLLMをリリースした。これは数百ギガバイトの入力データで訓練されており、多くの場合は極めて理路整然と説得力がある形で単語を並べることができるため、ユーザーは最初の反応として驚くことが多い。これは完全なイライザ効果である。

さらに深く探っていくと、ChatGPTの並べる言葉には説得力がある反面、本当の知性を必要とする質問には戸惑ってしまう場合があることがすぐにわかった。その結果、ChatGPTはまったくの誤りを権威ぶって述べる傾向がある。次のようなやりとりを考えてみよう。

人間　　：1セント硬貨を47枚持っている。このうち44枚を捨て、残りを3つの組に分ける。それぞれの組には何枚の1セント硬貨があるか？

ChatGPT：それぞれの組に1セント硬貨が3枚あります。

人間　　：間違いない？

ChatGPT：はい、間違いありません。44を3で割った結果は14.4ですから、44枚の1セント硬貨を考慮した余りは3枚になります。ですから、それぞれの組には3枚の1セント硬貨があることになります。

ChatGPTの答えと説明は自信たっぷりに述べられているが、まったくの誤りである。答えは44を3で割っても求められない。44を3で割った結果は14.4ではない。最後の文は前の文のいずれからも導かれず、そして正解は3ではない。

ChatGPTのようなLLMは、電卓を使ったり、論理的な推論を試みたり、事実と虚偽を区別しようとしたりはしない。彼らは可能性の高い単語の並びを特定し、生成するように訓練されているのであって、それ以上のものではない。テキスト予測モデルが首尾一貫した説得力のあるテキストを生成できるというのは、信じられないような話ではある。しかし、そして、これは大きな問題だが、LLMは言葉の意味も、言葉と現実世界との関係も知らない。その結果、彼らは意味のないことを口走りがちである。例えばこんな具合だ。

人間　　：テーブルがこの車に合わなかった。小さすぎたからだけど、何が小さすぎたのかな？
ChatGPT：テーブルが小さすぎて車に合いませんでした。
人間　　：もっと小さい車にすればいいのかな？
ChatGPT：はい、もっと小さい車にすればテーブルを車内に収められそうです。もしテーブルが大きすぎて今の車に合わないなら、テーブルを置く十分なスペースがあるもっと小さい車にすれば解決するでしょう。

ChatGPTはあまりにも自信たっぷりに自分のたわごとを主張するため、その行動は嘘というよりむしろ幻覚（擬人化のもう1つの例）と表現されるようになった。例えばこのように。

人間　　：ロシア人は何頭の熊を宇宙に送ったの？

ChatGPT：推定によると、1957年以来、ロシアは約49頭の熊を宇宙に送っています。

人間　　：その名前は？

ChatGPT：ロシアが宇宙に送った熊には、長年にわたって様々な名前が付けられてきました。「アリョーシャ」「ウゴレック」「ズヴェズドーチカ」「ストレルカ」「ベルカ」「プーシンカ」「ウラジーミル」などです。

人間　　：何を見て調べたの？

ChatGPT：はい、ナショナルジオグラフィック誌の記事へのリンクです。ロシアが宇宙に送ったすべての熊について、さらに詳しい情報が載っています。https://www.nationalgeographic.com/animals/2019/05/space-traveling-bears-soviet-union-ussr/

ロシアは熊を１頭も宇宙に送っておらず、ChatGPTが提供した参考文献は完全にでっち上げである。我々が追加の参考文献を要求したところ、ChatGPTは喜んでそれに応じ、滑稽なへまを繰り返した。

ChatGPT：https://www.cnet.com/news/russian-space-bears-meet-the-intrepid-animals-that-saved-astronauts-lives/
https://www.nytimes.com/1992/11/30/science/two-bears-orbiting-earth-for-15-years.html

あなたがこれを読む頃には、ChatGPTの調教師は、ほぼ間違いなくこれらの間違いを修正するためにシステムにパッチを当てていることだろう。しかし、事後的な修正では根本的な問題は解決しない。コンピュータ・システムは、入出力される言葉や数字、その他のデータの意味を理解する術を持ち合わせていないのだ。そのため、重要な結果を伴う意思決定をする際、コンピュータ・システムに頼るべきではない。

コンピュータ・アルゴリズムがひどいレストランや映画を推薦したとしても、たいした問題ではない。しかし、今や企業は、知性という幻想に畏怖の念を抱き、ブラックボックス・モデルを使って、ローンの承認、保険の価格設定、求職者の選別、株式の売買など様々なことを行っている。そのもとになっているのは、統計的相関以外の何ものでもない。

統計学者がいくら大声で「相関は因果ではない」と叫んでも、聞く耳を持たない人もいるのだろう。彼らはコンピュータや相関関係にあまりにも簡単に感心してしまうのだ。ゲイリーが著書『AIの妄想』の中で書いているように、今日の本当の問題は、コンピュータが我々より賢いことではない。我々がコンピュータを自分たちより賢いと思い、その結果、コンピュータに任せるべきでない意思決定を任せてしまうことなのだ。もっと簡潔に書けばこういうことだ。

問題は、コンピュータが賢いことではなく、コンピュータが間抜けなことなのだ。

AIを現実世界で使おうとすると、そのほとんどの場合において、統計的パターンの発見を超えるものが要求される。それにもかかわらず、AIの持つ神話的な力によって多くの投資家が騙されている。数多の例があるが、その1つが、2015年に設立され、2020年7月2日に上場したレモネードという風変わりな名前の保険会社である。同社の上場初日の株価の終値は69.41ドルであり、新規公開価格29ドルの倍以上だった。そして、2021年1月11日には183.26ドルの高値を付けた。

投資家の心をくすぐる話題とは何だったのだろうか？　レモネードは、販売代理店やオフィスビルをオンラインチャットボットに置き換えることでコストを削減し、チャットボットが投げかける13の質問に対する顧客の回答を

AIアルゴリズムで分析することで保険料を設定している。CEO兼共同創業者のダニエル・シュライバーは、「AIが、例えばチェスで人間に圧勝するのは、人間が作ることも、完全に理解することもできないアルゴリズムを使っているからだ」と主張し、同じように「我々が理解できないアルゴリズムによって保険をより公平なものにできる」と述べた。そう、同社のCEOは、誰も理解できないアルゴリズムに基づいて保険に値段を付けていることを自慢しているのだ！

同社は、そのAIアルゴリズムが「わずか13個（の質問）によって1600以上のデータポイントを収集し、ユーザーの細かい人物像と驚くほど予測力の高い洞察を生み出している」と自慢している。13の質問への回答から、どうやって1600以上のデータポイントを得るのだろうか？　欠陥やバイアスがあることが知られている顔認識ソフトを使っているのだろうか？　レモネードは創業してまだ数年しか経っていないのに、なぜそのアルゴリズムが「驚くほど予測力が高い」とわかるのだろうか？　そんなことはない。彼らのアルゴリズムは、過去を予測できる相関関係をユーザーの回答から見つけるかもしれないが、それはアルゴリズムがどれだけ未来を予測できるかに関する指

図9.9　レモネードがレモンに変わる

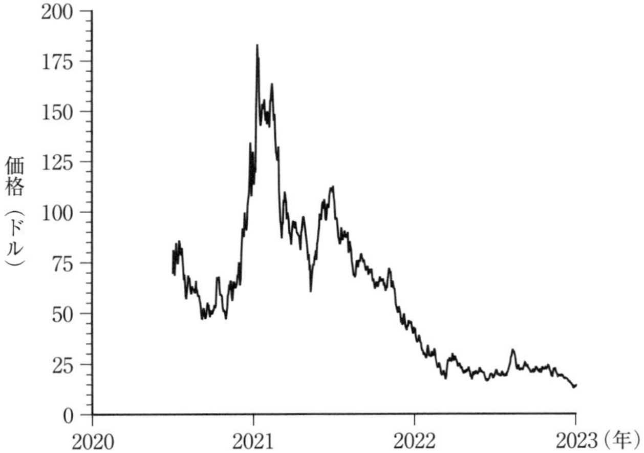

針としては根本的に信頼できない。

レモネードの損失は四半期ごとに拡大しており、この原稿を書いている2023年４月14日現在、図9.9に示したように株価は12.98ドルで、2021年１月11日の高値183.26ドルから93％下落している。

AIアルゴリズムの信頼性がその成功を左右する企業の株式に投資するべきか検討しているのなら、アルゴリズムが常識、知恵、批判的思考といった真の知性を要求する意思決定を行っていると企業が言明しているかどうか問うべきだ。もしその答えがイエスなら、おそらくあなたの答えはノーだろう。

バックテストに納得するな

データの氾濫と強力なコンピュータの開発によって、投資家が株価の統計的パターンを探すためにデータを盗用する機会が実質的に無制限に生み出されることになった。

例えば、ゲイリーの長年の友人の１人（「ジム」）は、NASAが所有しカリフォルニア工科大学が管理するジェット推進研究所（JPL）で働いている。ジムはゲイリーが株式市場に関して幅広く研究していることを知っており、ゲイリーに対して株式市場やその他の関連する経済・金融変数について持っているデータを全部くれないかと頼んできた。ジムの計画は、そのデータすべてを強力なコンピュータに取り込んで、株価を予測する統計的関係を見つけ出し、金持ちになることだった。

しかし、うまくはいかなかった。ジムはたくさんのパターンを見つけたが、それを売買の意思決定に使っても結果はコイン投げ以下だったのである。ジムは文字通りロケット科学者だが、克服できなかったのは、大規模なデータベースには膨大な数の統計的な偶然の一致が含まれているという問題だった。意味のあるパターンを特定しようとするのは、非常に大きな干し草の山から数本の針を探すようなものだ。

ジムの本業においては、科学者はロケットの軌道を記録し、同じ条件下で発射された同じロケットならば同じような軌道を描くという確信を持つことができる。しかし、予測不可能なニュースや人間の感情に左右され続ける株式市場ではそうではない。株価が３日連続で上昇したからといって、明日またはそれ以降の３日間の株価がどうなるかはほとんどわからない。さらに悪いことに、株価の変動が、株価とはまったく関係のない事柄と統計的に相関することは避けられない。第５章の天候ファクターモデルとランダムファクターモデルの議論を思い出してほしい。

ジムは、自分のモデルが過去の株価をかなりうまく予測できたので、うまくいくと確信していた。これはバックテストとして知られているものである。バックテストでうまくいったモデルが、将来の予測を同じくらいうまくこなせることはほとんどない。そして、投資に関しては、本当に重要なのは何より将来の予測である。ジムのモデルはバックテストでは見事に成功したが、将来の予測では惨敗した。

ウェルスフロント

2008年、カチーン（kaChing）というキャッチーな名前の投資アドバイザリー会社が設立された。同社は2010年にリブランディングされ、華やかなウェブサイトとプロフェッショナルな響きを持つウェルスフロントという名前の資産運用会社となった。2013年までには、アルゴリズムを使って顧客のために投資を行うロボ・アドバイザーの先駆け的存在となり、急成長を遂げた。初年度に運用資産は9700万ドルから５億ドル以上に拡大した。2021年には、その資産は250億ドルに増加していた。

ウェルスフロントのウェブサイトにはこうある。

> **もしあなたがご自身でやるのなら、ご自身の投資判断が正しいのかいつも不安を感じることになります。また、アドバイザーを使うのなら、彼らの投資判断があなたのためのものなのか、ひょっとすると彼ら自身を**

利するためのものではないのかと常に不安を感じることになります。

ウェルスフロントはこれと対比的に、「自動なら投資は簡単です……。我々は、楽しく簡単に富を築くことができます」と主張している。我々はどうも、バックテストによるモデルを使うコンピュータを信頼しなければならないらしい。

バックテストに基づく戦略は、実際の取引に使われると大きな失敗をするという厄介な癖があるので、投資マネージャーがバックテストのパフォーマンスを将来のパフォーマンスの何らかの指針として宣伝するのは本質的に不誠実である。

2022年6月、ウェルスフロントのウェブサイトは、「リスクスコア9のウェルスフロント・クラシック・ポートフォリオの投資家は、運用開始以来、税引き前の投資額が毎年平均9.88%成長するのを見てきました。20年間では、あなたは何もすることなく投資額を7倍に増やせるのです」と報告している。この主張には、誤解を招く表現がいくつかある。ファンドが「毎年」9.88%成長したわけではない。これは平均リターンである。第二に、9.88%のリターンは2021年8月31日までしか計算されていない。当時、それから1年近くが経とうとしていた。この1年間に相場は下落しているから、それは驚くに値しない。第三に、ファンドの運用開始は8年前の2013年である。20年間で7倍になるというのは過去の実績ではなく、ファンドが今後12年間、最初の8年間と同じようにうまくいくという仮定に基づく予測である。

そうは言っても、9.88%のリターンはかなり良さそうだ。特に、実質的にリターンがゼロの銀行口座と比べるとそうだ。しかし、このウェブサイトが同じ期間のS&P 500のパフォーマンスを報告していないことに重要な意味がある。それは不思議ではない。この期間のS&P 500の年間リターンは15.67%だったのである！　2022年6月までのデータを含めると、ウェルスフロントのファンドに1万ドル投資すると1万7925ドルになった一方、バンガードのS&P 500インデックスファンドに1万ドル投資すると3万4295ドルになっただろう。

ウェルスフロントは大きな太いフォントで「要するに、我々は顧客の利益に貢献してきたということです」と得意げに表明している。確かに、自分たちの利益にはなったことは間違いない。2022年１月、UBSはウェルスフロントを14億ドルで買収することで合意した。これは、ヨットクラブで株式ブローカーが友人から「でも、顧客のヨットはどこにあるんだ？」と訊かれる風刺画を思い出させる（訳注：この言葉は、1940年に書かれたフレッド・シュエッドの『Where Are the Customers' Yachts?（邦題：投資家のヨットはどこにある？）』という本で有名になった）。

2022年９月、UBSとウェルスフロントは買収の中止を発表した。両社とも理由を明らかにしなかったが、UBSには、くだらないものに大金を払う買い手の後悔があったのではないだろうか。

ヒストリカルデータが投資の意思決定に役立つケースは限られている。そこから、経済、企業利益、配当が時間とともにどのように成長してきたかを知ることはできる。しかし、バックテスト可能な統計的パターンを探すために過去を見るよりも、将来について、特に株式その他の投資の潜在的なインカムについて考える方が、通常はより賢明である。

賢明な投資家は、過去の予測がどれだけうまくいったとしても、過去の株価を予測するモデルに説き伏せられてはならない。

データを拷問にかけるな

投資アナリストは、モデルとして頭の中に構築した理論がヒストリカルデータでは支持されなかったという状況を、よく経験する。例えば、ある研究者がインフレ期には株式市場は好調に推移すると信じていようとも、消費者物価指数（CPI）の月次変化とS&P 500の月次変化率を単純に比較すると、ほとんど相関がないことに気づく。この期待外れな結果についてあれこれ考えた研究者は、分析をやり直すために以下のようないくつかの可能性を検討するかもしれない。

1．当月のインフレ率の代わりに、前月のインフレ率を使う。
2．１ヵ月のインフレ率の代わりに、３ヵ月、６ヵ月、９ヵ月、12ヵ月の平均インフレ率を使う。
3．実際のインフレ率の代わりに、予想インフレ率に関する調査データを使う。
4．S&P 500の価格変化の代わりに、配当を含むトータル・リターンを使う。
5．S&P 500の単月の価格変化の代わりに、数ヵ月間の平均価格変化またはトータル・リターンを使う。
6．S&P 500の代わりに、ダウ・ジョーンズ工業株平均、大型株指数、小型株指数を使う。
7．2007～2009年の大景気後退期やCOVID-19パンデミック期のような異常値データを除く。

最近のコンピュータを使えば、これらすべてのバリエーションを簡単に試すことができる。それを実際に行った研究者は、インフレと株価の間の望ましい関係を確認できたバージョンを選ぶのが当然だ。どのバリエーションでも満足のいく結果が得られなければ、研究者はさらに多くの可能性を検討すればよい。

問題は、これでは統計的なパターンを求めてデータをくまなく探し回るのと同じだということだ。違いは、ランダムな散歩ではなく、ガイド付きツアーだということだ。いずれにせよ、データを探し回れば、偶然の一致や役に立たない統計的パターンがたくさん出てくるのは避けられない。ノーベル賞受賞者ロナルド・コースの印象的な言葉を借りよう。

データを長く拷問すれば、自白するだろう。

このインフレの例は仮定の話だが、現実の世界にはたくさんの事例がある。実際、テクニカル分析はデータを拷問するための大きな恐怖部屋であり続けている。現在では、膨大なデータと強力なコンピュータが、（少なくとも研究者にとっては）拷問を苦痛のないものにしている。人々が手作業で統計量を計算し、グラフ用紙にデータをプロットしていた頃がどれほど大変だったか、想像してみてほしい。

2011年、インディアナ大学とマンチェスター大学のコンピュータ科学者たちは、2008年２月から12月にかけての約1000万件のツイッターのつぶやきを分析した結果、「calm（冷静な、静かな）」という言葉が急増すると、その6日後にダウ・ジョーンズ平均が上昇することが多いとの結果を報告した。すばらしい結果だ。データを様々な方法で拷問にかけたことを除けばであるが。

1．彼らは７つの異なる予測因子を調べた。ポジティブ／ネガティブな気分と、６つの気分の状態（冷静、警戒、確信、活力、親切、幸福）である。
2．様々なツイートに気分の状態を割り当てるのには、かなりのノイズを伴う。「nice（すばらしい）」は冷静、親切、幸福のどれだろうか？「yes！（そう！）」は警戒、確信、活力のどれなのだろうか？
3．この研究者たちは、１～７日先のダウ・ジョーンズ平均との相関関係を考察した。
4．2011年に発表された論文で、なぜ2008年という１年間のデータが使われているのか？
5．なぜ２月から12月までのデータを使ったのか？　１月はどうしたのか？

（このリストには、論文の著者自身が報告しているものしか含まれていない。試したすべてのバリエーションを報告しない研究者も多い）。これだけ自由度が高ければ、偶然のパターンを発見するはずである。筆頭著者は、この結果について何も説明できないと述べているが、明らかなことが1つある。それはデータが拷問にかけられたということだ。

ツイートは膨大な量になるので、相関関係を見つけるのは簡単で心をそそられる。バンク・オブ・アメリカの調査では、ドナルド・トランプのツイートが少ない日は株式相場が上昇すると報告されている。JPモルガンの調査は、「China（中国）」「billion（10億ドル）」「products（製品）」「Democrats（民主党）」「great（偉大）」という言葉を含むトランプのツイートは金利に統計的に有意な影響を与えるという結論を出した。

このような研究の愚かさを示すために、ゲイリーはトランプが大統領に選出された翌日の2016年11月9日から3年間のツイートを調べた。彼は、トランプが「president（大統領）」という言葉を使うと、その2日後にS&P 500が上昇する傾向があることを発見した。これをすごいと思う人もいるかもしれない。そこでゲイリーは、「ever（かつて、いつか）」という単語の使用が増えると4日後のモスクワの最低気温が上昇する傾向があり、「wall（壁）」という単語の使用が増えると5日後の平壌の最低気温が低下する傾向があることも発見した。これらの相関関係はすべて強く、統計的に有意であった。それでもまだ意味がわからないという人のために書いておくと、ゲイリーは「with（～とともに）」という単語の使用が増えると、その4日後に中国茶の販売会社であるアーバンティーの株価が下落する傾向があることを発見した。それでもまだ納得できない人のためには、トランプが使う「democrat（民主主義者、民主党員）」という単語は、コンピュータが生成したランダム変数の5日後の値と正の相関があるという結果もある。

ここでの教訓は、コンピュータのアルゴリズムが偶然のパターンを見つけるのがいかに簡単かということだ。このとき、ゲイリーがデータを拷問にかけた方法は以下の通りである。

1．何千ものツイートされた単語を使用。

2．18個の変数を使用。具体的には、S&P 500、ダウ・ジョーンズ工業株平均、モスクワの日次最高気温と最低気温、平壌の日次最高気温と最低気温、アーバンティーの株式リターンとジェイシュリーティー（訳注：インドの名門茶園経営会社）の株式リターン、そして10個の確率変数である。

3．1～5日のラグを使用。

彼は文字通り何十万もの可能性のある相関関係を調べ、最も人目を引く関係だけを報告した。自白するまでデータを拷問にかけることは、研究者の性というものだ。

統計的傾向、相関関係、その他のパターンを見つけるためにデータを拷問することに、研究者の執念を示す以外の意義はない。時間はもっと有効に使うべきである。

うますぎる話に騙されるな

ジョンズ・ホプキンス大学の２人の経済学者は2022年２月、ウォール・ストリート・ジャーナル紙のオピニオン記事で、ジェローム・パウエルFRB議長の「マネーとインフレの間には密接な関係はない」という主張は誤りだと主張した。その証拠として、彼らは図9.10のようなグラフを提示した。このグラフは、マネーの広義の指標であるM2（訳注：マネーサプライ（通貨供給量）の測り方の１つで、キャッシュ通貨に預金通貨を加えたもの）の上昇率からインフレ率を予測したものである。インフレ率の予測値と実際のインフレ率は非常に近く、見分けがつかないほどである。

記事の著者はこう説明する。

この理論は、マネーサプライとインフレの関連を示す単純な等式である交換方程式$MV = Py$に基づいている。ここで、Mはマネーサプライ、V

は貨幣の速度（総支出に対する貨幣の流通速度）、*P*は物価水準、*y*は実質国内総生産である。

彼らは交換方程式と貨幣、速度、実質GDPのデータを使って物価を次の式で予測した。

$$P=\frac{MV}{y}$$

これらの「予測」の問題点は、速度の値が他の3つの変数から次のように計算されることである！

$$V=\frac{Py}{M}$$

例えば、2021年第4四半期の物価水準は1.21、実質GDPは19.81兆ドル、M2は21.39兆ドルであったため、政府は速度を次の通り1.12と計算した。

$$V=\frac{Py}{M}=\frac{1.21(19.81)}{21.39}=1.12$$

この速度1.12を交換方程式に用いると、次の通り、速度の計算に用いられた物価水準が示されることになる。

$$P=\frac{MV}{y}=\frac{21.39(1.12)}{19.81}=1.21$$

図9.10の当てはまりはほぼ完璧である。なぜなら、それは完全な循環論法だからである。物価をもとに速度が算出され、それをもとに物価が算出されたのである。図9.10の当てはまりが完全ではない唯一の理由は、近似的にしか正しくない百分率を用いて計算されているからである。

我々は、ジェイ・コーデスからの以下のようなｅメールでこの無意味なも

図9.10　マネーはインフレをほぼ完璧に予測する

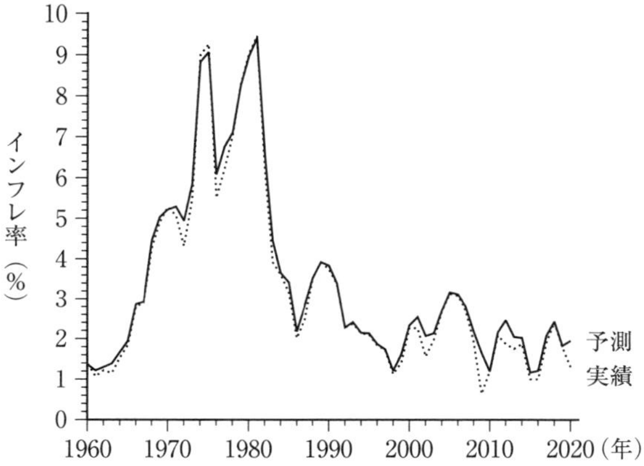

のを知った。彼は、経済予測が図9.10で示されているよりもはるかに厄介であることを知っているデータサイエンティストである。

オッケー、下に付けたグラフがでたらめじゃないかと思って連絡した。「予測」が現実とこれほど一致することはない。何かトリックがあるのかな？

ここでの教訓は、信じられないほどうまく予測する経済ないしファイナンスモデルを誰かが自慢していたら、それはおそらく正しくない、ということだ。

ウォール街の古い諺にいわく、「投資家には2種類がある。それは間違いを犯す者と嘘つきである」。我々は過去に間違いを犯したし、これからも犯すだろう。あなたもそうだ。そうでないと主張する人は疑ってかかるに越したことはない。

重要なる結論

投資のリターンは決して保証されているものではない。しかし、投資家は十分な情報に基づいた意思決定を下すことが可能であり、それによって長期的に満足のいく見返りが得られるだろう。我々は、バリュー投資が最良のアプローチであると確信しており、皆さんにもそれを試していただけることを願っている。最も重要な落とし穴は、「やってはいけないことリスト」に挙げた各項目である。投資を成功させるために非常に重要なので、ここに再掲しておく。

1. 群れに従うな、価格を追うな
2. 一時の流行、愚行、耳寄り情報に誘惑されるな
3. 相場の上げ下げのタイミングを計ろうとするな
4. 価格変動でリスクを測るな
5. 数学に惑わされるな
6. AIに担がされるな
7. バックテストに納得するな
8. データを拷問にかけるな
9. うますぎる話に騙されるな

〈参考文献〉

Edwards, Robert D., and Magee, John. 1948. *Technical Analysis of Stock Trends*, Springfield, MA: Stock Trend Service.

Hanke, Steve H., and Hanlon, Nicholas. 2022. Jerome Powell Is Wrong. Printing Money Causes Inflation. *The Wall Street Journal*, February 23.

Hulbert, Mark. 2005. Gambling on Granville, *MarketWatch*, March 16.

Preis, Tobias, Moat, Helen Susannah, and Stanley, H. Eugene. 2013. Quantifying Trading Behavior in Financial Markets Using Google Trends. *Scientific Reports* 3: 1684.

Smith, Gary. 2019. Be Wary of Black Box Trading Algorithms. *Journal of Investing*

28 (5): 7–15.
Smith, Gary. 2020. Data Mining Fool's Gold. *Journal of Information Technology* 35 (3): 182–194.

訳者による解題

本書は“The Power of Modern Value Investing: Beyond Indexing, Algos, and Alpha”（Gary Smith and Margaret Smith, Palgrave Macmillan, 2024）の邦訳である。ベンジャミン・グレアムとデーヴィッド・ドッドによる伝統的なバリュー投資を進化させた「現代バリュー投資」を提唱する。

伝統的なバリュー投資では、リスクと機会を安全余裕度という単一の指標で測る。また、ポートフォリオではなく個別投資に関する議論にとどまっていた。これに対して本書の提案する現代バリュー投資は、投資家が直面する結果の不確実性という意味でのリスクの概念を導入するとともに、ポートフォリオのレベルの議論にも発展させた。

重要なのは、その「リスク」の焦点が、（少なくとも訳者２人の属する資産運用業界で）多くの人が信奉している市場価格ではなく、本源的価値の方に合わされることである。つまり、現代バリュー投資におけるリスクとは、投資対象の将来のインカム（株式ならば配当や総還元、利益、EVA、フリー・キャッシュフローなど）の不確実性、あるいはそれらの予測に基づく価値の推定結果（バリュエーション）に対して、予測者自身が抱く確信度の逆数である。

分散投資の有効性も、現代バリュー投資においては市場価格のばらつきを抑制できることでは決してない。現代バリュー投資における分散投資は「インカムの成長期待の相関が低いものを組み合わせる」ことであり、その有効性は「バリュー余剰や、バリュエーションに対する確信度が小さくても、それらを組み合わせれば投資に値するポートフォリオを構築しうる」（したがって、投資家はバリュー余剰の大きい個別投資の探索や、相関の低い組み合わせを探すことに注力すべきだ）ということである。

このように、MPT（現代ポートフォリオ理論、投資3.0）の知見と形式を、将来に向かって投資しようとするアセットオーナーのために鮮やかに転換してみせるところに、本書の最大の魅力がある。

さて、日本では個人の資産形成の必要性が叫ばれており、その際「長期、積立、分散」投資をするべきだと盛んに言われている。それぞれ、長期であるほど複利効果が大きく投資成果も安定するから、タイミングを捉えるのが難しいから、「リスク」を軽減できるからだと言う。

こうしたよくあるガイダンスには、決定的に欠けているものがある。それは、投資対象に対して抱くバリューというアセットオーナー自身の意見であり、それを導出するためのバリュエーションという分析行為だ。「長期」については、そもそも価値のないものを長期に保有したところで結果はたかが知れているだろう。「積立」については、バリューという意見を持たない人が、ご託宣を真に受けて価値の知れないインデックス投資に資金を投じ続けることが健全であるはずがない。「分散」については、闇雲に分散投資をしたからといって、それで得られる「分散効果」が単に市場価格のボラティリティを小さくできるという意味にすぎないとしたら、ボラティリティなど関知しない投資家にとって分散効果は存在しないようなものだし、投資に値しないものにまでポートフォリオを分散することに、何の意味があるというのか。つまり、「長期、積立、分散の勧め」はバリュー不可知論的投資の勧めなのである。

現代バリュー投資のメッセージは、投資に値すると確信できるものだけを厳選して分散せよというものだ。その実践には、バリュエーションの手法を学ぶことが有効に違いない。私見では、市場価格ではなく取得原価を基礎に議論を展開する簿記論や財務諸表論、会計学を学ぶべきだと思う。そして、その過程で実現していくアセットオーナーの意思決定の改善（「高度化」と呼ばれる）は、真の「資産運用立国」の実現にも寄与することだろう。

実は訳者は2人とも、キャリアの上でMPTやそれを基礎とする数多のアカデミックな成果に大いに頼ってきた。本書のいうバリュー不可知論的投資を担いできたのは紛れもない事実として認めた上で、それが真に顧客の役に立っているのだろうかという疑問や懸念も抱いている。そのような折に幸運にも原書に出会い、我々の疑問や懸念に対してクリアな回答をくれるものだと直感した。バリュー投資という思想をそもそも持たない投資家や実務家にとっても、本書は新たな視点を提供すると確信している。

著者の１人であるゲイリー・スミス教授は、リベラルアーツ大学の最名門校ポモナ・カレッジ（Pomona College）で40年以上にわたって教鞭を執っている。多忙の中、訳出にあたって我々が直面した疑問への回答やファクトチェックの要請に対して、すべて的確に応えてくれた。彼の協力のおかげで、原典における若干の誤りの訂正や訳文の内容・文体の改善ができたし、その過程で非常に面白い議論ができたことも個人的には有益だった。また、一般社団法人金融財政事情研究会の花岡博出版部部長からは、本書の製作・出版にあたって多くの有益なご助言とご支援をいただいた。両氏には記して感謝いたします。

訳者を代表して　**浦壁　厚郎**

索　引

【人名・事物】

[た行]

[な行]

[は行]

［ま行］

[や行]

[ら行]

【略語】

ADU（Accessory Dwelling Unit）……………………………………………198–201

AI（Artificial Intelligence）………………………………141,204–205,226,230,231,242

CAEP（Cyclically Adjusted Earning Yield）………………………………………51,52

CAPE（Cyclically Adjusted Price-Earnings Ratio）………………………………………51

CAPM（Capital Asset Pricing Model）……122,123,125–129,131,132,135,143,144,
148,149,155,175,184,208

CD（Certificate of Deposit）………………………………………………………………3,4

CFP（Certified Financial Planner）………………………………………………………191

CNBC………………………………………………………………………………………43

CPI（Consumer Price Index）………………………………………186,187,191,235

DFA（Dimensional Fund Advisors）………………………………………………133–135

EVA（Economic Value Added）………………………………………………………48

FDIC（Federal Deposit Insurance Corporation）………………………………………174

FHFA（Federal Housing Finance Agency）………………………………………186,194

FRB（Federal Reserve Board）………………………………………………174,225,239

HPI（Home Price Index）………………………………………186,187,195,198

IPO（Initial Public Offering）………………………………………………8,115,213

IRC（International Reply Coupon）………………………………………………………23,24

JBW（John Burr Williams）……………………………39,40,46,48,53,55,150,151

LLM（Large Language Model）………………………………………………………226–228

NBER（National Bureau of Economic Research）………………………………………136

NYSE（New York Stock Exchange）………………………………………………………8

PBS（Public Broadcasting Service）………………………………………………………63

PER（Price-Earnings ratio）………………………………………………………48-50

RCA（Radio Corporation of America）………………………………………………25,26

RMD（Required Minimum Disitribution）………………………………………………164

S&L（Saving and Loan association）………………………………………………129,130

SEC（Securities and Exchange Commission）………………………………………6,110

SVB（Silicon Valley Bank）………………………………………………………173,174

T-bill（Treasury Bill）………………………64–67,73,110,111,122,123,125,132

TIPS（Treasury Inflation-Protected Securities）………………………………………179

WRDS（Wharton Research Data Services）………………………………172,173,175

【著者略歴】

ゲイリー・スミス（Gary Smith）

ポモナ・カレッジのフレッチャー・ジョーンズ経済学教授。100以上の学術論文（共著を含む）と16冊の著書があり、近著は『Distrust: Big Data, Data-Torturing, and the Assault on Science（不信：ビッグデータ、データ拷問、および科学への攻撃）』。著書『Standard Deviations: Flawed Assumptions, Tortured Data, and Other Ways to Lie With Statistics（標準偏差：誤った仮定、拷問されたデータ、およびその他の統計で嘘をつく方法）』（邦題：データは騙る　改竄・捏造・不正を見抜く統計学）はロンドンタイムズ紙の「今週の一冊」に選ばれた。ジェイ・コードスとの共著『The 9 Pitfalls of Data Science（データサイエンスの９つの落とし穴）』は2020年PROSE賞ポピュラー科学・ポピュラー数学部門を受賞。

マーガレット・スミス（Margaret Smith）

認定ファイナンシャル・プランナー、認定コーチ、エニアグラム・プロフェッショナル、作家。イェール大学で経済学の学士号と修士号を最優秀で同時に取得し、ハーバード大学でビジネス経済学の博士号を取得。経済学の教授を10年間務めた。著書『Money: From Fear to Love（マネー：恐怖から愛へ）』は、エニアグラムの９つの性格タイプをお金に関連づけた最初の本であり、世界中で行われているワークショップの基礎教材となっている。

【訳者略歴】

浦壁　厚郎（うらかべ　あつお）

野村フィデューシャリー・リサーチ&コンサルティング フィデューシャリー・マネジメント部共同部長。野村総合研究所コンサルティング事業本部、同金融ITイノベーション事業本部上級研究員、野村アセットマネジメント運用部シニア・ポートフォリオ・マネージャーなどを経て、2023年４月より現職。慶應義塾大学商学部卒、同大学院修士課程修了。

角間　和男（かくま　かずお）

野村アセットマネジメント資産運用先端技術研究部キャリア・アドバイザー。野村総合研究所システムサイエンス部、野村證券金融工学研究センター、同ポートフォリオ・コンサルティング部長、エンサイドットコム証券代表取締役社長、野村アセットマネジメント投資開発部長、同資産運用先端技術研究部長などを経て、2022年７月より現職。

現代バリュー投資
――インデックス投資、アルゴ、アルファを超えて

2025年1月8日　第1刷発行

著　者　ゲイリー・スミス
　　　　マーガレット・スミス
訳　者　浦　壁　厚　郎
　　　　角　間　和　男
発行者　加　藤　一　浩

〒160-8519　東京都新宿区南元町19
発　行　所　一般社団法人 **金融財政事情研究会**
出　版　部　TEL 03(3355)2251　FAX 03(3357)7416
販売受付　TEL 03(3358)2891　FAX 03(3358)0037
URL https://www.kinzai.jp/

校正:株式会社友人社／印刷:三松堂株式会社

ISBN978-4-322-14463-5